高等教育改革与行政法治研究

GAODENG JIAOYU GAIGE
YU XINGZHENG FAZHI YANJIU

徐兴旺 ▶ 编著

西南师范大学出版社
国家一级出版社 全国百佳图书出版单位

图书在版编目(CIP)数据

高等教育改革与行政法治研究 / 徐兴旺编著. —重庆：西南师范大学出版社，2020.8
ISBN 978-7-5697-0352-8

Ⅰ.①高… Ⅱ.①徐… Ⅲ.①高等教育—教育改革—研究—中国②高等学校—法治—研究—中国 Ⅳ.①G649.21②D922.164

中国版本图书馆 CIP 数据核字(2020)第 129042 号

高等教育改革与行政法治研究

徐兴旺　编著

责任编辑:周明琼
责任校对:路兰香
书籍设计:李　懋
排　　版:瞿　勤
出版发行:西南师范大学出版社
地址:重庆市北碚区天生路 2 号
邮编:400715　电话:023—68868624
网址:http://www.xscbs.com
印　　刷:重庆升光电力印务有限公司
幅面尺寸:185 mm×260 mm
印　　张:15
字　　数:245 千字
版　　次:2020 年 10 月　第 1 版
印　　次:2020 年 10 月　第 1 次印刷
书　　号:ISBN 978-7-5697-0352-8
定　　价:59.00 元

前言

有目共睹，进入 21 世纪后，中国的发展突飞猛进、日新月异，中国已经成为世界第二大经济体，走近世界舞台的中央。如果寻求原因，答案肯定是人才。因为离开了人才，一切领域的发展都无从谈起。那么，人才从何处而来呢？追根溯源，必定是教育。因为，教育已经成为新世纪人们生存和发展的基本条件，接受教育既是人们的基本义务更是基本权利；教育是国之大计、党之大计，也是世界各国竞争的关键。正是教育为我国经济社会的快速发展提供了强大的人才支撑、智力支持和知识贡献。

那么，教育的持续、健康、快速发展又靠什么呢？在笔者看来，一靠改革，二靠法治。改革和法治是教育腾飞的两翼。改革是教育发展的强大动力，法治是教育发展的正确轨道。只有在法治轨道上的教育改革才是成功的改革，才会有今天的成就，也才能行稳致远，实现教育现代化，建成世界教育强国。

历史，总是在艰难地解决一个又一个问题中前进。问题是时代的声音，必须坚持问题导向。我们所有的工作，就是发现问题、提出问题、直面问题、分析问题和解决问题。本书是笔者多年来从事高等教育理论研究和教育行政管理实践的结果，坚持教育研究的问题导向，探索了进入 21 世纪以来中国的高等教育改革进程中人们关注的一系列理论和实践问题，研究了深化改革背景下教育系统依法行政的理论和实践问题，期望能够为高等教育改革和教育法治建设尽一点绵薄之力。

CONTENTS 目录

第一编

高等教育一般问题研究

“双一流”建设背景下政府与公立高校的关系探析

2015 年 10 月 24 日，国务院印发《统筹推进世界一流大学和一流学科建设总体方案》，启动高校“双一流”建设，提出了在 21 世纪中叶把我国建成世界高等教育强国的奋斗目标。“双一流”建设是新世纪新时代我国高等教育发展的重大战略决策，必将对政府与公立高校之间的关系带来新的变革和重塑。

一、政府是管理者，学校是办学者

新一轮教育变革的核心是政府转变职能，真正落实公立高校的办学自主权。过去，政府集公立高校的管理者、办学者和评价者于一身，在“双一流”建设背景下，新的形势、新的任务要求彻底厘清政府与学校之间的关系。政府必须切实简政放权，转变职能，将办学的职能交给学校，将评价的职能交给社会独立的第三方，而自身则转变成为真正的高校管理者，切实履行管理高等教育的职责，解决好长期以来角色错位的问题，在高等教育改革与发展的舞台上，扮演好自己应当扮演的角色。

中华人民共和国成立至 1978 年，公立高校作为政府部门的附属，在人、财、物的分配和使用上，甚至在教学和科研学术事务中，几乎没有自主权。1978 年以后，公立高校办学自主权提出并逐步扩大。1998 年《中华人民共和国高等教育法》颁布，不仅首次以法律的形式明确了政府管理部门的权限分工，并且第一次从法律上明确规定了高等学校的七项自主权利，从而确立了高校作为独立法人面向社会自主办学的法律基础。

毋庸置疑，这些年来，通过实施“211 工程”“985 工程”以及“优势学科创新平台”和“特色重点学科项目”等重点建设，一批重点高校和重点学科建设取得了重大进展，带动了我国高等教育整体水平的提升，为我国经济社会持续健康发展作出了重要贡献。这其中，政府功不可没。但是，我们也应当看到，重点高校、重点学科建设也存在身份固化、竞争缺失、重复交叉等问题，不能够适应新世纪、新形势的要求，迫切需要加强资源整合，创新实施方式，建立竞争机制，充分激发高校自身的办学活力，努力实现我国从高等教育大国到高等教育强国的历史性跨越。为此，国家决定深刻总结经验教训，加强系统谋划，加大改革力度，完善推进机制，久久为功，统筹推进世界一流大学和一流学科建设。

随着"双一流"目标的确立，我国公立高等学校管理体制改革将不断深化。应当彻底厘清大学与政府各自的权责边界，将应该由政府承担的责任归于政府，把应该赋予大学的权利归于大学，努力寻求政府控制与大学自治之间应有的平衡，依法落实公立高校的办学自主权。高校要勇敢地担负起法律赋予的办学主体的责任，严格依法治校、依据学校章程办学，完善各项规章制度，遵循教育规律，立德树人，育人为本，促进学生德、智、体、美、劳全面发展，为国家培养一批又一批高素质的建设者和优秀接班人。

二、政府是设计者，学校是实施者

政府是教育事业的领导者，要发挥好引领、导向作用，不断地为教育设定科学的发展目标，推动教育事业的发展日新月异、勇立世界潮头。政府要统揽全局，当好设计师的角色，着力搞好顶层设计，统筹推进世界一流大学和一流学科建设。第一，坚持以一流为目标。政府要引导和支持具备一定实力的高水平大学和高水平学科瞄准世界一流，汇聚优质资源，培养一流人才，产出一流成果，加快走向世界一流。第二，坚持以学科为基础。政府要引导和支持高校优化学科结构，凝练学科发展方向，突出学科建设重点，创新学科组织模式，打造更多学科高峰，指导学校发挥优势、办出特色。第三，坚持以绩效为杠杆。政府要建立激励约束机制，鼓励公平竞争，强化目标管理，突出建设实效，构建具有中国特色的世界一流大学和一流学科评价体系，充分激发高校的内生动力和办学活力。在"双一流"的建设中，更加突出绩效导向，通过建立健全绩效评价机制，动态调整支持力度。第四，坚持以改革为动力。政府要推动一流高校深化综合改革，加快中国特色现代大学制度建设，着力破除体制机制障碍，严格依法治校，按照章程办学，加快构建充满活力、富有效率、更加开放、有利于学校科学发展的体制机制，当好国家高等教育改革的排头兵。第五，要由国家总体规划，中央和地方财政分级支持。创新财政支持方式，资金分配在公平竞争中体现扶优、扶强、扶特，进一步增强高校财务自主权和统筹安排经费的能力。奖勤罚懒，对实施有力、进展良好、成效明显的，适当加大支持力度；对实施不力、进展缓慢、缺乏实效的，适当减少支持力度。不断完善政府、社会、学校相结合的共建机制，形成多元化投入、合力支持的格局。

学校是实施者，要充分发挥公立高校全体师生员工的积极性、主动性和创造性。目前，根据定位，公立高校主要可以分为三类：第一类是拥有多个国内领先和国际高水平学科，综合实力处于国内领先地位的高校，应当力争整体进入世界一流和前列。第二类是拥有一部分国内前列水平、在国际上也有一定优势的学科的高校，应当通过强化主干学科特色，争取进入国际同类高校的前列。第三类是拥有单一高水平学科的高校，则应当把进入这一学科的世界一流水平作为自己努力的方向。特别需要指出的是，"双一流"建设是重新洗牌，每所高校都有机会。常言道：人是活在希望之中的。其实，学校也一样。一个国家、一个单位、一所学校要加快发展有三大法宝：一个清晰明确的奋斗目标、一个坚强有力的领导集体、一套科学规范的激励约束机制。首要的是奋斗目标。有明确的目标才能增加压力，有压力才能召唤动力，有动力才能激发活力，有活力才能铸就实力，有实力才有吸引力，才能冲击世界一流，为国家、为人类作出更大的贡献。沧海横流，方显英雄本色。公平竞争的平台已经搭建，各个高校应当根据《统筹推进世界一流大学和一流学科建设总体方案》，科学编制自己的建设方案，对号入座，对标施策，扬长避短，充分发掘自身的核心竞争优势，做大做强，向世界一流高校或者世界一流专业发起冲锋。

三、政府是掌舵者，学校是划桨者

政府要高瞻远瞩，定航掌舵，建立科学的激励约束机制，推动高校"双一流”建设。1995 年以来，我国先后实施了“211 工程”“985 工程”等一批重点建设项目。“211 工程”和“985 工程”起到了集中资源，重点突破的作用，带动了中国高等教育的发展。但是，在建设过程中，从运行机制上逐渐暴露出一定的局限。实践表明，这种先敲定资格的遴选模式，本身就比较机械，有很多做得比较好的非“985”、非“211”高校没有得到激励。高校只要进了“211”“985”就相当于进入了“保险箱”，端上了“铁饭碗”，每年都有固定的经费支持，一些学校的奋进动力不足、进取意识退化、办学活力明显减弱。新一轮的世界一流大学和学科建设方案有明显变化，“双一流”不再搞终身制。一是实行动态管理，业绩不佳就要被强制退出。二是无论是部属高校还是地方院校，只要有学科优势和特色，都有机会获得政府财政支持，提升办学实力。可以说是破除了门槛，有助于消除把高校分成三六九等的现象。三是注重总体规划和内涵发展。过去对“211”和“985”高校主要是提供经费、设备、项目等支持，而新的世界一流大学和一流学科建设总体方案还要从师资队伍、创新人才、文化传承、成果转化等更多方面进行整体规划，包括高校的内部治理结构、社会参与机制等，都要进行深入改革。从一定程度上说，现在更加注重修炼内功。目标细化为进入世界一流行列和进入世界一流前列两个层面。从 2016 年开始新一轮建设，每 5 年一个周期，突出绩效导向，资金分配将公平竞争、扶优扶强。“问渠那得清如许，为有源头活水来。”政府新的“双一流”建设方案必将为高校建设注入巨大而持续的动力源泉。国家将鼓励和支持不同类型的高水平大学和学科差别化发展，对它们进行总体规划、分级支持。政府有关部门应当抓紧完善配套政策，对建设方案开展咨询论证，动态监测建设过程，及时跟踪指导并接受社会公众监督。

众人划桨才能开动大帆船，要充分调动学校全体师生员工的积极性。高校要下定决心摒弃“等、靠、要”的思想，充分发挥自身的主观能动性，敢想敢干、敢作敢为、善作善成。人力资源和社会保障部在 2016 年第二季度新闻发布会上提出，将“研究制定高校、公立医院不纳入编制管理后的人事管理衔接办法”，意味着未来高校将取消编制，实行全员合同聘任制，长期依赖的“树枝”将被“斩断”。有这样一则故事：一位国王收到一只漂亮威武的猎鹰，非常喜爱。但这只猎鹰自从进入王宫就一直待在枝条上，纹丝不动。为让这只猎鹰飞起来，国王想尽各种办法，但都没有奏效。最后还是一位农夫让雄鹰展翅盘旋高飞。国王很好奇，问农夫用了什么方法。农夫回答："方法很简单，就是砍断这只鹰抓着的树枝。"栖身的树枝被砍断，猎鹰只有展翅才能生存。人的惰性被拔出，唯有担当，方能立身。高校在新的发展进程中，必须砍断依赖的"树枝"，拆除成长的"温室"，摒弃"等、靠、要"思想，克服惰性，自断退路，破釜沉舟，才能在复杂的环境中经历风雨、砥砺品质、锤炼作风、增长实力、服务社会。高校要努力建设一流师资队伍，强化高层次人才的支撑和引领作用，加快培养和引进一批一流科学家、学科领军人物和创新团队，培养造就一支优秀教师队伍。高校要培养拔尖创新人才，突出人才培养的核心地位，着力培养具有国家使命担当和社会责任心，富有创新精神和实践能力的各类创新型、应用型、复合型优秀人才。高校要以国家重大需求为导向，提升高水平科学研究能力，着力提升解决重大问题和原始创新的能力，推进科研组织模式创新，打造具有中国特色和世界影响的新型高校智库。高校要传承、创新优秀文化，加强大学文化建设，把社会主义核心价值观融入教育教学全过程，发挥中华优秀传统文化、革命文化和社会主义先进文化的教化育人作用。高校要着力推进成果转化，深化产教融合，着力提高对产业转型升级的贡献率，推动重大科学创新、关键技术突破转变为先进生产力，增强高校创新资源对经济社会发展的驱动力。同时，高校要加强和改进党对高校工作的全面领导。坚持和完善党委领导下的校长负责制，牢牢把握高校意识形态工作领导权，全面推进高校党的建设各项工作；完善内部治理结构。加快形成以学校章程为统领的完善、规范、统一的制度体系，加强学术组织建设，完善民主管理和监督；实现关键环节突破。加快推进人事制度、人才培养模式、科研体制机制、资源募集机制等方面的改革；构建社会参与机制，加快建立健全社会支持和监督学校发展的长效机制。建立健全理事会制度，加快完善与行业、企业密切合作模式；推进国际交流合作，加强与世界一流大学和学术机构的实质性合作，加强国际协同创新，深入推进与"一带一路"沿线国家的教育合作交流，切实提高我国高等教育的国际竞争力和话语权。

如果说“211 工程”“985 工程”是我国高校汇集办学资源、提升科教实力的“集结号”，那么当下实施的“统筹推进两个一流”就是中国高校冲刺国际前列、打造顶尖学府的“冲锋号”。这是又一次重大的教育变革，这是中国高等教育发展史上又一次新的长征。政府和学校是这次变革中最重要的主体，能否实现共同的宏伟目标，就看双方能否处理好关系，明晰自身定位，以“抓铁有痕、踏石留印”的作风，将方案规划的蓝图变为现实。对此，我们充满期待，将更积极投身，敢于担当，奋发有为。

（作者：徐兴旺　陈友力）

大学生创新创业教育与工匠精神培育

我们正在迈入一个崭新的时代，这就是创新创业的时代。在举国上下“大众创业、万众创新”的热潮中，高等学校的大学生正在成为创新创业的生力军。与国家发展同向偕行，承担社会责任，是高等学校的时代使命。对大学生的创新创业教育已经成为学校教育的重要内容。工匠精神是实现“双创”目标的动力源泉。我们不仅要有别具一格的创意思维，抓住市场的新需求，还要有精益求精的工匠精神，追求细节和质量，为我国经济发展注入澎湃动力。在创新创业的教育中，技能方法的教育固然必不可少，但更重要的是培养学生的创业意识，尤其是创业精神，因为这才是最根本、伴随学生终身的素质。因此，培育具有创新内涵的工匠精神，成为大学生创新创业教育的首要课题。

一、大学生创新创业呼唤工匠精神

随着知识经济的快速发展，全世界的创新创业正在如火如荼地进行。统计数据显示，2015 年，英国成立了 60 万家新企业；美国的创业企业共获得 450 亿美元融资；印度的创业企业融资 56 亿美元，融资的水平与美国相当。自 2014 年 9 月第八届夏季（天津）达沃斯论坛上，李克强总理首次提出“大众创业，万众创新”以来，创新创业已经成为当代中国经济发展的动力引擎。事实上，中国经济的每一次破茧成蝶，靠的都是创新。据不完全统计，2015 年中国共诞生 75 万家创业企业，平均每 7 分钟就有一家创业企业诞生。2016 年 3 月 5 日，李克强总理在《政府工作报告》中，强调要调动全社会的创业创新积极性，汇聚成推动发展的磅礴力量。2016 年 6 月 27 日，李克强总理在第十届夏季达沃斯论坛开幕式致辞中指出，以创新引领经济转型升级。深入实施创新驱动发展战略，加快建设创新型国家。要以千千万万市场主体的“微行为”汇聚成创新发展的“众力量”。创新创业方兴未艾，2017 年 3 月 5 日，李克强总理在《政府工作报告》中强调，要“持续推进大众创业、万众创新”，要把“双创”不断引向深入。

创新创业，教育要先行。为经济社会发展培养合格人才，是国家赋予高等教育人才培养、科学研究、服务社会、文化传承与创新、国际化办学、创新创业教育的六项职能之一。创新创业持续发展的根本依托在于创新创业教育，源源不断的人才供给是创新创业的关键和依靠，否则创新创业就成了无源之水、无本之木，即使要走，也不可能走得多顺、走得多远。

创新创业教育，是时代赋予高等教育的根本使命。就教育行政部门而言，2019 年 12 月 10 日，教育部召开高等学校创新创业教育指导委员会第二次年会暨“深化创新创业教育改革，促进创新创业创造发展”会议，向全国各高校发出了人才培养范式变革的重要信号。会议上高教司司长提出：创新创业教育如果只是停留在“第二课堂”层面，搞搞活动而已，那是不行的。创新是高等教育与生俱来的 DNA，创新创业教育应当贯穿教育全程。创新创业教育是新的高等教育质量观，要大刀阔斧地进行高等教育质量革命。改革最终的目的是让中国的高等教育在世界舞台上有话语权。近年来，在创新创业教育变革方面，教育部下“猛药”。以教育部等国家部委共同主办的中国“互联网＋”大学生创新创业大赛为例，5 年时间，就被打造成为创新创业领域的现象级产品。从最初的 20 万人参加，到现在全球 4093 所高校的 109 万个团队 457 万人参加。2019 年，118 所部属高校、932 所地方高校的 3.84 万个创新创业项目立项，16.1 万学生参与，项目经费达 5.9 亿元。教育部高教司司长提出：我国的高等教育未来，要从“从业就业教育”转变为“创新创业教育”，其中“敢闯会闯”是推动高校人才培养范式深刻变革的“质量标准”，是培养新时代优秀卓越人才的核心要素。以创新创业教育为契机，我国高等教育将形成新的“教学质量观”：在教与学层面，从教师单向灌输的“单声道”模式，向师生互动的“双声道”模式转变；对学生的评价标准，也会从“我能行、我会干”，向“我敢闯、我会闯”方向转变，最终实现我国从高等教育大国向高等教育强国的转变。

就学校来讲，要把创新创业作为教育学生的重要内容，贯穿大学教育的全过程。新时代的大学生素养，应当从小情怀走向大情怀，年轻的大学生应当具有家国情怀和敢闯会闯的血性、狼性。大学生创新创业教育，也不是让很多学生退学创业，而是要在学校里把创新创业应该具备的不怕困难、不怕失败以及团结协作的精神，贯彻在对学生的教育之中。创新创业对于高校而言，应着力培养学生的创新精神、创业素质。因此，最重要的就是在学生创新创业教育中培育工匠精神。

"工匠精神"自 2016 年全国两会期间写入政府工作报告以来，便成为社会各界持续关注的热词。工匠精神被国家决策者摆在了重中之重的位置，旨在为中国制造迈向中国创造、实现产业转型升级补上"精神之钙"。工匠精神之所以引发强大共鸣，是因为契合了新时代的需要。首先，培育工匠精神是贯彻发展新理念的内在要求。培育和弘扬工匠精神，有利于将创新、协调、绿色、开放、共享的发展新理念落地生根。工匠精神重点在"精神"，用"心"才会创新，有使命感才能赢得市场的信任。因此，只有充分发挥工匠精神的引领作用，才能更好地推动发展方式的转变，提高发展质量和效益。其次，工匠精神是实现从制造大国向制造强国转变的需要。当前，许多行业低端产能严重过剩，而中高端产能严重不足。因此，迫切需要弘扬工匠精神，让企业对产品精心打磨，对品牌精心呵护，让职工对工作精益求精、追求卓越。实现由制造业大国向制造业强国的跃升，离不开大国工匠精神的坚实支撑。如果把提高科技创新水平、强化工业基础能力、提升信息化与工业化融合水平等视为制造业转型升级的"硬件"，那么，大国工匠精神则是必不可少的"软件"，缺少软件支撑的硬件犹如断弦之弓，难以发挥价值。再次，培育工匠精神是从物的现代化向人的现代化转变的需要。人类社会发展的历史表明，人的现代化是社会现代化的核心，但是人的现代化总是滞后于物的现代化。"工欲善其事，必先利其器。"然而仅有"利器"，未必能"善事"，想要"善事"，关键在于要有掌握"利器"的人，最重要的就是在学生创新创业教育中培育其工匠精神。因而，迫切需要弘扬工匠精神，推进人的现代化，培育善用"利器"的人。

培育工匠精神是当代高等学校的根本使命。高等教育与企业发展、科技进步、社会繁荣紧密关联，培育工匠精神自然离不开高等教育。眼下，确有不少高等学校不够重视对学生工匠精神的培育，花的时间不多，下的功夫不深。一些学生毕业走上工作岗位后或者频繁跳槽，缺乏定力，或者发展后劲不足，缺乏可持续进取的动力，受到用人单位的诟病。迫切需要尽快补上这块“短板”，走出过于重视技能传授、文化教育而忽视学生职业素养培育的误区，让工匠精神在高等教育中“扎根”。不同层次的高等学校应当找准定位，在创新创业教育中培育大学生的工匠精神，担负起培育合格人才、服务经济社会发展的时代重任。

二、在创新创业教育中深入发掘工匠精神的内涵

毋庸置疑，大学生创新创业前期成功的概率并不高，大多数创新创业者必须做好初期失败的准备。创新创业要经历很多困难与挑战，面对困难和挑战必须内心强大，否则很难坚持下去。创新创业拼的就是一种精神，能够坚持到最后的才是胜利者。因此，创新创业教育，核心就是发掘和锻造大学生的工匠精神。

要培育大学生的工匠精神，首要的就是在创新创业教育中深入挖掘工匠精神的深刻内涵。在对学生进行创新创业教育的过程中，我们要深入研究源远流长的世界经济发展的历史，探寻每一次产业革命推动者们的动力源泉和留下的精神财富。提起“工匠精神”，人们总会想到瑞士的手表、德国的机械、日本的管理。正是对工匠精神的尊重和坚守，才造就了这些国家名企辈出、品牌不断。据报道，截至 2012 年，全球寿命超过 200 年的企业，日本有 3146 家，为全球最多；德国有 837 家。企业长寿的秘诀是他们都在传承宝贵的工匠精神。在我国既有鲁班、卖油翁等历史悠久、脍炙人口的“工匠”式传奇，更有当代大批令人景仰、无私奉献、声震寰宇的“大国工匠”。在古今中外的工匠身上，我们可以从三个层面来理解工匠精神的内涵：思想层面——爱岗敬业，无私奉献；行为层面——开拓创新，持续专注；目标层面——精益求精，追求极致。

(一)爱岗敬业,无私奉献

这是工匠精神的力量源泉。爱岗敬业,就是忠于自己的工作岗位,珍惜难得的工作机会,敬畏工作中的每一个流程;就是对自己所从事的职业有一种敬畏之心,珍视其如珍视自己的生命。爱岗敬业反映的是职业精神,是工匠精神的前提。无私奉献,就是对所从事的职业全心全意,把自己的全部聪明和智慧奉献给从事的职业,不贪虚名暴利,不图清闲安逸,勇挑重担,敢于负责;就是对所从事的职业有一种责任担当、牺牲精神,耐得住寂寞,守得住清贫,不急功近利,不图名利。无私奉献,反映的是个人品德,是工匠精神的保障。古今中外的大国工匠们无一例外都是干一行、爱一行、钻(研)一行、成(功)一行的爱岗乐业者,把工作当成学问做,把学问当成工作做,每个人身上无不蕴藏着爱岗敬业、无私奉献的孺子牛精神。无私奉献是中华民族的传统美德,是一份崇高的精神。"问渠那得清如许,为有源头活水来",正是无私奉献精神激励着一代又一代工匠匠心筑梦。

(二)开拓创新,持续专注

这是工匠精神最为动人之处。开拓创新,彰显了工匠精神的时代气息。大国工匠们凭借丰富的实践经验和不懈的思考探索,带头实现了一项项工艺革新,牵头完成了一系列重大科学技术攻坚项目。他们在各自工作岗位上的开拓创新,正是当今中国时代精神的最好体现。持续专注,就是对产品的质量有着不懈的追求。大国工匠具有善于学习、勤于攻关的金刚钻精神,都是爱学习的,是持续改进、勇于创新的推动者。大国工匠具有传承技术、传播技能的园丁精神,都是率先示范,用劳模精神和精湛技能感召人、教育人的典范。具备工匠精神的人是向内收敛的,他们排除外界纷扰,执着、专注,从平凡中脱颖而出。他们甘于为一项技艺的传承和发展奉献毕生的才智和精力。大国工匠都具有百折不挠、坚韧不拔的精神,不怕苦不怕难,甘于寂寞、锲而不舍,是永远在路上的修行者。工匠精神是一种宝贵的品质,是执着于产品和品牌,心无旁骛、专心致志的品质。

(三)精益求精,追求极致

这是工匠精神最为称道之处。具备工匠精神的人,对产品的质量有着不懈的追求,以严谨的态度,规范地完成每一道工艺,小到一根网线,大到一艘航母的每一个零件、每一道工序、每一次组装。精益求精,就是精通自己所从事的职业,技艺精湛。我们熟知的、走上中央电视荧屏的当代大国工匠,个个都是身怀绝技的人,努力把品质从99%提升到99.99%,体现了专心专注、精益求精的鲁班精神。追求极致,反映的是职业水准,就是把工作当成学问做、把学问当成工作做,在行业细分领域做到中国第一乃至世界第一。走捷径只能取得暂时的成功,只有追求极致,才能获得长久而巨大的成功。常言道:细节决定成败。大国工匠守规矩,重规则,也重细节,不投机取巧,都是追求卓越的完美主义者。工匠们不是把工作当作赚钱、养家糊口的工具,而是树立起对职业敬畏、对工作执着、对产品负责的态度,极度注重细节,不断追求完美和极致。工匠们耐得住寂寞,守得住时光,对自己的产品精雕细琢,追求完美,将一丝不苟、精益求精的职业精神、全部的智慧和心血、一生的尊严和梦想融入每一个环节,做出打动人心的一流产品,给客户提供无可挑剔的体验,充分彰显了打造品牌、追求卓越的精神。

工匠精神是一种精神,也是各行各业每个人都应当具备的一种品质,一种追求。工匠精神包含尚美的情怀、求新的理念、求精的精神。新时代的优秀工匠不仅要有高超的技艺,而且要具备一定的理论基础和科研能力。工匠精神彰显了工匠们以质取胜的价值取向,以及对自己所热爱的事业无比执着的职业追求。新时期的工匠精神,是劳模精神、劳动精神的重要体现。工匠精神不仅限于企业生产,包括政府机关在内的各行各业,都需要敬业、精业、奉献。不能机械地将工匠精神理解为手工劳动者应该具备的精神,它其实是以产品为牵引,涵养一种专注精神,让人用心用脑、精益求精、追求卓越的效果或者目标。在当代中国,每个人都应当具有工匠精神。工匠精神在个体层面,体现在对自己所从事的职业善始善终、坚韧不拔、一丝不苟和对卓越与完美的崇高追求;在集体、企业或者行业层面,工匠精神体现在品牌的塑造和核心价值的建立;在国家层面,工匠精神体现在教育和社会发展的体系性构建。提倡工匠精神,不仅有助于我们养成严谨、专注、重视技能的习惯,以此生产出更好的产品,而且能作用于人本身,让个人在高度工业化和商业化的社会中找到自我认同。

三、在深化创新创业教育改革中培育学生的工匠精神

大学生在创新创业中需要的工匠精神不是从天上掉下来的,也不是大学生头脑中所固有的,而是在大学的教育中培养出来的。因此,高等学校应当承担起培养大学生工匠精神的责任,深化教育教学改革,把工匠精神的培育贯穿在创新创业教育的全过程。高等学校要采取一系列深化创新创业教育的改革措施,努力造就大众创业、万众创新的生力军。

(一)高校自身首先要回归和弘扬工匠精神

高校历来是教书育人、传播文化知识、培养高素质人才的神圣殿堂,其先进的教育理念和发达的知识体系背后,理应有大批精神崇高、学术精湛的专家学者作支撑。但是,不必讳言,目前我国高校工匠精神培养处于窘境之中,难以满足经济社会发展的需要。市场经济的发展、事业单位人事制度的改革,在给高校带来重大机遇的同时,也提出了严峻的挑战。商风熏得"教人"醉,学校面临诸多的诱惑。浮躁、功利、短视、投机,一些学校丢掉了传统、宝贵的工匠精神,也就是未把教书育人当作最高价值、最高追求,教学似乎在一些高校中没有处于中心位置,而是从属于所谓的创收,一些优秀的教师成了创收的主力。有的教师对本职工作不尽心,热衷于校外兼职;有的人比薪酬、比待遇,这山望见那山高;有的人按部就班,仅仅满足于完成规定的工作量而已。因此,在培养工匠精神这件事上,一些高校恰恰缺乏的是一种广泛意义上的工匠精神,也就是不计名利、精益求精、抱朴守拙的精神。所以,大学需要回归到教书育人、诲人不倦的本质。对此,学校、教师,以及政府管理部门应当各司其职、各尽其责。

一是学校的教育工作者要发挥核心作用，回归到教书育人的本职。教育工作者要增强事业心和责任感，热爱教育事业，增强教师职业的荣誉感和自豪感，甘于清平，安心从教，依法从教，任劳任怨，一心一意从教，全力以赴搞好教育教学工作，言传身教，做好表率，为学生作出榜样，发挥好工匠精神的示范、引领和带动作用。

二是学校要发挥主体作用，回归到教育教学的主战场。高校培养工匠精神，本身就不容易，需要投入大量的资源，进行精心的设计、认真的引导，投入多、收效慢、不容易体现政绩，也不容易在经济上有所收益。对此，学校要找准自身的定位，明确教书育人的主业，肩负起为国家培养人才的重任，回归到诲人不倦的高校精神。学校要严格依法治校，严格按照章程办学，完善各项规章制度，推进人事工资制度改革，建立强有力的激励约束机制，树立标杆，弘扬正气，奖勤罚懒。用事业留人，用感情留人，不断改善教职工的收入，用待遇留人。

三是教育、人力资源和社会保障等政府职能部门应当主动作为，充分发挥政策的导向作用，高度重视队伍建设。目前，创新创业教育师资短缺严重，到2019年底，全国高校创新创业教育专职教师仅2.8万人，兼职导师9.3万余人，首批入库的全国万名优秀创新创业导师仅4492人，人数太少，优秀者太少。把对高校教育教学的重视、对工匠精神培育的重视旗帜鲜明地放在更加突出的位置，大力表彰教书育人的楷模，惩治玩忽职守的教育工作者。国家要求所有高校对大学生开展创新创业教育，目的正是教授学生创业知识、锻炼创业能力、培养创新创业的工匠精神，而毕业生的创新创业工匠精神正是所有用人单位首先看重的。

（二）在创新创业课堂教学中培育大学生的工匠精神

学校是教书育人的场所，高等学校是培养新一代高素质人才的摇篮。课堂是人才培养的主渠道、主战场。学生到学校是求学的、接受教育的，课堂教学的质量对于每一位学生的成长成才十分关键。如何在创新创业课堂教学中培育学生的工匠精神，是一个富有挑战性的课题。

第一，要优化人才培养方案。学校要找准自身的办学定位，根据“双创”时代对人才的新要求，对人才培养方案进行优化重构，探索人才培养新模式，创新人才培养新体系，把工匠精神的培育纳入创新创业教育人才培养方案之中，坚持立德树人，全方位育人，把社会主义核心价值观教育贯穿课堂教育的全过程，渗透在各门课程之中，在课堂教学的潜移默化中不断增强学生的社会责任感和创新创业精神。

第二，要开发高质量的课程。学校要紧紧围绕创新创业的需要，建设新的课程体系，打通一级学科或同一专业类下相近学科专业的基础课程，开设跨院系、跨专业的交叉课程，拓宽学生的视野和境界；要围绕当前互联网大数据时代的挑战性问题进行课程设计，重点建设多门挑战性示范课，开发开设创新创业教育必修课和选修课，交给学生更多的课程选择权；面向全校开设通识课程，引导创新创业，开设“创业大讲堂”线上同步课堂，建设“创业慕课”平台，辐射创业学生；校内各院系加强与校外单位的合作，主动邀请知名企业的专家与学校共同开发创新创业系列课程，编写新颖适用的教材，保持课程体系的先进性，从而真正将工匠精神的培育落实到学生的教材和课堂学习之中。

第三，要改革教学方法。“工欲善其事，必先利其器。”方法落后，事倍功半；方法先进，事半功倍。要密切关注世界各国高等教育教学方法的创新，充分运用启发式、讨论式、参与式、探究式等先进的教学方法，运用互联网时代现代信息技术手段开展生动活泼的教学。书山有路“思”为径，学海无涯“乐”作舟。要让学生善思、乐学，真正成为学习的主人；校企协同创新、协同育人，把企业大师请进学校，举办专家主题论坛，让学生与一线专家直接对话，感悟直接、鲜活的工匠精神。

第四，要改革学业评价体系。学业评价体系是课堂教学的检验器和指挥棒。要根据新时代的新要求，改革学生学业评价体系，重视对学生人文素养、信息素养、创新和实践素养、交流与合作素养的考核评价；要根据高等教育教学的特点，树立“对学生终身发展负责”的理念，改革学业评价办法，变传统的百分制为相对等级制，变考试百分制为注重考核学生平时的学业操行，引导广大学生放弃对考试成绩过于功利化的追求，将课堂学习的重心转向有益于学生长远发展的素质养成和能力提升，为学生将来成为社会需要的高素质人才打下扎实的基础。

（三）在创新创业实践活动中锻造大学生的工匠精神

产教融合、校企合作、工学结合、知行合一，是高等职业教育的基本教育模式，也是国家对应用型高等学校，尤其是工科院校提出的明确要求。国务院办公厅《关于深化高等学校创新创业教育改革的实施意见》提出，允许大学生保留学籍休学创新创业，自主创业的大学生可将创业算为学分。由于高等工科教育的特殊性，工匠精神的培育更离不开企业的参与，应该充分发挥企业，尤其是国内外知名优秀企业作为育人主体的作用。对学生工匠精神的培育，除了课堂教学之外，通过课外实践开辟第二课堂，让学生走出教室，参加创新创业实践，是一条行之有效的路径。实体经济是国民经济的根基，具有工匠精神的高素质技术技能人才，正是当代企业广泛需要的。高校要通过与企业合作开展现代学徒制，由师傅手把手向学生传授，以品质为导向，追求零误差和全部 100 分的产品。要重视在实践中锻炼、提高学生的素质和能力，让学生在实践中摸爬滚打，增长技艺，锤炼意志。只有让学生深入现场，顶岗作业，才能知道问题所在，积累经验。因此，要开动脑筋，想方设法，为学生搭建多途径、宽领域的创新创业教育平台。

一是设立创客空间。要充分调动学生的积极性和创造性，充分利用学生活动中心阵地，建设创客空间，开辟创业咖啡角，让大批学生通过虚拟经营企业，熟悉创业流程，同时孵化自己的专利和发明成果，提高自己的创新创业能力。

二是举办各类竞赛。通过举办全国性、区域性、学校和院系等不同层面的创业计划大赛、创新创业大赛、文化创意设计大赛、创业邀请赛、校友创业大赛等竞赛活动，培育一大批优秀的创新创业团队。

三是搭建实践平台。服务社会是高等教育的职能之一，创新创业教育应当紧紧围绕学校当地经济发展规划和政府确定的支柱产业，围绕产业的转型升级，瞄准企业的人才需求新变化，配套建立创业中心、创业实验园等创业基地。创建创业空间,吸引创业团队入驻。设立创业孵化基金、创业奖学金等,举办资本相亲会等活动,协助优质创业项目与资本对接,鼓励在校生创业团队获得风险投资。建设学生发展与协同创新创业基地,推进学校创业训练营、孵化基地建设,完善设施功能。

四是开展对外交流。最丰盛的大餐是精神的大餐,最有意义的交流是智慧的交流。定期或者不定期地开展创新创业论坛,集思广益,相互启迪;联合当地的高校打造区域内创新创业资源合作共享专区,联合开展创新创业实践活动,互利互惠,协同发展。通过设立企业家创业论坛、与企业家结对子等方式,实施大学生创业导师计划,邀请知名企业家、投资人、行业专家等担任创业导师,邀请创新创业名家为学生授课,帮助学生增长见识。要通过推动学生创新创业,形成创新创业培训—创新创业竞赛—创新创业交流—创新创业孵化的全过程高校创新创业教育机制。全方位、多途径地培育学生的工匠精神,从而达到“随风潜入夜,润物细无声”的效果。

(四)在创新学校环境文化建设中养成大学生的工匠精神

教育只能给人指路,而不能代替人走路。教育的效果不是取决于教育者,而是取决于受教育者,只有当一个得了“软骨症”的人补足了“精神之钙”,才能从心底里焕发出巨大的能量;只有当一名学生从厌学——恶学——辍学,走向愿学——乐学——好学,主动去学、去做、去改变自己的时候,一切难题才会不再是难题。今天的教育,拼命地灌输给学生很多东西,不是教知识,就是教技能。其实,更深层次的应当是教思维、教观念,特别是教心灵,赋予大学生心灵以百折不挠的强大力量。从根本上讲,高校育人有诸多因素,而良好的环境文化建设应当是最核心的因素之一。高校要着力在创新创业教育中打造校园环境文化,养成学生的工匠精神。文化素质教育不仅要有课程,而且应当有环境;不仅是知识的传授,而且要注重校园文化氛围的熏陶;不仅是简单的说教和灌输,而且要让学生切身体味大学文化的独特精髓、感悟校园文化的精神底蕴、感受学校优秀传统文化的魅力。高等学校要着力打造特色校园文化、职业文化、大学文化,尤其要体现学校文化与企业文化必要的二元组合。学校是人文教化的场所，反映教育者与被教育者共同参与的教育过程及其成果。

第一，着力建设校园特色文化。要根据高校的人才培养的特点，匠心打造特色文化；同时，创新职业教育文化、大学教育文化，传承和弘扬优秀传统文化。要凝练校训校风、教风学风，创作校歌、校赋，建造校史馆、展览馆、博物馆，建设文化墙、文化亭、文化走廊，匠心打造特色文化群雕，让学生接受潜移默化的文化熏陶，营造激励学生创新创业的良好氛围。

第二，因地制宜打造自然文化。一所高校不仅要进行人文建设，还要打造自然文化。一所学校要么建在山上，要么建在平地，要么建在水边，或者依山傍水。常言道：仁者乐山，智者乐水。学校应当依山造景，就水成形，赋予校园的山、水、草、木等自然景观以知识、以象征、以精神，让文化元素在校园无处不在，伴随学生同生共长，天天向上。

第三，大力引进优秀的企业文化。学校要把优秀的企业文化引进校园，增强学生的企业文化意识，提高学生必要的职业素质。工科类高校办学的最大特色就是产教融合、校企合作。学校要把专业建在产业链上，把学校建在开发区里，把工匠精神刻在学生心中，把创新意识融入学生血液里。学校要创造激励学生创新创业的良好氛围，既建设有利于加强学生技能教育的学校文化，又要将学生所学专业对口企业的主流文化提前通过课堂、社团、技能竞赛、顶岗实习、专家大师讲座等形式引进校园，增强学生的企业文化意识，提升学生的职业素养，鼓励学生积极参加丰富多彩的讲座、比赛、交流、实践活动，为毕业后顺利适应工作岗位要求，打下坚实的思想基础。

第四，与时俱进建设创新文化。学校要充分运用“众创空间”等平台，组织开展丰富多彩的创新创业活动，建设有利于加强学生技术技能教育的创新文化，鼓励学生积极参加创新创业讲座、比赛、交流、实践，迈进“头脑风暴”咖啡屋，登上“众创空间”大平台，爱上创新与创造，感悟工匠精神的内涵，总结创新创业实践中的经验与教训，不断积淀创新文化。

第五，营造宽容失败的容错环境。创新创业是一个艰辛的劳动过程，难免会遇到许多新情况、新问题，面对许多艰难困苦，难免会犯错误、走弯路，甚至功亏一篑，走向失败。这中间的原因既有可能是主观方面的，也有可能是客观方面的，学校一定要有正确的态度，要创造宽容的文化环境，少一分冷漠，多一分热情；少一些指责，多一些指导。学校要加大对学生创新创业基地建设的经费投入，对创新创业失败的学生进行一定的帮助扶持，培养学生不仅对专业执着坚守，而且对创新不懈追求。

古人云：君子务本，本立而道生。大学之本在育人。大学是求知的场所，也是成长的土壤，更是精神的家园。在创新创业教育中，高校重视大学生工匠精神的培育，不但培养了很多应用型人才，也培养了新一代员工的忠诚性；工匠精神是企业转型升级的重要途径之一，新一代员工只有具备了工匠精神，企业才可能勇立潮头、不断壮大；工匠精神是伴随学生终身的基本素质，今天的大学生，是我们国家明天的建设者和接班人，只有具备了工匠精神，才能经得起风浪，抗得住挫折，立于不败之地，为国家经济社会的发展、中华民族伟大复兴的"中国梦"的实现作出应有的贡献。

（作者：徐兴旺）

全球化背景下的高校法律双语教学刍议

我国加入 WTO 以来，为了参与国际竞争，广泛开展了法律双语教学，以培养既懂法律又懂外语的复合型人才。近些年的实践表明，在全球化背景下，我国高等学校的双语教学在教师、教材和学生自身水平方面都存在一定的局限性，应当加强对教师的培养、教材的编写，重视学生英语水平的提高，才能实现真正意义上的双语教学，培养更多的适应全球化时代经济建设要求的复合型高素质人才。

一、开展法律双语教学的动因

“双语教育”由英语专门术语“bilingual education”翻译而来。迄今国外有关双语教育的定义有几十种，我们可以把它划分为广义的和狭义的双语教育。广义的双语教育，指学校中使用两种语言的教育；狭义的双语教育，指学校中使用第二语言或外语传授学科知识的教育。法律双语教学，就是在法律专业课程教学中，全部或部分地采用外语传授法律专业知识的教学方式。开展法律双语教学有以下原因：

（一）教育国际化背景下，复合型法律人才更具竞争力

我国加入 WTO 后，为了适应全球化时代发展多元教育、培养复合型高素质人才的要求，大部分高等学校都在法学院开设法律双语教学。授课对象为法学专业和学校其他各专业的学生，这是对教育部提出的在包括法学在内的部分本科专业实行双语教学要求的积极回应，也是高校顺应我国加入 WTO 后经济社会发展需求的具体体现。我国加入 WTO 以后，迫切需要大量熟悉

WTO规则和国际惯例的复合型法律专业人才。我国目前实施双语教学的最主要的出发点之一，就是提高英语水平，培养双语人才，满足国家、地方和学生未来发展的需要。法律双语教学是提高学生英语水平的一个有效途径，在概念形成、知识迁移、国际视野扩展、交际能力提升等方面，接受双语教学的学生明显优于接受单语教学的学生。随着我国改革开放日益深化，国家经济和社会发展对双语人才的需要量迅速增长，复合型法律人才更加具有竞争力，更加受到用人单位的青睐。

(二)中国国情决定高校必须开设法律双语教学课程

我国目前的外语教育教学模式难以适应社会快速发展的需要。一方面，外语受到前所未有的重视，学生花费大量的时间、金钱和精力学习外语，疲于应付各种考试；另一方面，长期的外语教学走近了“哑巴外语”的误区，学生的外语应用能力，尤其是听、说能力并没有实质性的提高。选修法律双语教学课程的部分学生，虽然通过了国家英语四级甚至六级考试，却仍然无法用英语顺畅地表达自己的思想，难以进行有效的日常交流，这是大学英语应试化教育结出的不良后果。同时，不少高校法学专业英语教学仍局限于单词解释、段落理解和语句翻译的模式，没有切实重视对学生外语交际能力的培养。实施法律双语教学，使学生既能掌握整体法律制度和运行机制，又强化了英语语言的运用技能，可望在一定程度上解决这一问题。

法律双语教学不仅可以使学生正确无误地理解外国法律，也为我国走出国门加入国际竞争培养了人才。我国已经迈入全面推进法治国家建设的新时代，法治建设已经成为建设法治国家的重要基础。虽然目前我国的法治建设已经取得长足的进步，但是与发达国家相比，仍然有一定距离，我们需要向先进国家学习和借鉴。而法律语言是法律的载体，如果不具备一定的专业外语水平，就根本谈不上学习和研究。法律的双语教学正是为此提供了一个良好的平台。法律双语教学，可以培养一批优秀法律双语人才，为我国法治建设发挥重要作用。

（三）改变我国语言教学现状，必须开展双语教学的研究与实践

以双语教学的形式和手段，培养高校学生的阅读能力、计算能力、写作能力、电脑信息处理运用能力和其他必要的生存常识，成为当今学生和家长们的追求热点。但是我们绝不能简单地将双语教学与强化英语等同起来，必须将双语教学与立德树人紧密结合起来，严格地说，通过双语教学模式培养出来的人才应当是热爱祖国、全面发展的复合型、国际型人才，而不仅是外语尖子。随着国际化、现代化进程的快速推进，既精通汉语和中国文化，又通晓外语和外国文化，正是中国参与国际竞争的高素质人才的内涵要素。改革传统的英语教学，探索新的能够高效优质地培养出双语人才的教育方法，是外语教育适应 21 世纪经济全球化发展需要的必然趋势。

二、我国法律双语教学的现状及问题

目前，我国高校法律专业都开设有双语教学课程，但是内容大多局限在国际法领域。

（一）法律专业教师与外语教师自身存在局限性

双语教师除了必须具备合格教师的基本素质外，外语能力成为素质之关键。双语教师的外语不过关，必将误导学生。进行双语教学的学科教师除了要具有本学科的知识、技能和素养外，还要精通用作教学语言的外语。教学语言，具有规范性、教育性、分解性、生成性、趣味性和表演性等特点，可以表现为标准语、简化语、扩展语、重复语、回避语、问题语、提示语、注释语、无声语和混合语等不同形式。实行双语教学要求教师把这些形式灵活、得体地运用于教学活动。因此，理想的双语教师是以教学语言为本族语/母语的各学科专家，至少应是掌握了教学语言的各学科专家。

双语教学实际上由来已久，全国各地许多学校和教师积极参与实践，但是效果并不明显。其原因除了对双语教学认识不足外，主要是缺乏具有双语教

学能力的师资，也就是说，中国目前培养的教师由于外语语言能力不强，一般不具备用外语进行各种学科教学的能力。一般英语教师真正能在课堂上流利自如地使用英语教学的并不多，更何况其他学科的教师。英语教师容易将学科教学视作语言教学，而学科教师常因英语功底不深，造成师生交流困难。

由于课程本身的特点，教授国际法的教师的英语基础一般好于教授其他部门法的教师，有一定的专业外语水平。因为英语基础好，这些教师还常有机会出国交流学习。英语口头表达能力强，可以用正确的专业术语教授学生知识。由于专业的要求，他们平时也多阅读外文原版专著，为双语教学提供多元的教学素材。另外一部分国际法教师原先是英语专业出身，因为工作的关系，转学法律，他们虽然有良好的英语基础，但是法律知识欠缺或不够扎实，容易出现教学上的失误。

（二）外籍教师难以替代中国教师

学校常常聘请外籍教师来教授专业外语课程。虽然外籍教师在语言上没有问题，而且对于中外法律知识的交流有一定的好处。但是，并不是每一个部门法都适合外籍教师，也不是每一位外籍教师都能够胜任中国高校的法学教学。他们自身有一定的局限性。首先，对中国法律研究不深，是外籍教师普遍存在的问题。中国的法律体系与西方的法律体系存在很大的差别。没有对中国法学的深入了解，是难以承担法律专业课程教学的。其次，外籍教师不了解中国国情。在教授法律的时候，只能是就法讲法，容易使学生在课堂上所学的法律知识与实际生活中的法律文化相脱节。最后，外籍教师来自不同的国家，有着不同的文化背景，对于相同的法律问题肯定有着不同的理解和认识，这也必然对学生的知识形成产生一定的影响。

（三）教材编排存在缺陷，来源单一

在双语教学中，一般采用外国原版教材。国外教材突出的特点是实用性强，而这一点恰恰是多年来中国法律双语教材中的薄弱环节。国外教材中还配有大量的各种案例，学生通过对案例的分析，能提高分析问题、解决问题的

能力,能把学到的东西应用到实际工作中去。但是,原版教材毕竟是外国人编写的,只能适应国外的情况。原版教材的内容与中国法律有何异同,这就需要教师在上课时进行讲解。另外一个突出的问题是:原版教材都用英语书写,一些英语基础差的学生在阅读理解上难免会出现问题,甚至发生偏差。大量的生词和专业术语,会使学生花更多的精力在单词的记忆、语法的理解上,而忽视了专业知识的学习。双语教学不同于一般的语言教学,重点不是对语言的分析,语言只是知识的载体。所以引进原版教材对于一般的学生而言,反而加大了学习负担,难以发挥双语教学的真正作用。

(四)学生外语水平有限,难以承受双语教学

法律双语教学,无论对教师还是学生而言,要求都是非常高的。一方面,学生英语水平不同,用同一教学方法、同一教材进行学习,出现英语水平高的学生受益匪浅,而英语水平差的学生越学习越失去兴趣,最后放弃学习。另一方面,有些学生会更注意记忆英文单词,而忽视专业的学习,结果一学期最终学到的无非就是一些零碎的英语单词和短语,跟一般的大学英语课程效果差不多。这就难以达到开设法律双语教学的目的。

三、对法律双语教学的建议

(一)大力开展双语师资培训

古人云:“工欲善其事,必先利其器。”双语教学成败的关键在师资。针对法律双语教学师资紧缺的状况,我们必须采取请进来、送出去等方式,高度重视对高校教师进行双语教学基本技能的强化培训。实行教师专职、兼职结合,校际流动,盘活现有教师资源。大力引进英语水平高、学科知识强的复合型教师。要特别注重青年教师双语教学能力的提高,将青年骨干教师推到双语教学的第一线去锻炼。对在职教师的国内培训可以分成两大类:一类是对英语教师进行法律知识的培训;另一类是对法律专业教师进行英语培训。这两种

类型的培训，可以使英语教师具备较扎实的法律知识，而法律教师在英语表达、理解方面有很大程度的提高，为法律双语教学打下良好的基础。

（二）慎重选择教材

双语教学应当使用英文原版的学科教材，没有原版教材，双语教学就成了无源之水、无本之木。而针对中国不同地区学生英语水平，选择什么样的原版教材大有讲究，而引进原版教材又涉及版权的问题，还需要花费大量资金。我们必须按照双语教学的目的、任务和现有的条件，本着积极开拓、求同存异、实事求是的科学态度，选择和确定教学材料，力求原汁原味。其做法可以是：根据中国的国情和教情对引进原版的相关学科教材进行改编或选编；根据学科教学大纲的要求，对原版教材进行切割或重新整合；重视教材的立体性，注意直观教学媒体的引进和积累，增加录像、录音、多媒体等视听教材的使用频度和幅度，以降低语言理解的难度；充分利用现已面世的双语教学参考书籍和学科教材。

（三）强化学生公共外语水平

双语教学，不仅对教师提出了极高的要求，也对学生应当具备的公共英语能力提出了相当高的要求。因为学生之间的外语水平差异较大，所以双语教学不适合所有学生。此外，双语教学在提高学生英语听力的同时，也应对学生进行特殊的培训，保证学生对课程内容有一定的接受能力，这在双语教学的过程中显得尤为重要。如果学校在学生英语水平尚未达到一定程度时，盲目用双语教学来要求他们，那么就无异于拔苗助长。

（四）加强对双语教学效果的评价

教师是双语教学的关键，教师的教学效果很大程度上决定了学生的学习效果。法律双语教师应当具备相应的学历背景、文化素质、教学能力和科研能力，评价双语教师也应当从这四个方面入手。首先，学历背景。作为一名合格的高校双语教师，必须具备高校教师的基本学历条件，即硕士研究生或者博士研究生学历，最好具有英语和法学两个专业的学习背景。比较理想的学历背景是英语硕士、法学博士，因为英语硕士毕业生一般已具备双语教学必需的英语语言能力，加上必备的法学专业知识，应当能够胜任法律双语教学。其次，文化素质。文化素质是指双语教师必备的社会科学素养，包括主要贸易大国的历史、经济、政治和文化发展概况以及基本的经济学、政治学等方面知识。再次，教学能力。双语教师的教学能力包括驾驭英语语言的能力和传授专业知识的技巧与经验，两者必须有机结合才能取得预期的效果。最后，科研能力。科研是教学的基础，科研可以促进教学改革。双语教学是这些年来新出现的教学模式，许多问题需要进一步的研究与探索。因此，应当鼓励双语教师在进行教学实践的同时，及时总结经验教训，并结合现代教育教学理论，探讨双语教学的规律，促进双语教学的改革与完善。

学生同样是双语教学不容忽视的部分。对学生学习效果的评价，对于改进双语教学是重要环节。检验学生学习效果是双语教学非常重要的环节。评价学生学习效果的传统方法，主要是考试或考查。对于双语教学而言，运用多种多样的评估方法才能真正了解学生的实际学习效果。由于双语教学牵涉到英语运用技能的问题，应当将英语运用技能的长进与专业知识的掌握结合起来分阶段考核，不以最终考试结果作为评价学生的唯一标准。可以考虑结合期末书面考试、课堂表现、日常作业考核等方法，来综合评价学生的听、说、读、写、译的学习效果。

（作者：徐兴旺　曾文革　许鸽）

高校后勤工作者应当树立的几个意识

意识是行动的先导，是支配人们的行动并长期发挥作用的钥匙。后勤，是一所高校对外第一印象的集中展示，是学校内部综合管理水平的形象体现。面对新时代高校深化改革、加快发展的新形势和新挑战，作为高校三支重要队伍(教学、管理、后勤)之一的后勤队伍，为了更好地为学校的师生员工服务，必须在头脑中牢固树立先锋意识、窗口意识、服务意识、廉洁意识和法治意识，适应时代的要求，推动高校后勤工作不断迈上新台阶，为我国高等教育的快速发展发挥更加重要的保障作用。

一、勇于树立先锋意识

所谓先锋，就是冲锋在前，打头阵。“后勤”不等于某些人认为的“后进”“落后”，后勤也不是某些人想象的“清闲”“安逸”；恰恰相反，“后勤”应当是学校整体板块的“先锋队”，应当成为学校所有队伍中的“排头兵”。为广大师生提供最佳的学习、生活和教学科研条件，是我们每一位高校后勤管理工作者义不容辞的责任和义务。

一般而言，后勤管理包括：房产管理及维修(房产产权与档案管理、房屋使用管理、房屋及附属设备维修管理、房产经济管理)、水暖电气管理(供用电管理、给水与排水管理、供暖管理、水暖电气经济管理)、伙食管理(食品质量管理、伙食成本管理、营养与卫生管理、伙食服务管理、伙食经济管理)、汽车运输管理(车辆管理、服务管理、安全管理、汽车运输经济管理)、医疗卫生管理(医疗质量管理、医疗卫生经济管理)、其他服务管理(接待服务管理、生活服务管理、幼儿园管理等)以及后勤实体管理。后勤实体一般是指附设于高校内部的以后勤服务为主要工作的运作实体，改制之前由高校总务处进行管理，改制之后部分脱离高校编制，但仍接受高校领导，形成类似劳动服务公司的机构。现在的后勤实体员工一般是在校职工，他们与高校不完全脱钩，大部分还在高校编制之内，后勤实体的大部分营业额上交学校；部分高校采取了对外招标的方式组成后勤实体，这种后勤机构接受学校领导，但其大部分营业收入归自己支配，少量上交学校。后勤实体规模扩大后即形成后勤服务集团，主要负责大部分学校后勤工作，如保洁、食堂管理、宿舍管理、场地管理等，但校办工厂一般不受后勤服务集团管辖。1999 年教育部要求高校进行后勤社会化改革，因此，很多高校原来的后勤服务保障部门如总务处、后勤中心等组建成所谓后勤集团或者后勤集团公司等模式的社会化公司。但事实上，此举不符合中国的国情和学校的校情，后勤的公益性大于市场性，因此无法完成社会化改革，但后勤集团这个名称至今沿用，作为集团它包含高校食堂、水、电、暖、气、通信、运输、住宿接待、商铺管理、学生公寓管理、医院、附属学校等几大块。一般而言，一所学校除了教学、科研外，基本上都是后勤服务保障工作的范畴。由此可见，后勤管理的内容十分庞大复杂。

俗话说：兵马未动，粮草先行。也就是说，未行兵先行粮草。在学校的各项工作中，后勤战线的同志总是未雨绸缪，思考在前，行动在前，冲锋在前。每年的寒假、暑假一开始，后勤战线的同志们就充分利用学生离校的难得时间，主动牺牲宝贵的休息机会，争分夺秒地开始了新学期的准备工作：盘点清理，预算谋划，采购准备；维修食堂、宿舍，添置设施设备；整治校园环境卫生，建设校园文化，美化亮化校园等，忙得不亦乐乎。平时里，后勤战线的职工也总是起早贪黑、加班加点地工作，废寝忘食、任劳任怨地上班。有时还要忍受他人的漠视、白眼，忍受他人的不理解，委屈只能往肚子里咽，笑容还得时时挂在脸上。高校后勤人承担着管理育人、服务育人和环境育人的重要职能。近年来，后勤社会化改革进程的加快和高校招生规模的不断扩大，师生人数的持续增加，给学生社区和食堂的优质管理提出了新的课题。高校师生对后勤服务和管理水平的要求越来越高，加强学生社区和食堂等后勤岗位精细化管理的呼声越来越强烈。因此，高校后勤战线的同志必须以更加昂扬的斗志和敢于担当的勇气,更加勇于开拓的精神和蓬勃的锐气,与时俱进,奋发有为,使自己的服务管理水平更加符合科学化、规范化、专业化的高标准和严要求。

二、切实树立窗口意识

后勤服务是窗口,是学校师生日常与后勤部门打交道的一个重要渠道。窗口虽小,承担的岗位责任却十分重大。这里是师生最直观感受后勤部门工作作风的地方,也最能真真切切地体会到后勤部门的服务水平和工作效率。行胜于言,后勤部门职工要树立文明服务、微笑服务的良好形象,建设师生满意的服务型窗口。服务窗口要紧紧围绕"服务教师、服务学生"的要求,工作人员要坚持从日常工作的点滴做起,不断强化责任担当和服务意识,树立热情服务师生的良好形象,让小窗口提供大服务。

一要做到服务标准化。要把"管理标准化"融入窗口服务中。建立可持续发展的标准化管理体系,是开展管理创新的有效依据,也是提升服务效能的有力举措。要通过进行ISO9001国际质量管理体系认证,使学生社区和食堂管理迈上标准化、制度化和科学化的轨道。要制定后勤部门管理人员的办事程序、时限、结果追踪等规章制度,尽量做到一个窗口统一对外,促进窗口服务功能规范化,提高后勤部门的办事效率。着装整洁统一,在岗与否都要摆放告示牌;对来办事的师生主动问候和询问,仔细倾听,耐心解答,使用普通话或易于沟通的语言,规范服务用语;服务窗口物品放置有序,用品一目了然,提高服务效率。实行标准化管理,后勤服务窗口各项工作遵循明确、标准的流程,通过制订详细、科学的目标,完善各项工作流程,实施过程控制和全面管理,实现管理标准化,提高工作人员的自觉、自省、自查意识,实现职责更明确、工作更规范、服务更高效。

二要注重回访。前面服务,后面回访。高校后勤窗口不仅需要齐全的办公设施,智能化的管理,工作人员着装要整洁大方,举手投足中要传递亲切,而且更加需要对服务结果跟踪问效。要及时打电话回访师生对窗口工作人员服务态度的感受,把工作落在实处,把师生对后勤工作的满意度作为检验后勤工作效果的试金石。而这种“前面服务，后面回访”制度，可以保证窗口工作人员在平时主动热情地为师生提供优质高效的服务，并耐心细致地宣传讲解相关工作要求。从另一个侧面来看，积极做好服务回访，广泛征求服务对象的意见和建议，可以不断改进工作作风，有效提升师生对后勤窗口工作的满意度，不断提高后勤工作的运行质量和办事效率。

三、扎实树立服务意识

高校后勤部门，是高校地地道道的服务部门，直接为学校的教学、科研和管理服务，为全校的师生服务。每一位高校后勤工作者必须牢固树立全心全意为学校增光添彩、一心一意为全体师生优质服务的意识，增强细心服务、贴心服务的责任感和使命感。

一要牢固树立以人为本的理念。后勤部门职工要换位思考，设身处地为师生着想，努力提供优质的后勤服务和保障，为师生创造清洁、舒适、优美的学习和工作环境；要千方百计为师生考虑，解决他们在工作和生活中遇到的实际困难，实现“我只能做这些”到“我能做哪些”的转变，要让师生在原本“冷冰冰”的窗口前找到“热乎乎”的感觉，感受到“春天般的温暖”；要本着满腔热忱为师生服务的理念，实现“我能为师生做哪些”，服务更加人性化，不断提升师生对后勤工作的满意度。食品安全事件在全国各地的学校时有发生。要知道，食品安全关乎学生的身体健康，甚至生命安危，真可谓食品安全责任重于泰山。重庆市就曾经发生过这样一件事：某所学校由于食堂四季豆未炒熟，造成部分学生食物中毒，在当年考核中被一票否决，相关人员受到党纪政纪处理。前事不忘，后事之师，增强后勤工作人员的责任感，坚持后勤服务人性化，就显得非常重要。

二要加强计划性。后勤工作的服务对象是全校师生，人数多，涉及面广，牵涉到学校的方方面面；包含的内容复杂，关乎每一个人的吃、喝、拉、撒、睡。因此，工作的计划性就显得十分必要，尤其是后勤部门的领导要高度重视工作的超前规划，积极探索高校后勤工作的规律，将后勤工作纳入全校整体工作，进行全盘谋划和超前思考，提前做好统筹安排。

三要注重细节。常言道：一颗耗子屎会坏掉一锅汤。细节决定成败，后勤战线的同志要从一点一滴做起、从小事做起、从我做起，进一步加强窗口的管理和建设，规范后勤窗口的服务行为，提高服务质量和水平，实现窗口服务的标准化、制度化、规范化，为学校的师生提供更加优质、高效、规范的服务。服务，要融入高校后勤窗口人的一言一行之中，融入后勤人点点滴滴的平凡工作当中，将"微笑服务"理念和"优质服务"意识融入每一位后勤人的工作细节之中。因为，每一个服务岗位，都代表着高校后勤人平凡而又不平凡的形象；每一个后勤窗口，都展示着高校后勤人的精神面貌和道德风采。

四、坚定树立廉洁意识

清清白白做人，干干净净干事，是对高校后勤工作者的基本要求。高校后勤工作岗位崇高，令人羡慕，成为不少大学毕业生的求职所向，平凡之中有不平凡。

为什么这样说呢？因为高校后勤工作岗位承担着管理育人、服务育人和环境育人的重要职能，因此岗位崇高，令人羡慕；又由于在社会主义市场经济新的历史条件下，后勤社会化改革进程的加快，对后勤服务和管理水平提出了越来越高的要求，高校后勤本身面临极大的挑战，需要与时俱进，不断改革开放，使自己的服务管理不断迈向科学化、程序化、专业化的道路。尤其是高校后勤战线的同志每天要跟油、盐、柴、米、酱、醋、茶打交道，每天都可能与维修建设有瓜葛，每天都在与"油水"相伴，钞票不断从手中流过，说到底，都必须与钱、财、物打交道。常言道：越是有油水的地方越容易滑倒，而滑倒了还不容易爬起来。每天都在"河边"走，能不能做到"不湿鞋"，做到像古人所说的那样"出淤泥而不染，濯清涟而不妖"，这对每一位后勤工作者都是十分严峻的考验。在当前体制转轨、社会转型、思想多元、利益多样的环境下，高校后勤战线的同志必须加强廉政建设，坚持"三严三实"，组织开展以"重温红色圣地，学习革命先辈"为主题的廉政教育活动，坚定理想和信念，学习革命先辈的精神，时刻用纯洁性要求来对照自己、检视自己，保持廉洁的工作心态，提升高校后勤干部的精、气、神，自觉修剪欲望，纯洁心灵，提升定力，抵制诱惑，固守底线，提高拒腐防变的能力。无论是在重庆，还是在其他省市，甚至其他国家，高校后勤战线在廉洁方面出问题、栽跟头，甚至进监狱的大有人在。有的是假公济私，有的是玩忽职守，有的是贪污学生伙食费，有的是挪用公款。总之，就是思想缺了钙，道德滑了坡，私心太重，贪得无厌，终于过早地走近了人生的“坟墓”。一幕幕悲剧，实在是令人扼腕叹息、唏嘘不已、痛心疾首、义愤填膺。真可谓：现象触目惊心，教训惨痛深刻！

五、牢固树立“法治”意识

以 2014 年 10 月中共十八届四中全会的召开、《中共中央关于全面推进依法治国若干重大问题的决定》出台为标志，中国在经历了 1949 年进入政治转型阶段、1978 年进入经济转型阶段之后，2014 年进入了以全面推进依法治国为内容的法治转型的新阶段。法治意识，已经成为每一位现代合格公民的基本素质。依法治教、依法治校、依法办事已经成为对新时代每一位高校后勤工作者的基本要求。

高校后勤管理，主要包括高校学生社区和食堂服务的管理。学生社区涵盖学生公寓、教学楼和院系馆的全部范围。在新的历史时期，高校后勤工作者必须讲规矩、守纪律、依法治。一方面，要深入学习贯彻国家的宪法和其他法律、行政法规、部门规章等；另一方面，学校要结合国家经济社会发展对高等教育人才培养和科学研究的要求，建立健全行之有效的后勤管理制度，使规章制度具有较强的系统性、规范性和可操作性，让高校的后勤工作在法治的轨道上运行。例如，对于饮食服务和管理，要建立饮食服务管理中心组织机构，明晰饮食服务管理中心职责、质量目标、监测频次及程度；明确员工基本素质要求，服务准则，膳食工作文明服务用语，膳食工作服务忌语，饮食中心工作禁令；完善豆腐、豆奶生产卫生管理制度，营养卫生制度，食品卫生制度，个人卫生制度，食堂卫生制度，食品加工、烹调卫生要求，食品卫生知识培训制度，食堂从业人员健康体检制度，凉菜间卫生管理制度；完善中心办公室岗位职责，工作程序，规范标准；完善加工配送办公室岗位职责，工作程序，规范标准，食品及原料采购的有关规定，采购产品检验标准，仓库管理制度；完善食堂管理办公室岗位职责，工作程序，规范标准，餐具检测办法，蔬菜检测步骤，检测室安全规则，餐具检测奖惩制度，蔬菜检测人员工作准则，设备设施控制程序，监测装置控制程序；完善饮食中心质量监督检查制度；完善食堂突发事件应急规定，公共事件应急处理制度，中毒事故紧急处置预案；完善各食堂岗位职责，工作程序，规范标准，蒸饭作业规程，售饭作业规程，仓库管理制度，设备安全操作规程，餐具消毒制度，五种食品持证、四种食品禁入食堂卫生管理制度，食品留样制度，食堂炊具管理制度，食堂卫生清扫制度，食堂经营管理安全责任状；等等。

总之，我们要将高校后勤工作的每一个环节都纳入法治轨道，真正做到有规可依，有规可循，有规必依，违规必究。

（作者：徐兴旺）

全面提升高等学校的管理水平

全面提升高等学校的管理水平，依法规范学校管理，就是认真贯彻落实《教育部关于进一步加强高等学校法治工作的意见》（教政法〔2020〕8号），坚持依法治校，有计划、有组织地对学校教育教学活动进行科学指导，使之顺利开展。其目的就是使学校的每一项教育教学活动都有助于既定教育目标的实现。如何全面提高学校的管理水平呢？这里拟作初步探讨。

一、坚持以学生为中心，加强科学决策

学校管理的首要问题是决策问题。学校的决策，决定着学校的发展方向、发展效率和发展水平。一个好的决策，可以振奋精神、凝聚人心，推动学校高效率、高水平发展。同样，一个错误的决策，将导致人心分散，丧失向心力、凝聚力、战斗力，工作难以推动，事业难以发展。习近平总书记在党的十九大报告中，提出"以人民为中心的发展思想"，落实在学校，就是以学生为中心。因此，学校决策要坚持以学生为中心的理念，以实现学生德、智、体、美、劳的全面发展为目标，以学生接受优质教育为根本出发点，来谋划和促进学校的改革和发展。

在学校管理中，一是要注重决策的绩效化。要抓住学校发展这一要务和立德树人这一核心，充分考虑决策的实施所产生的最大效益，制定出行之有效的决策，使之服务于学校发展和人才培养。二是要注重决策的科学化。确立学校的发展目标、工作思路与实施方案，要充分调查研究，使其符合学校的实际，要进行系统的比较、分析，使其具有科学性、合理性、可行性。要克服决策的盲目性、随意性，力戒"拍脑袋"、只凭经验的决策方式。三是要注重决策的

民主化，要提高决策的公开度、透明度。师生员工是学校的主人，学校要充分听取各方面的意见和建议，使决策反映广大师生员工的利益诉求，具有广泛的认同性和支持率。四是要注重决策的制度化和程序化。一项决策的形成和付诸实施，都要有明确的规定和严格的程序，个人的作用始终是在组织制度内发挥，而不能随心所欲，使决策的形成过程和实施过程都在制度的规范之中。五是要注重决策的合法化。学校决策必须符合国家的法律法规，符合党和国家的方针、政策，不能与之相抵触。把学校管理和办学活动纳入法治轨道，坚持依法治校，是深化教育改革，推动教育发展的重要内容，也是完成新时代教育工作历史使命的重要保障。因此，要加快依法治校进程，实现学校决策的法治化。

二、推进规章制度建设，规范日常管理

加强学校管理，必须建立健全学校的规章制度。规章制度是学校每一位师生员工的行动准则。有了健全的学校制度，做到有章可循，步调统一，行动统一，才能确保各项工作的顺利推进，确保学校发展目标的实现。

要依据法律法规，制定和完善学校章程，经主管教育的行政部门核准后，作为学校办学活动的基本依据。目前，我国各高等学校都依法制定了学校章程，把学校管理和办学活动纳入了规范化、法治化的轨道。但是，也有个别学校章程的内容不够科学，特色不够显明，实施不够规范，依规治理的力度不大。因此，要不断完善学校章程，严格依据章程办学，努力提升学校管理水平。

要根据法律法规和学校章程，建立健全学校的各项管理制度。要健全和完善教育教学制度，保障国家教育方针的贯彻落实，确保素质教育的全面实施。制定教育教学制度，要有利于推进教学改革，充分发挥教育教学活动在促进学生全面发展中的重要作用，全面提高育人质量；要有利于建立符合素质教育要求的教育目标体系、课程教材体系；要有利于探索教育规律和适应互联网时代要求的教学方法，优化教学过程，促进信息化时代教育教学的不断创新。同时，要完善学校内部财务、会计和资产管理制度，严格执行国家有关规定，健

全监督机制，依法管理好学校法人财产。此外，还要依法健全学校教师、学生、后勤、安全等各项管理制度，做到内容合法、公正、公开，并得到有效执行。

学校一旦制定了规章制度，就要严格照章办事，用制度来实施管理，否则，制度就成了一纸空文。我们有些学校制度制定得不少，但是在实施中，不讲规矩，不讲程序，置规章制度于脑后，有的学校领导凭感情、凭个人喜好办事，导致矛盾和问题不断出现，严重影响了学校的和谐稳定，影响了学校的发展和工作的正常开展。所以，我们不但要建立和完善制度，而且更重要的是要严格执行制度，学校管理必须按规章制度办事，这样才能真正形成管理的制度化和规范化。在执行和完善制度中，对违反法律、法规的学校管理制度和规定，要及时修改或者废止。要保证学校章程和发展规划、各项管理制度、对外签订的民事合同等符合法律的规定。

三、健全体制机制，促进管理的高效顺畅

健全学校内部管理体制和机制，是学校管理的核心内容，是提高管理效能和质量的关键。要依法健全校内管理体制，国家举办的高等学校要依法实行党委领导下的校长负责制，坚持党对学校工作的全面领导，明确学校党委、校长、校务委员会、学术委员会、理事会等各种机构的职责权限和议事规则，做到党委领导，相互配合，权责统一，依法办事。民办高校和中外合作举办的高等教育机构要坚持党的领导，按照《中华人民共和国民办教育促进法》和《中华人民共和国中外合作办学条例》的有关规定，规范办学行为，建立健全党组织、校董会、理事会或者其他决策机构的议事规则，规范决策程序。

要推进民主建设，健全学校民主管理机制。要进一步完善教职工代表大会制度，充分发挥教职工代表大会的积极作用，切实保障教职工参与学校民主管理和民主监督的权利，保证教职工对学校重大事项决策的知情权和民主参与权。要全面实行校务公开制度，学校改革与发展的重大决策、学校的财务收支情况、福利待遇以及涉及教职工权益的其他事项，要充分听取意见，及时向教职工公布；学校的招生规定、收费项目与标准等事项，要向学生、家长和社会

公开。要通过建立和完善学校管理体制和机制，调动各方面的积极性，确保学校工作有序、高效运转。

四、保障师生合法权益，营造温馨育人环境

要严格教师管理，维护教师权益。教育行政部门要严格依照《中华人民共和国教师法》《教师资格条例》的规定认定教师资格。学校要依法聘任具有相应资格的教师，依法与教师签订聘任合同，明确双方的权利、义务与责任，尊重教师权利，落实和保障教师待遇。要建立校内教师申诉渠道，依法公正、公平解决教师与学校的争议，维护教师的合法权益。学校要加强对教师的思想政治教育、道德教育和法治教育，不断提高教师的道德水准和法律素质。对品质恶劣、严重侵犯学生合法权益的教师，要依法处理，坚决杜绝教师侵犯学生人身权的违法犯罪行为。对教师严重侵犯学生人身权的案件，学校必须及时移送司法机关查处，并向主管行政部门报告，依法追究责任。

要完善学生保护机制，依法维护学生的合法权益。学校在日常教育教学活动中要树立以学生为中心的理念，爱生如子，自觉尊重并维护学生的人格权和其他人身权益。学校要牢固树立“安全第一”的意识，认真贯彻落实有关校园安全的法律法规。要完善和落实安全管理制度，明确职责，加强对学校教学、生活、活动设施的安全检查；落实各项安全防范措施，积极维护校园的安全与秩序；要加强对学生的安全教育，实现安全教育制度化、规范化；要预防和减少学生伤害事故，保护学生的人身和财产安全；建立应对各类突发事件的工作预案，增强预防和妥善处理事故的能力；健全学生安全事故的应急处理机制和报告制度，不得瞒报或者漏报。学校要健全学籍管理制度，按照有关法律的规定，严格保护学生的受教育权；对学生的处分应当做到事实清楚、证据充分、依据合法、程序规范；建立校内学生申诉制度，保障学生申诉的法定权利。学校对学生作出处分决定应当经过校长办公会议讨论通过，切实保障学生的知情权、申诉权，并报主管行政部门备案。

五、凝练发展特色，铸就育人品牌

加强学校管理的根本目的，在于提高人才培养质量，提升学校的综合实力和竞争力。学校人才培养质量的高低，学校是否具有综合实力和竞争力，很大程度上反映在学校的管理水平的高低上。要提高人才培养质量，提升学校的综合实力和竞争力，必须全面提高学校管理水平。

提高学校管理水平，必须根据世界发展的趋势、时代发展的要求，用战略的思维来思考、用敏锐的眼光来审视学校的发展，面向现代化、面向世界、面向未来制定学校的发展战略，确立发展目标。要建立起一整套具有中国特色的质量管理和运行体系，强化广大教职工的质量意识、市场意识、竞争意识，形成良好的团队精神。学校要掌握发展的主动权，关键是人才。要大力实施“人才强校战略”，紧紧抓住吸引人才、培养人才、用好人才三个环节，加强学校人才队伍建设，发挥人才队伍的整体功能。这既是学校管理的首要任务，也是推进学校发展、实现学校战略目标的根本保证。

当今世界，经济、科技的竞争日益激烈，其焦点是人才的竞争，归根结底是教育的竞争。我们正处在世界百年未有之大变局的重要历史时期，人才和教育的竞争已经融入国际竞争的潮流之中。为适应国际竞争，我们必须提高学校管理水平，建设独特的学校管理文化，形成自己的办学特色，提高教育质量，凸显办学特色，打造学校品牌，增强学校的竞争力。这样，我们才能在国际国内激烈的教育发展比拼中立于不败之地。

（作者：徐兴旺）

深化重庆高等教育供给侧结构性改革的思考

改革开放以来，特别是直辖以来，重庆市委、市政府高度重视教育，始终把教育摆在优先发展的战略地位，重庆高等教育实现了历史性的跨越发展。截至 2019 年，全市有高等学校 71 所（包括普通高校 65 所，成人高校 4 所，在渝军事院校 2 所），在校大学生 98 万余人（包括研究生、普通本专科、成人本专科、在职人员攻读硕士博士学位、网络本专科的学生），高等教育毛入学率达 49%，为加快重庆从人力资源大市向人力资源强市转型，推动全面建成小康社会作出了重大贡献。

在看到重庆高等教育取得显著成绩的同时，我们也应看到面临的严峻挑战。这就是：高等学校培养的学生不能很好地适应经济社会发展的需要，教育供给与产业需求之间的矛盾十分突出。一边是数目庞大的大学毕业生群体就业困难，有的大学生毕业就失业，成了社会热议的"蚁族"；一边是现代工业、农业、服务业的用人单位要招聘到合适的人员同样不易，特别是一些技术型、技能型人才千金难求。普通高等院校按照国务院和教育部的要求向应用技术型大学转型，更好地适应经济社会发展需求迫在眉睫。

一、重庆高等教育发展中面临的供需问题

(一)部分高校专业设置与社会需求脱节

重庆市部分高校教育质量短板和软肋相对突出，主要是专业设置与重庆产业发展脱节，相对滞后，传统专业人数比重过大，适应高新科技发展的专业比较薄弱，操作型、实践型课程短缺，专业课程远离实践、远离市场，高校毕业生的所学专业与就业岗位关联度不高。办学成本较低的文科专业发展加快，

办学成本较高的工程技术类专业逐年缩小规模，轴承、电线电缆、仪器仪表等急需的人才培养力度不足，导致专业课程的“精英化”培养与就业的“大众化”技能缺失冲突明显。

（二）一些高校毕业生能力与岗位需求不相适应

调研发现，一些企业认为，当前重庆有的高校毕业生能力和素质不符合企业需求，甚至部分企业明确指出有的高校教育质量太差，学生能力与岗位要求不能匹配，学生缺乏发现问题、提出问题、分析问题和解决问题的能力。究其原因，一是高等学校对学生的基本素质教育不足，重视一般性的“教书”而忽视了深层次的“育人”；二是有的高校的人才培养目标局限于传授一般知识和基本技能，缺少以突破资源约束、寻求机会、创新求变为特点的创新创业教育；三是有的高校对学生的道德品质、工匠精神、敬业精神、家国情怀培养不够，一些毕业生频繁跳槽，工作不安心、不踏实，“这山望见那山高”，对自己的得失考虑较多，对单位和国家的得失考虑不够。

（三）有的高校课堂教学与学生就业岗位需求脱节

调研显示，重庆市一些高校教师从“校门”到“校门”，经历单纯，缺乏交流，又不大愿意走出校门，即使到基层、企业调研也是走马观花、浅尝辄止，对重庆产业发展的实际情况深入调研不够，对人才的需求情况知之不多，区县、企业到底缺乏什么专业人才、缺乏多少，心中无数；有的高校教师投入课堂教学的时间和精力不足，联系实际思考问题不多，对经济社会发展中的难点、热点、焦点问题分析得不深不透；有的甚至不清楚、不知道自己的教学要达到什么样的目的，取得什么样的最终效果，讲课内容按照自己的喜好照抄照搬，闭门造车。

二、深化重庆高等教育供给侧结构性改革的建议

(一)坚持按需育才,及时调整人才培养结构

紧密跟踪重庆经济社会发展尤其是产业发展需求,建立学科专业结构动态优化机制,及时调整专业设置。政府相关部门建立高校毕业生社会需求预测与信息发布制度,对就业率持续偏低的专业实行动态调整,调减招生计划,或暂停招生甚至停办。健全大学生假期带薪实习制度,组织开展形式多样的假期实践与就业教育活动,实习岗位向城市社区及企业车间等基层一线倾斜,增强大学生对重庆"大城市、大农村、大山区、大库区"基本市情的了解,培养学生面向基层就业、扎根一线成才的意识,同时明确实习单位给予的实习补助,真正做到"面向地方办学,主动适应需求,服务经济社会,不拘一格育才"。进一步加强对大学生就业问题的专题研究。在做好收集、研究用人单位反馈信息的基础上,根据市场需求,按比例、有计划地确定在校生规模,及时调整学科和专业,实现人才培养与经济社会发展和产业升级的良性互动。

(二)培育工匠精神,坚持特色办学

培育"爱岗敬业、精益求精"的工匠精神。高等院校要遵循教育发展的一般规律,尊重学生身心发展的客观实际,不跟风,不折腾,根据办学定位,潜心育人。要增强职业技术教育的吸引力,培养大国工匠,消除技工的身份歧视,让其获得更大晋升空间。可试点性地将技工和专业技术类别合并,根据技能水平和对企业的贡献度,建立激励与约束机制,为技工拓展晋升空间,从根本上消除对技工的身份歧视。纳入国家职称评定体系,让技工有更多职业尊严。从制度层面破除技工与企业的依附关系,技工获得职称后可自由流动,增强其与雇佣方的博弈能力。坚持特色办学,加强学校章程建设和内部机制创新,鼓励每所学校做大做强优势专业,打破千校一面和恶性竞争的局面,避免重复建设和资源浪费,不断提高办学效益。

(三)加强校企合作共建,推行双元制职业教育模式

第一,双元招生。职业院校与企业直接合作,联合招收学生,让学生一入学就既成为学校的学生同时又是企业的在职员工,从而增强学生的归属感和责任心。第二,双元培养。校企双方根据企业的岗位要求,共同制订培养计划、设计教学模块、开发教学内容,从而让学生将来能够更好地服务企业。第三,双元师资。校企双方共同委派教师、师傅承担教学工作,每名学生配备一名理论指导教师和技能指导师傅,以"双导师"的"学徒制"来实施教学。第四,双元管理与评价。学生管理由企业和学校共同进行,校企合作指导委员会及其下设专门机构负责教学实施与评价。教学运行管理以学校为主、企业参与;学员考核评价以企业为主、学校参与。企业参与教学过程的每个环节。教学场所由企业和学校共同提供。企业的车间和岗位成为学员技能培训的实习场所,在企业接受技能培训的时间约占整个学习时间的50%。

(四)加强双向交流,疏通高校与地方、企业、部门的干部人才交流渠道

制定高校与地方、企业、部门之间的领导干部交流政策,明确规定在高校工作满一定年限的领导干部必须交流到地方、企业或者部门任职,彻底打破隔阂封闭和"老死不相往来"的局面,多岗位锻炼,多地方任职,以便熟悉情况,增强理解,增进感情,良性循环,从而形成导向明确、易于操作、规范有序的领导干部交流制度。建立部门和地方的领导干部定期到高校讲课的制度。市级部门、区县党政主要领导要相对固定地联系辖区内的一所高校,每年至少到学校举办一次讲座,宣讲经济社会发展面临的形势和政府的应对之策、未来的发展趋势和政府的发展规划,通报对人才的现实需求情况和对未来需求进行预测;选聘政治素质过硬、理论水平较高、善于课堂讲授的企事业单位的先进典型、一线专家担任高校尤其是职业院校的兼职教师。加大高等学校领导到地方、企业或者部门挂职锻炼的力度,或者实行蹲点调研制度;组织高校尤其是职业院校的教师到区县、企业一线接受锻炼,深入了解实际情况,并将此作为职称晋升、干部选任的必备条件。

(五)落实高校办学自主权,多层次提升大学生的创新创业能力

进一步落实高校的办学自主权,相关政府部门要进一步简政放权,减少行政审批项目,减少对高校的微观管理。高校要健全创新创业教学实训体系,深入实施大学生创新创业实训计划,着力发挥创新创业训练项目的引领与推动作用,强化市场分析研判能力及把握市场需求导向的训练,增强在校学生的创新创业素质,不断提升学生的创新创业能力。重视榜样的教育力量,积极发掘和联系知名校友、成功企业家等社会资源,特别是联系在创新创业实践中取得成绩、具有话语权的人士,通过企业实践、实地考察、举办讲座等途径,不断拓展大学生的创新创业教育,培养学生适应经济社会发展的能力。

(作者:徐兴旺　侯晋雄)

论加强社会教育的管理

随着知识经济时代的到来，接受教育已经成为人们生存和发展的第一需要。教育日益向着整个社会和个人终身延伸。当代中国正在迈入全民学习终身化阶段，社会教育（这里所称“社会教育”指除家庭教育和学校教育之外的教育）正在发挥着越来越重要的作用。改革开放40多年来，我国的社会教育尤其是高等成人教育虽然取得了一定的成绩，但仍然存在一些不容忽视的问题，发展还不够健康。因此，应当改革社会教育的管理，推进科学管理，从而促进我国社会教育健康发展。

一、当前社会教育发展中存在的主要问题

（一）教育机构太多，资源浪费严重

一些领域的社会教育机构重复建设，供大于求，资源浪费严重。由于缺乏统一的发展规划和科学布局，社会教育无序发展情况普遍存在。比如，成人高等学历教育机构太多，供大于求，生源不足，“吃不饱”的情况较为普遍，资源浪费严重；一些地方政府部门的培训，存在多头培训、项目雷同、资源浪费现象。如某地就高等职业技能培训项目招标，科技局、人力资源和社会保障局、教育局都在组织相关工作，工作缺乏计划性，报名者良莠难辨。

（二）运行秩序混乱，教育质量得不到保证

营利性社会教育机构量大面广，缺乏自律、约束和有效监管，鱼龙混杂，恶性竞争，市场混乱。特别是从事企业管理咨询类的培训机构，数量太多，有的

为了招客揽人彼此诋毁，培训电话不断，广告满天飞，让人不堪其扰。一些机构不顾教育教学质量，重在创收，师资质量不高，致使学生没有学到期望学到的知识技能，失信食言；一些机构举办的培训、讲座的价格越抬越高，让人望而却步。坑蒙拐骗事件时有发生，为社会公众所诟病。

（三）泥沙俱下，潜伏着一定的政治隐患

民间公益社会教育缺乏正确的引导和有力的监督，容易偏离社会主义主流文化方向。比如，如何对待国学热？并非所有的传统文化都能够适应时代的要求。对于传统文化，理应批判地继承、科学地扬弃，但有的国学培训机构不加选择，一味地把传统文化吹捧上了天，甚至有的民间组织以国学名义进行思想渗透，颠覆社会主义主流价值观。有的学生放弃学校教育，全身心投入国学学习，学完后不能适应社会需要，找不到工作，追悔莫及，而且还存在违反国家教育法的问题。

（四）政府管理缺位，运行机制不畅

社会教育面广量大，教育部却没有设立统筹管理全国社会教育的专门机构。教育部的26个司局（室）中，专门管理社会教育的只有一个“职业教育与成人教育司”，而且管理的范围还不能覆盖全部社会教育领域。这样的管理体制，导致教育的重心严重偏向学校教育，对“社会教育”重视很不够。由此导致了严重的后果，就是：国家的“社会教育”缺乏专项的发展规划，缺少统一的指导与推动，难免出现前述的一系列问题。

二、存在问题的原因

（一）对新的时代特征认识不足

从现状看，教育行政部门对社会教育重视不够。究其原因：一是对互联网时代的巨大变化认识不足。随着5G时代的到来，人们学习的时间和空间发生

了重大变化，掌上学习、随时学习、终身学习时代来临，传统的教育方式正在受到严重的冲击。二是对人们身份的转变认识不足。人们的身份正在发生重大改变：伴随着市场经济的深入发展，人口的流动性越来越大，人们对工作单位的依附越来越少，正在从单位人转向社会人。社区代替过去的单位，正在发挥着越来越重要的作用，传统的教育时空观念正在发生重大改变。

(二)社会教育立法缺位

目前，我国还没有一部专门的社会教育法，对社会教育的管理缺乏明确的法律规定。表面上看，多个部门"齐抓共管"，都在管理社会教育，而实际上多个部门都没有认真管，多"龙"治教，效果很差；在实际管理中，由于缺乏法律依据，行政部门难以实施管理。从而给人们造成热热闹闹、一盘散沙的感觉。

(三)社会教育的理论研究不够

目前，社会教育的理论研究机构不多，专门从事社会教育研究的人员很少，创办的专门刊物极少，出版的研究著作不多；对社会教育的规律认识不透，对社会教育的新特点研究不够，高质量的研究成果不多。而缺乏成熟理论指导的实践，必然是盲目的实践，不可能走得很顺，也不可能走得更远。

三、对策建议

(一)提升对社会教育地位和作用的认识

认识是行动的先导。社会教育是国家整个教育事业的重要组成部分，要根据时代的变化，不断提升社会教育的地位，更好地发挥社会教育的作用。要尽快改变教育行政管理"一手硬两手软"，即学校教育硬，家庭教育软、社会教育更软的现状。社会教育说起来重要，落实起来次要的现状必须尽快得到改变。各级党委、政府和全社会要真正重视社会教育，支持社会教育，让从事社会教育的机构和人员受到尊重，增强从业者的职业责任感和使命感。

(二)建立强有力的管理机构

要明晰社会教育的管理主体。教育部应当牵头抓总,全面管理学校教育、社会教育和家庭教育。教育部应当加强对社会教育的统筹管理,相关的政府部门和社会机构要各司其职,积极参与。教育部应当建立专门的"社会教育司",担负起具体规划和领导社会教育的责任,负责起草全国的社会教育中、长期规划,提出年度工作计划并组织实施,指导全国的社会教育工作,各地效法施行,这是加快发展我国社会教育的关键;应当建立相关党委部门、政府部门参与的综合协调机制,实现管理联动。社会教育管理应当由各级党委领导,教育行政部门牵头,宣传、组织、人社、民政、发改、文化、科技、司法等部门和社区教育学院联合参与并建立"社会教育工作指导委员会"。各相关部门应当在教育行政部门的组织下,结合自身职能与优势,做好本部门的社会教育管理工作。

(三)建立完善顺畅的工作机制

建立各团体组织参与的工作机制,引导社会联动。广泛发动社会各团体、协会与组织积极参与社会教育。一是充分发挥提供社会教育服务的组织的作用,包括公益类社会组织(如社区教育学院、高等学校社会教育资源、企业学校、职工学校、村民学校、市民学校等)和非公益类社会培训组织(如国学培训、证书培训、企业管理培训的机构或公司等)。二是充分发挥社会成员载体组织的作用,如社区、村委会、企业以及各种行业协会、社会团体等。这些组织有居民成员、社团会员等。要引导这些社会组织积极参与社会教育联动,推动学习型社会的建设。

(四)加强社会教育的立法

以 2014 年 10 月中共十八届四中全会的召开、《中共中央关于全面推进依法治国若干重大问题的决定》出台为标志,中国在经历了 1949 年进入政治转型阶段、1978 年进入经济转型阶段之后，2014 年进入了以全面推进依法治国为内容的法治转型的新阶段。加强社会教育立法，建立健全社会教育法律制度，是发展和规范社会教育的大势所趋、形势所迫，更是法治时代的治本之策。全国人大及其常委会应当将社会教育法纳入立法规划。国务院应当出台规范社会教育的法规，教育等行政部门应出台规范性文件，为社会教育的行政管理提供依据，以便有法可依，依法行政，全面推动社会教育的发展。

(五)组织开展广泛深入的理论研究

社会教育的科学发展、健康发展离不开社会教育理论研究的不断深入。应当充分发动社会各团体、协会和组织的成员，尤其是充分发挥中国成人教育协会及其分支机构广大会员的作用，紧紧围绕社会教育的发展规律和新时代的新特点，社会教育的发展趋势，社会教育的难点、焦点和热点问题，广泛开展社会调查，组织相关课题研究，进行联合攻关，每年至少举办一次全国性的社会教育学术研讨会，推出一批高质量的研究成果，为社会教育的立法提供科学依据，为社会教育的政策制定提供决策参考。

(作者：徐兴旺)

第二编

高等职业教育改革问题研究

论当代中国高等职业教育发展的新趋势

新常态、“大众创业，万众创新”、“中国制造 2025”、“一带一路”、“互联网+”行动、长江经济带建设、京津冀协同发展、粤港澳大湾区建设、成渝地区双城经济圈建设、长三角一体化发展……一系列关乎经济带、产业带和产业集群建设的国家战略和发展规划的不断推出，对当代中国高等职业教育深化教育教学改革，全面提高人才培养质量提出了新的要求。面对新常态，必须认清新形势，明晰新思路，深刻把握当代中国高等职业教育发展的新趋势，走优质化、技术化、应用化、国际化、现代化、集团化的高等职业教育办学之路。

高等职业教育引领经济、服务经济、推动经济。我国高等职业教育经过40多年的发展，取得了举世瞩目的成就，尤其是近20年取得了长足进展。从规模看，根据《2019年全国教育事业发展统计公报》，2019年，全国各类高等教育在学总规模4002万人，高等教育毛入学率51.6%。全国共有普通高等学校2688所(含独立学院257所)，比上年增加25所，增长0.94%。其中，本科院校1265所，比上年增加20所；高职(专科)院校1423所，比上年增加5所。普通高等学校校均规模11260人，其中，本科院校15179人，高职(专科)院校7776人。从质量看：根据《2019中国高等职业教育质量年度报告》，高职毕业生半年后就业率持续稳定在92%，毕业生本地就业率接近60%，到中小微企业等基层服务的比例保持在60%以上，四分之一的毕业生到西部地区和东北地区就业。高职教育对扩大就业和促进学生发展的作用日益显现。高职院校助力欠发达地区发展、助力乡村振兴、助力脱贫攻坚，65所职业院校发起成立全国职业院校精准扶贫协作联盟，职业院校教育扶贫取得成效。这表明职业院校正在成为高素质产业大军的重要培养基地，成为契合产业升级、发展实体经济、促进中小企业集聚发展、助力脱贫攻坚的中坚力量。同时，我们也看到，当前和今后一个时期高等职业教育面临新的严峻挑战。迎难而上，首先需要的是厘清思路。只有认清新形势，探索新路径，明晰新趋势，才能迎来新发展。

一、把握经济社会发展新常态，走创新型优质化办学之路

当前，中国经济已经进入新常态。2014 年 5 月，习近平总书记在河南考察时，第一次以“新常态”来描述我国现阶段的经济特征，并将其上升到经济战略的高度，对我国未来宏观政策的选择具有方向性和决定性的影响。新常态的基本特征是：在经济增长速度上，进入增速换挡期；在经济结构上，进入结构调整阵痛期；在发展动力上，进入前期刺激政策消化期；在面临挑战上，进入改革与危机赛跑期。新常态最核心的内涵是转变经济发展方式，实现经济发展由速度型向质量型转变，其根本特点是：高效率、低成本、可持续。

高等职业教育作为与经济联系最为紧密的教育类型，其职能和价值在于主动服务于区域经济和社会发展，直接面向经济建设主战场，培养生产、服务与管理第一线的高素质技术技能型专门人才，为经济发展注入巨大活力。2015 年 3 月，国家提出了“深化体制机制改革，加快实施创新驱动发展战略”。在经济新常态的大背景下，高等职业教育必须科学地认识新常态，积极应对新常态，学会适应新常态，主动服务新常态，为未来新一轮的快速发展蓄势积力；高等职业教育必须有效应对经济社会发展的新需求、生产发展方式的新转变，这是当前高等职业教育面临转型挑战的根本压力所在，同时也是高等职业教育发展的最好机遇。我国已成为世界第二大经济体、第一大贸易国、第一大工业品制造国，正处在从经济大国向经济强国、从制造大国向创造大国迈进的新阶段，尤其是要实现“中国制造”走向“优质制造”“精品制造”“设计制造”，实现价值链与产业链的升级，实现发展动力从“要素驱动”“投资驱动”转向“创新驱动”，由主要依靠增加物质资源消耗转向主要依靠科技进步、劳动者素质提高、管理创新上来。要实现这一目标，需要大批的高素质技术技能人才作支撑。由此，为经济发展方式的转变提供数量充足、结构合理的高素质劳动者和技术技能型人才支撑，是高等职业教育必须要承担的历史重任。目前，我国从业人

员素质普遍偏低，劳动者的技能、经验、知识结构与劳动力市场需求不相适应，特别是高素质技术技能型人才严重短缺，不能完全满足产业优化升级的需要。经济社会新的发展形势，对高等职业教育以人才培养质量提升为核心的内涵式发展，提出了新的更高的要求。高等职业院校必须走创新型办学之路，充分了解经济发展对人才的选择，更加注重对学生创新意识和创新能力的培养，把教育理论与生产实践相结合、个人意愿与社会需求相统一，培养大批国家急需的优秀的工程师团队。

二、紧扣工业4.0时代“中国制造2025”，走高素质技术化办学之路

世界正迈向“工业4.0”时代。“工业4.0”是德国联邦教研部与联邦经济技术部在2013年汉诺威工业博览会上提出的概念，描绘了制造业的未来愿景，提出了继蒸汽机的应用、规模化生产和电子信息技术三次工业革命后，人类正迎来以信息物理融合系统为基础，以生产高度数字化、网络化、机器自组织为标志的第四次工业革命。国际社会一致的看法是：信息技术和制造业进行融合，加上新材料、新能源等技术的重大突破，正引发新一轮科技和产业变革。面对汹涌澎湃的新一轮工业革命浪潮，发达国家纷纷实施再工业化战略，中国政府也于2015年5月发布了中国版“工业4.0”规划：《中国制造2025》，这是2015年以后十年我国实施制造强国战略的行动纲领，根据我国制造业与发达国家存在较大差距的现状，率先推动从新一代信息技术、高档数控机床和机器人、航空航天装备、海洋工程装备及高技术船舶、先进轨道交通装备、节能与新能源汽车、电力装备、新材料、生物医药及高性能医疗器械、农业机械装备等十大领域进行突破，实现中国从“制造大国”迈向“制造强国”。

实现“中国制造2025”目标，对高等职业教育提出了迫切的要求。建设制造强国，人才是根本。必须建立健全科学合理的育人机制，加快培养制造业发展急需的专业技术人才、经营管理人才、技能人才，建设一支素质优良、结构合理的制造业人才队伍，走人才引领的发展道路。据国家统计局2014年数据，中国制造业净出口居世界第一位，制造业增加值在世界占比达到20%左右，已

经成为名副其实的“制造大国”。但由于工业基础比较薄弱，在基础零部件、材料、工艺等方面与世界先进水平存在很大差距，制造业仍面临着产品质量的大问题；由于高端人才缺乏，自主创新能力不足，关键核心技术受制于人，大多数产品仍属于低端、低质、低价，产业结构不尽合理，仍然“大而不强”。尤其是当前，中国制造业正面临前所未有的挑战，受到高端制造业向欧美发达国家回流，低端制造业向东南亚、印度等低成本国家转移的“双重挤压”。因此，学习和借鉴“工业 4.0”的理念，建设智能工厂，推动信息化和自动化技术深度融合，是推动中国制造业转型升级的重要途径。正处在工业化阶段的中国，需求量最大的是技术技能人才；全国各工业园区最紧缺的就是技术技能人才，尤其是高素质的技术技能人才。目前，高等职业院校制造类专业的设置，大多基于传统工业生产的专业分工与岗位分工，重显性技能，轻隐性技能，学生对知识的迁移能力较弱，客观上造成毕业生能力结构单一、发展潜力和后劲不足，无法适应智能制造的要求。高等职业院校要适应“中国制造 2025”对复合型人才的要求，探索“专业＋”人才培养模式，打破专业界限，实现跨学科、跨专业的复合型人才培养。在夯实显性专业技能的基础上，加强隐性技能的培养，强化文化基础教育，允许学生跨专业选修课程，要加强中华优秀传统文化、革命文化和社会主义先进文化教育，把提高职业技能与培养职业精神高度融合，注重对学生的文化素质、科学素养、综合能力和可持续发展能力的培养。要开展现代学徒制、1＋X 证书制度试点示范，高职院校要通过探索招生与招工一体化，深化工学结合人才培养模式改革，加强专兼结合师资队伍建设，形成与现代学徒制、1＋X 证书制度相适应的教学管理与运行机制，促进行业、企业参与职业教育人才培养全过程，实现专业设置与产业需求对接、课程内容与职业标准对接、教学过程与生产过程对接、毕业证书与职业技能等级证书对接、职业教育与终身学习对接，发挥高素质技术技能型人才在产业转型升级中的支撑作用。

三、瞄准京津冀协同发展、长江经济带建设等国家规划，走区域性应用化办学之路

京津冀协同发展战略，在 2014 年 2 月由中央提出，核心是京津冀三地作为一个整体协同发展，以疏解非首都核心功能、解决北京“大城市病”为基本出发点，调整优化城市布局和空间结构，构建现代化交通网络系统，扩大环境容量生态空间，推进产业升级转移，推动公共服务共建共享，加快市场一体化进程，打造现代化新型首都圈，努力形成京津冀目标同向、措施一体、优势互补、互利共赢的协同发展新格局。京津冀地区同属京畿重地，战略地位十分重要。当前区域总人口已超过 1 亿，面临着生态环境持续恶化、城镇体系发展失衡、区域与城乡发展差距不断扩大等突出问题。实现京津冀协同发展、创新驱动，推进区域发展体制机制创新，是面向未来打造新型首都经济圈、实现国家发展战略的需要。京津冀空间协同发展、城镇化健康发展对于全国城镇群地区可持续发展具有重要示范意义。

长江经济带发展战略，与京津冀协同发展战略南北遥相呼应，构成最重要的区域发展战略。目前我国推进的京津冀协同发展战略、“一带一路”倡议、长江经济带发展战略、成渝地区双城经济圈建设、长三角一体化发展，将打破过去长期彼此分割的东西南北“四大板块”格局，打通区域分割版图，实现区域一体化，尤其是长江经济带将贯通东西、南北。中国经济正“向内”进行区域增长新动力的培育，长江经济带是横跨东中西部、连接南北方的重要轴带，有望成为“中国经济脊梁”。它将从沿海、沿江先行开发，再向内陆地区梯度推进，形成我国东、中、西开发的主轴带。2014 年 9 月 25 日，国务院印发了《关于依托黄金水道推动长江经济带发展的指导意见》，长江经济带涉及 11 个省市、200 多万平方千米、6 亿左右人口，生产总值超过全国的 40%。但是长江经济带现在发展比较快、比较好的主要还是沿海，就是东部地区、长江下游区域。国家提出长江经济带发展战略的重大意义，就是着眼于挖掘长江中、上游以及巨大的内需潜力。从沿江向内陆拓展，带动中、上游经济发展，缩小地区之间的差

距，长江经济带发展可以优化整个沿江产业的结构布局和城镇化布局。长江经济带将会成为促进国家经济增长、提质增效的经济新支撑带。在新的阶段，中国经济将沿着长江黄金水道、欧亚大陆桥向内发力，加快中、西部传统产业的转型升级，同时承接沿海地区的产业转移。

职业教育是典型的“跨界的教育”。职业教育兼具经济和教育双重属性，具有鲜明的区域性和外部适应性的特征。高等职业教育要紧紧围绕国家和本区域的重大发展战略，规划好具体工作部署，为经济社会发展培养高素质的技术技能型人才。各高等职业技术院校要按照“改造传统专业、拓展新兴专业、打造品牌专业”的思路，加快推进专业结构的调整、优化和布局工作。构建“一产一专业”建设模式，使高等职业院校的一个专业对应一个区域重点产业群，构建动态对接机制，将相应专业适时纳入专业群，二级学院实行“以群建院”，逐步建成学校品牌。要紧紧瞄准国家重大发展战略，围绕区域经济社会发展战略，着力培养国家和地区急需的紧缺技术技能人才，培养产业发展需要的一大批工程师队伍，满足国家和地区经济社会发展的需要。

四、服务“一带一路”倡议，走开放型国际化办学之路

2000 多年前，通过陆路和海上丝绸之路，中国把丝绸、瓷器和冶铁、耕作等商品和技术，传播到了中亚、东南亚、欧洲等地。如今，中国正努力让古老丝路恢复往日的辉煌：2013 年，中国政府提出“一带一路”即“丝绸之路经济带”和“21 世纪海上丝绸之路”的倡议；2014 年，丝路基金设立，21 国签约决定成立亚洲基础设施投资银行；2015 年，“一带一路”建设进入务实展开阶段。“一带一路”倡议的实施给高职院校提出了新要求。“一带一路”沿线 60 多个国家，大多是新兴经济体和发展中国家，涵盖中亚、南亚、西亚、东南亚和中东欧等国家和地区，“一带一路”倡议的近期目标，是加强沿线国家和地区的基础设施建设，实现交通道路的互联互通，在此基础上，经济贸易往来将成为工作重点，为当地民众提供就业机会，提升他们的生活水平。“一带一路”倡议赢得当地民众的拥护，实现多赢，为中国的外交政策加分。

教育跟着产业走,高等职业教育要与国家海外经济利益相伴随。“一带一路”贸易的繁荣和经济合作的不断深入,将催生国际化人才的巨大市场,为高等职业教育国际化创造良好的环境。我国高等职业院校与“一带一路”沿线各国职业院校展开政策对话凝聚各方共识、进行合作办学、加强人文和师生交流、拓展学生境外就业机会,将是今后一个时期共同面对的四大重要课题。21 世纪的高等职业教育是开放的教育、国际化的教育。高等职业院校要服务国家“一带一路”倡议,坚定不移地实施“走出去”战略,加强与跨国企业、国(境)外院校合作,提升我国职业教育国际影响力和产业国际竞争力。我国的高等职业教育紧密联系经济社会,积极推进校企合作、工学结合人才培养模式改革,办学水平不断提高,在技术技能型人才培养方面相对于“一带一路”沿线国家具有一定的比较优势,积累了较为丰富的职业教育办学经验。在加强沿线国家和地区的基础设施建设、实现交通道路的互联互通的进程中,我国在基础设施建设领域的技术和经验相对成熟,相关建造行业完全可以承接沿线国家和地区的基建工作,既可以有效化解国内部分产能过剩问题,也能为相关从业人员创造海外就业的机会;同时,也可以加快沿线国家的基础设施建设,加快推进这些国家的发展速度,提升当地民众的生产生活水平。因此,就现阶段而言,高等职业教育一方面要围绕基础设施建设涉及的建造行业,以“走出去”的具体项目为载体,进一步深化产教融合、校企合作,培养对接产业的具有国际视野的技术技能型复合人才,加强对从业人员的教育和培训,为国家“走出去”战略提供人力资源的支持。另一方面要“借船出海”,依托“走出去”的项目,输出我国优质高等职业教育资源。“一带一路”沿线大多数国家职业教育比较薄弱,教育基础设施还相对比较落后,产教融合程度不高,学生就业困难,对高质量职业教育有着旺盛的需求。高等职业院校要结合自身办学特色举办境外分校,或是实施跟随战略,围绕项目开展职业培训,合作企业的项目建到哪里,职业教育的人员培训就紧紧跟进到哪里,与走出去的中国企业共同设立职业技能培训中心,对接当地职业教育和职业培训需求,为当地培养新一代产业工人,促使其转化为现实的劳动力,参与到当地的制造业生产过程中。把高素质技术技能人才培养与项目建设密切结合起来,既可以为我国转移到海外的制造企业节约劳务成本,又可以开发当地制造业的人力资源,提升当地员工的素质和水平。

五、适应"互联网+"时代的新要求,走创造性现代化办学之路

互联网是人类现代史上最基础、最重要的技术发明,世界已经进入互联网时代。据预测,到2030年,互联网和其他服务联网的系统将使所有行业实现智能化,并取代传统的机械和机电一体化产品服务。2015年3月,国家提出了"互联网+"行动计划,该计划旨在推进移动互联网、云计算、大数据、物联网、人工智能等与现代制造业结合,促进电子商务、工业互联网和互联网金融健康发展,引导互联网企业拓展国际市场。2015年,国家已设立400亿元新兴产业创业投资引导基金,要整合筹措更多资金,为产业创新加油助力。"互联网+"行动计划的实施,将对人们的生产生活方式、思维方式产生重大影响。"互联网+"的本质是一种新的经济模式,将给传统产业带来从设计、生产、销售到售后的全流程改造。"互联网+"不仅在产业领域有资源重组创新的内涵,同时将助推智慧城市的打造,为城市运行管理服务注入新的活力,决定了未来城市的品质。

当前我国正处于产业的转型升级时代,互联网与各行业的深度融合将产生一系列新经济形态、新商业模式,将会引领社会经济科技新的发展方向,为我国发展方式转变和产业结构调整带来新的机遇,这必然对高等职业教育提出新的要求,产生巨大影响,使得高等职业院校学生可以借助互联网实现跨时间、跨空间、跨地域、非连续性的自主、个性化学习;互联网的开放性也使我国"构建终身教育体系,创建全民学习、终身学习的学习型社会"目标得以实现,教育对象范围得到极大拓展,高等职业教育也将因此迎来一个转型升级和大发展的时代。一方面,"互联网+"经济的发展需要大批掌握数据化、智能化、连接化、信息化等精湛技能和高超技艺的技术技能型人才作支撑;另一方面,互联网经济的不断发展又会对高等职业教育人才培养提出新的更高的要求。高等职业教育要重视、适应和用好"互联网+",应坚持立德树人、育人为本的

核心理念，主动适应"互联网＋"条件下的高素质技术技能型人才培养要求，创造性地培养各层次各类型人才，将现代信息技术深度融入各个专业，培养符合"互联网＋"产业链要求的高素质劳动者和技术技能人才。高等职业教育应以"互联网＋"为驱动，推进教育教学的创新，及时制定符合"互联网＋"要求的相关制度标准，包括技术技能型人才培养标准、课程标准、校园建设标准、教育教学资源开发标准、教师教育技术能力标准等，把"互联网＋"带来的新要求，充分反映到人才培养的过程中。高等职业教育应进一步创新人才培养模式，围绕区域经济转型发展，进一步深化产教融合，加快信息技术与教育过程、内容、方法和质量评价的深度融合，提高各专业学生适应"互联网＋"的职业能力和信息素养。高等职业教育需要认真研究新形势下的资源开发模式，利用线上平台与线下载体两种资源，实现课上和课下的充分关联，整合职业教育信息化建设已有成果，适应智慧城市建设的发展趋势，向智慧教育的方向发展。充分利用大数据、云计算、人工智能、虚拟现实等现代化信息技术手段，实现职业教育的形式多元化与人性化。高等职业教育要把提升管理信息化水平作为重点领域，制定和完善数字校园建设规划，实现教学、科研、学生、后勤、安全等各类数据管理的信息化和数据交换的规范化，推进管理科学化、精细化、规范化，提升高等职业教育的现代化水平。

六、实施跨行业跨地区协同创新，走共享型集团化办学之路

高等职业教育是一个开放的系统，绝不是一个封闭的系统。高等教育的四大职能之一就是服务社会。高等职业教育更是直接为经济建设和社会发展服务。高等职业教育要实施跨行业、跨地区协同创新，走共享型、集团化办学的路子。职业教育集团是职业院校、行业企业等组织为实现资源共享、优势互补、合作发展而组织的教育性团体，是近年来我国加快职业教育办学机制改革、促进优质资源开放共享的重要模式。职业教育集团的组成主体包括政府机构、行业组织、企(事)业单位、职业院校、研究机构和社会组织六类。通过组建职业教育集团，不同主体可以充分发挥支持和参与职业教育发展的重要作

用。按照组建形式的区别，职业教育集团可分为围绕区域发展规划和产业结构特点，面向本地区支柱产业、特色产业的区域型职业教育集团；围绕行业人才需求，由行业组织牵头组建的行业型职业教育集团；跨区域或跨行业的复合型职业教育集团；以招生就业、劳动力转移培训等为合作内容的特色型职业教育集团和涉外型职业教育集团等。开展集团化办学是深化产教融合、校企合作，激发职业教育办学活力，促进优质资源开放共享的重大举措；是提升职业院校治理能力，完善治理结构，健全政府职业教育科学决策机制的有效途径；是推进现代职业教育体系建设，系统培养技术技能人才，完善职业教育人才多样化成长渠道的重要载体；是服务经济发展方式转变，促进技术技能积累与创新，同步推进职业教育与经济社会发展的有力支撑。

到 2014 年底，全国已组建职业教育集团 1048 个，成员单位 4.6 万个。其中，中职学校 7200 所，高职学校 950 所，本科高校 180 所，行业协会 1680 个，企业 2.35 万个，政府部门 1630 个，科研机构 920 个，其他机构 1450 个。5 年来，合作开发课程 8000 多门、合作编写教材 6000 多部，行业企业提供实训设备设施总值超过 1500 亿元，投入建设经费超过 60 亿元，8 万多名企业人员到职业院校兼职任教，23 万多名职业院校教师到企业参加专业实践。截至 2018 年 10 月，全国共组建职教集团 1400 余个，覆盖 90％以上的高职院校、100 多个行业部门。同时也要看到，就总体而言，职业教育集团化办学基础还比较薄弱，行业企业参与积极性不高、成员合作关系不紧密、管理体制和运行机制不健全、支持与保障政策不完善，集团化办学在促进教育链与产业链有机融合中的重要作用还没有得到充分发挥，迫切需要采取坚决措施，扎实推进。加强职业教育集团建设，高等职业院校要积极对接 2015 年 7 月教育部提出的“到 2020 年初步建成 300 个具有示范引领作用的骨干职业教育集团，建设一批中央企业、行业龙头企业牵头组建的职业教育集团，基本形成教育链与产业链融合的局面”的目标，大力发展面向现代农业、先进制造业、现代服务业、战略性新兴产业的职业教育集团，大幅提升集团的人才培养水平、经济贡献份额和协同发展能力，探索适合产业发展的人才培养途径，合理定位、协调发展、办出特色，按照国家有关规定，拓宽学生从中职、专科、本科到研究生的上升通道。以健全课程衔接体系为重点，推动人才培养目标、专业布局、课程体系、教育教学过程、行业指导、校企合作的衔接。要率先落实“文化素质＋职业技能”的考试招生办法，为集团成员学校的学生接受不同层次高等职业教育提供多种机会。要建立学分积累与转换制度，为集团成员企业员工接受职业教育提供机会，拓宽技术技能人才成长通道。要不断强化职业教育集团化办学的保障机制，加大投入，支持建设具备教学、生产、培训等功能的共享型实训基地，建设共享型专业教学资源和仿真实训系统，建设就业、用工、招生、师资、图书、技术、管理等信息共享平台，建设产学研一体化研发中心和共享型教学团队，切实提高集团内涵发展和社会服务能力。

参考文献：

[1]森德勒.工业 4.0[M]. 邓敏，李现民，译.北京：机械工业出版社，2014.

[2]习近平. 联通引领发展 伙伴聚焦合作——在“加强互联互通伙伴关系”东道主伙伴对话会上的讲话[N].人民日报，2014-11-09(2).

（作者：徐兴旺　黄文胜）

新时代高职院校加快发展的思考

高等职业教育是与国家经济社会发展联系最为密切的教育类型，高职院校是培养新一代能工巧匠、大国工匠的摇篮。根据《2016年全国教育事业发展统计公报》，2016年全国普通高等学校2596所，其中高职高专院校1359所，超过普通高校的半壁江山。高等职业教育每年为各个行业输送数百万技术技能人才，支撑着“中国制造”走向“优质制造”。当今中国能够成为世界第二大经济体，成为全球制造大国、“世界工厂”，高等职业教育可谓功不可没。

2017年10月党的十九大召开，习近平总书记在报告中提出：“完善职业教育和培训体系，深化产教融合、校企合作。”2018年9月，习近平总书记在全国教育大会上的重要讲话中，提出要培养德智体美劳全面发展的建设者和接班人。这为新时代高职院校发展指明了方向，明确了任务，提出了要求。我们必须认清新形势，把握新机遇，加快高等职业教育发展。总体来说，高职院校要“做到五个注重”，“处理好五大关系”。

一、高职院校发展要做到“五个注重”

一是注重优质发展，建世界一流高职院校。2014年《国务院关于加快发展现代职业教育的决定》明确提出“建成一批世界一流的职业院校和骨干专业，形成具有国际竞争力的人才培养高地”的要求。2015年，教育部《高等职业教育创新发展行动计划(2015—2018年)》提出建设200所左右优质高职院校。2018年，《教育部2018年工作要点》提出启动中国特色高水平高职学校和专业建设计划。优质高职院校建设就是对准“世界先进水平的一流高职院校”这一工作目标，在先求全局做大(规模化发展)，再求局部做强(国家示范性项目建设)之后,通过着力深化、转化和固化示范性建设成果,实现高职院校做优做强,全面提升办学品质与境界。世界一流高职院校的标准是什么?应有哪些指标体系?这是需要研究探讨的。一般来说,世界一流高职院校应具有八大特征:市场高度认可的一流的专业群,行业影响力高的一流的“双师型”教师,一流的技术研发能力,一流的快速的市场反应机制,一流的实习实训环境,一流的教学水平和毕业生,一流的国际化水平,一流的管理文化。

二是注重体制突破,构建职业教育治理结构。全国教育大会上,习近平总书记指出要深化教育体制改革。李克强总理强调要深化教育领域“放管服”改革,这就释放出一个强力信号——以教育领域“放管服”改革为抓手,推动办学体制和教育管理改革的重点将是如何充分发挥学校办学主体作用。政府应尽快出台高等职业院校自主办学推进管理办法及其配套政策,科学加强对相关院校办学方向、标准、质量的规范引导,从而使高职院校办学主体作用得到充分发挥。

三是注重产教融合,搭建产教融合一体化平台。党的十九大报告特别强调产教融合、校企合作。当前,国家已出台《关于深化产教融合的若干意见》《职业学校校企合作促进办法》,各省(自治区、直辖市)也正在加紧制定相关配套政策。但政府、行业、企业、学校之间缺乏有效的沟通渠道,导致产教融合、校企合作效果并不理想,需在政府统筹机制、资源多元机制、经费保障机制、校企合作机制、人才培养模式等方面深化改革。

四是注重职业培训,构建高职特色社会培训体系。党的十九大报告指出,要完善职业教育和培训体系。当前,我国在完善现代职业教育体系方面作出了许多努力,初步构建了较为完善的现代职业教育体系,从中职到高职,再到本科院校的职业教育“立交桥”的设计已经基本完成。而职业培训体系的构建却没得到相应的重视和加强,要将职业培训与学习型社会构建有机结合,在深化产教融合、校企合作中与技术服务相结合,从而确保职业培训体系的可持续发展。因此,高职院校要坚持学历教育和培训并举,做优职业教育、做大职业培训。政府也应在职业培训方面出台更多的支持政策。

五是注重质量标准,构建高职教育标准体系。质量是高等职业教育的生命，高职教育内涵建设如何发展、向何处发展、如何检测，成为亟待解决的问题。需要完善职业教育制度建设，研究制定高等职业学校管理标准、高职专业教学标准、实训教学条件建设标准等。要建立制度性的高职教育质量标准体系。高职教育质量与标准取决于高职教育客体属性与利益相关者主体的价值偏好。高职教育质量标准由质量预设标准、培育标准与输出标准构成。高职教育质量预设由三个层次构成，即教育质量标准选择的价值观依据、教育质量一般预设标准和教育质量具体预设标准；教育质量培育质量标准由三个方面构成，即教育活动质量标准、教育保障条件标准和学生自塑质量标准。质量输出标准主要是指教育产品（主要指学生）满足其外部即教育利益相关者需求的质量设定。教育利益相关者主要包括学生、家长、关联学校、政府与社会（行业、企事业单位）各类相关组织群体。

二、高职院校应当处理好“五大关系”

一是定界与跨界的关系。高等职业教育与普通教育的本质区别，在于高等职业教育是一个跨界的教育。传统的企业培训是定界于企业的一种思考，传统的学校教育是定界于学校的一种思考。高等职业教育必须从定界的思考升华到跨界的思考。这种跨界性，尤其体现在：第一，在办学制度层面，它跨越了企业与学校；第二，在人才培养层面，它跨越了工作与学习；第三，在社会功能层面，它跨越了职业与教育的领域。因此，高等职业教育的发展与改革，要“跳出学校看学校，跳出教育看教育，跳出知识看知识”，也要“跳出企业看企业，跳出培训看培训，跳出技能看技能”，以逐步形成“合作办学求发展、合作育人促就业”的良性互动机制。

二是定阶与进阶的关系。《国务院关于加快发展现代职业教育的决定》明确规定高职院校原则上不能升本。优质校建设相关文件也规定申报优质校的高职院校不能升本。高等职业教育要满足社会对人才的需求，层次性与动态性是两个重要标准。社会对人才的需求是基于动态的层次性的。从德国职业教育发展来看，职业学校、应用科技大学等构建了德国职业教育从中职到专业博士的职教体系。随着中国经济的快速发展，未来中国职业教育将会建立这样的体系。因此，静态的教育层次定格与动态的教育层次提升，已成为当今构建现代教育体系纵向结构的重要的实践支撑，优质公办专科高职院校向本科职业技术大学发展是完全有可能的，也是历史发展的必然趋势。

三是均衡与倾斜的关系。教育公平直接关系到民众对高等职业教育改革发展成果的获得感。我国高等职业教育的均衡发展需要从三个维度去考虑：各类教育间的均衡、地域间的均衡、人与人之间的均衡。具体来说：一是推动职业教育与普通教育公平投入。促进职业教育与普通教育的协调、公平发展，不仅是教育问题，也是政治和社会问题。职业教育与普通教育是两种不同教育类型，具有同等重要的地位。政府应优化教育投资结构，加大对高职教育的投入力度，特别是加大对工科高职院校的投入力度，加大对特色专业和区域经济急需专业的投入力度。例如，重庆市正大力发展智慧城市、智能制造，应加大对人工智能、智能制造、大数据等相关专业的支持力度。二是制定区域化高职教育补偿性政策。重庆是一座城乡二元结构突出的大城市，高职教育应当更加关注落后地区的教育质量，在教育经费、创新项目等方面给予倾斜，并制定针对性强的精准帮扶政策和补偿性措施。三是更加关注弱势群体学生。弱势群体学生包括学习困难学生群体和家庭经济困难学生群体，要倡导“人人发展、人人成才、人人出彩”的人才培养价值取向，加大对家庭经济困难学生的精准资助帮扶力度。

四是绿色与技能的关系。国家实施“创新、协调、绿色、开放、共享”五大发展理念，党的十九大报告从理念、目标、国策、道路和战略选择，到具体工作要求和部署，对绿色和可持续发展作出了系统阐释。系统地开发绿色技能，是我国职业教育战线贯彻落实党的十九大报告绿色理念、推进生态文明建设和可持续发展战略的具体体现。由于总体技术水平不高，经济发展方式粗放，我国在经济发展进程中付出了环境污染和资源急剧消耗的沉重代价。国务院《中国制造 2025》把“绿色发展”作为我国制造业未来发展的一个基本战略方针，并把“全面推行绿色制造”作为制造业未来发展的重要战略任务。绿色职业教育也是国际职业教育发展的新趋势，国际劳工组织（ILO）和欧洲职业培训发展中心联合发布调查报告《绿色工作需要的技能：全球概览——基于 21 国的综合分析》。而我国对于绿色技能开发的研究尚处在起步阶段，亟待开展更加系统、全面的研究，形成明确、可操作的绿色技能开发模式和实践路径。因此，应将绿色技能供给作为职业教育人才培养的重要目标，对职业教育的人才培养目标、课程开发、教学与实习实训进行重新思考和定位，把绿色经济发展的原则、价值观和实践纳入职业院校的人才培养全过程，全面培养学生的绿色经济素养，为促进我国社会可持续发展提供人才支撑和智力支持。

五是本土化与国际化关系。本土化与国际化的关系可以归纳成三个层面：一是在本土化的基础上国际化（学习和借鉴，重点解决理念问题）；二是在国际化的基础上提升本土化（消化与吸收，重点解决模式问题）；三是本土化即国际化（国际标准的内涵建设，重点解决教育技术问题）。比如，在之前的示范性（骨干）高职院校建设中，我国积极向德国、美国、澳大利亚等发达国家学习借鉴先进的职业教育模式，但模仿成分多，本土化过程中“水土不服”现象突出。新时代，高等职业教育的发展在于根植于中国大地，创建具有中国特色、世界一流水平的高等职业教育。建设具有国际先进水平的优质高职院校，需破除这是国家示范、骨干院校建设的升级版的观念，要深入把握高等职业教育规律，破解制约高等职业教育科学发展的关键领域和环节，对优质高职院校做系统的革新和转型，在世界高等职业教育大变革的时代，立足中国大地作出中国贡献、发出中国声音、提供中国方案、贡献中国智慧。

（作者：徐兴旺）

高职院校环境文化建设路径探析

文化是高职院校办学的根本和灵魂。高职院校应当以校园环境文化建设为重要抓手，根据自身的办学定位、办学特点、办学属性和办学区位，独具匠心地深入打造特色文化、职业文化、大学文化、传统文化和自然文化，努力用浓郁的环境文化氛围培育新时代国家需要的高素质技术技能人才。

“文化”，是“人文化成”的简称，出自《易经》：“刚柔交错，天文也；文明以止，人文也。观乎天文，以察时变，观乎人文，以化成天下。”在汉语系统中，“文化”的本义就是“以文教化”，指对人的性情的陶冶、品德的教养，属于精神的范畴。随着时代的发展，文化的作用越来越重要。“国民之魂，文以化之。”文化，是国家和民族的灵魂，体现着国家和民族的品格。习近平总书记在建党95周年庆祝大会的讲话中指出：“文化自信，是更基础、更广泛、更深厚的自信。”

文化是现代教育的灵魂，校园文化建设是高校建设的重要内容，其建设的成效直接影响到学校的内涵建设、品牌打造、学生培养、专业建设等教育工作的质量。传播一种文化，就能催生一种理念、形成一种风气、铸就一种精神。校园文化是学校师生员工在实践中共同创造与传承的精神成果的总和，是一所学校对外展示自身形象的最亮丽的“名片”。从根本上讲，高校育人有诸多影响因素，但是，拥有良好的育人环境应当是其中最核心的因素之一。人文环境和自然环境的打造，应当成为高职院校育人文化建设的重要内容。在新世纪、新时代、新阶段，让中华优秀传统文化焕发出新的夺目光彩，同时，创造新知识、积淀新文化，为社会主义精神文明宝库添砖加瓦，不断注入新的文化血液、丰富新的文化内涵、积淀新的文化底蕴，通过加强对高职学生“精气神”的培养，健壮学校发展的“筋骨皮”，是当代中国高职教育的重要历史使命。

目前，高职院校环境文化建设中存在以下问题：一是不能充分体现高职院校的行业特点，存在重复雷同、多校一面的状况；二是不能充分体现高职教育的职业属性，有些高职院校的环境文化与中专学校或者本科院校无异；三是缺乏对环境文化建设中人文和自然的统筹思考，学校顶层的系统设计不够；四是缺少对校园文化的核心精神的提炼，难以形成鲜明的个性特点。那么，高职院校校园环境文化究竟应当如何建设？笔者认为，高职院校校园环境文化的建设贵在特色。那么，什么是特色？特色就是人无我有，人有我新，人新我独，独一无二，难被模仿。特色就是深刻认识高职院校的特点，紧紧围绕各自学校的办学定位、办学特点、办学属性和办学区位，潜心发掘，匠心独运，铸就品牌。高职院校作为培养新世纪高素质技术技能人才的摇篮，应当着力打造环境文化，紧紧围绕学校的校名，也就是围绕学校的牌子这一不可替代的独特性，着力建设人文环境，营造浓厚的文化育人氛围，让环境文化渗透进每一名学生的肌肤和骨髓，充分发挥环境文化的育人功能；同时，根据学校所在地的山水自然风貌，精心建设自然文化，让人文与自然交相辉映、相得益彰。学校加强顶层设计，掌握校园环境文化建设的话语权与主导权，培养国家需要的高职新人。本文拟结合重庆工业职业技术学院（以下简称“重庆工业职院”）近年来打造校园环境文化的实践，对高等职业院校环境文化建设的路径进行探索。

一、根据高职院校的办学定位，重点打造特色文化

高职院校大多具有行业办学的历史或者背景，有工业的、农业的、商贸的、交通的等，涉及各行各业、方方面面，而这正是学校的最大特色。悠久辉煌的行业办学历史，往往是高职院校文化的根系所在，也为校园环境文化建设提供了丰厚的土壤和充沛的养料。在工言工，在农言农。“走在哪个坡，就唱哪首歌。”以工业高职院校为例，学校应当紧紧围绕自身的“工业”办学定位，突出学校工业文化这一古老而又生气勃勃的特点。可以在学校醒目的地方，摆放蒸汽机时代、电气化时代、计算机时代、制造业与信息化深度融合的人工智能时代等不同历史时期的具有代表性的机器实物或者雕塑，让制造业因素随处彰

显;在学校的广场和大道旁摆放鲁班、黄道婆、张之洞、张謇和瓦特、爱迪生、乔布斯、比尔·盖茨等古今中外不同历史阶段工业代表人物的雕像,激发学生的学习激情和探索精神;尤其要深入挖掘学校自身的办学历史,寻觅历史遗留下来的具有教育意义的实物,变废为宝,这样,对学生潜移默化的教育就更亲切、更具有针对性。

重庆工业职业技术学院的前身是重庆第二机械工业学校,历经了60余年从校办厂到厂办校,再到校办厂和厂停办,从改名换姓到合并升级的沧桑巨变。学校精心挑选了校办工厂已经作了报废处理的、不同历史时期使用过或者自己生产的数十台刨床、车床、铣床等工业机器,通过洗净污垢、涂上防锈漆、运用不同颜色绘制艺术造型之后,搭建牢实基座,安全放置在恰当地方,然后给每台机器贴上文化标签,牌子上面实事求是地介绍该台机器的名称、生产厂家、生产时间、主要工作性能、在学校教育教学中发挥过的重要作用;同时,艺术设计学院的师生们充分利用废弃的工业材料,开动脑筋,自主设计工业群雕。就这样,学校运用文化的力量,化腐朽为神奇,使曾经锈迹斑斑闭着嘴的"死机器",变成了今天栩栩如生会讲话的"活档案",从而将学校装扮成了一座蔚然壮观的"工业博物园",让学生每天置身工业机器大观园,时刻接受工业文化的熏陶和洗礼,在心灵深处播撒献身祖国工业建设的种子,提升行业自豪感,培养对母校、对行业文化的热爱,坚定做强中国制造业的信心。这也让曾经在学校学习和工作过的十万余名校友回到母校时重温激情燃烧的岁月,热泪盈眶,感慨不已。学校拟将中心广场建成"重庆工业风采广场",集中展示重庆市的国家级、市级和各区县工业园区的发展风采和典型经验。成立重庆工业教育与文化研究会,汇聚巴渝大地工业教育与文化研究的各方人才,将学校建成重庆工业人才培养和研究的高地。将"重庆工业职业技术学院学报"更名为"重庆工业教育研究",抢占重庆工业人才教育和学术研究的制高点。

二、针对高职院校的职业教育特点,不断积淀职业文化

职业性是高等职业院校的一个重要特点,这是其与普通高等本科学校的

主要区别。中外职业教育都走过了艰辛而又辉煌的产生、发展、壮大和改革、开放的历史，探索出了鲜明的办学风格，积淀了丰富的办学经验，尤其是凝练了爱岗敬业、无私奉献，开拓创新、持续专注，精益求精、追求极致的工匠精神。我们应当深入挖掘、认真总结，尤其要清醒认识、深刻把握当代职业教育的发展趋势，放眼世界，迈出国门，向世界先进制造业国家学习，在当今这个互联互通、共治共享的地球村发现差距，迎头赶上。要大力建设职业文化，在学校的显要位置为著名职业教育家黄炎培、陶行知等人塑像，在学校楼道、教室张贴与职业教育相关的名言警句，从而培养学生的职业认知，树立学生的职业理想，提升学生的职业修养，锤炼学生的职业品质，培育学生矢志不渝、追求完美的职业精神；学校要把具有地方特点的职业文化融入校园文化的基因之中，把合作企业的优秀文化引进校园，让职业文化在校园文化的传承与创新中迸发出更加强大的生命力和影响力。

要结合本地实际，建设民间工艺博物馆，让学生在身临其境中学习、感悟。重庆工业职院拟建设巴渝民间工艺博物馆，将重庆地区具有代表性的民间工艺品陈列其中。这些反映日常生活、岁时节令、人生礼仪的民间工艺品历史悠久，内容丰富，具有原创性，代表了巴渝地区的传统文化和日常生活，具有重要的艺术价值、学术价值和市场价值。尤其是要将当代著名民间工艺大师的作品突出摆放，配以人物介绍，展示民间工艺品的独特魅力和传统手工艺的精湛技艺，生动展现大师们一丝不苟、追求卓越、彰显人性的工匠精神，既让优秀民间工艺品得到充分宣传和推广，焕发出新时代的夺目光彩，更让学生尤其是艺术设计学院的学生与大师们及其作品零距离接触，充分吸取艺术营养和精神能量，提升艺术鉴赏和艺术创作的能力。学校还与重庆市民间艺术家协会联合成立了重庆民间工艺研究院，借用社会力量推动学校艺术专业的跨越发展。此外，学校还成立重庆企业文化研究院、职业教育政策与法治研究中心，为工业职业教育的改革与发展提供强有力的理论支撑、技术支持和法律服务。同时，高职院校要认真回顾自己学校的办学历史，总结举办职业教育的经验教训。如，重庆工业职院在学校中心广场大理石文化墙上创作了校赋《重工赋》、校史图《重工之路》，凝练了校训“工成于思，业精于勤”，校风“团结、诚信、笃行、创新”，教风“技高为师，德高为范”，学风“志存高远、精益求精、勤奋学习、全面发展”，办学思想“以服务为宗旨、以就业为导向、走产学研结合的发展道路”，办学理念“以行业为先导、以能力为本位、以学生为中心、以就业为目标”；创作了校歌《重工之歌》等，以此提炼职业教育的精神和品质，讴歌职业教育的丰功伟绩，从而增强学生在高职院校学习的自豪感和使命感。

三、按照高职院校的高等学校属性，精心塑造大学文化

高等职业教育是高等教育的重要组成部分，是高等教育的一个类型，具有“大学” 性质，这是高等职业院校区别于中等职业学校和职业培训机构的重要特征。学校应当在人才培养中继承优秀的大学传统文化，同时通过科学研究，出版专著教材，发表学术论文，开展发明创造，申请发明专利、实用新型专利等知识产权，日积月累，不断创造新的大学文化，为大学文化大厦添砖加瓦。学校每天都在创造自己的历史，一定要十分注意记录自己的历史，保存自己的历史，这样后人才有基础资料来研究学校的历史、传承学校的历史。而忽视记录、忘记记录，“猴子掰苞谷，掰一个丢一个”，往往是不少学校容易犯的毛病。学校应当修建永久性的校史馆，使之成为全校学生的精神寄托和灵魂家园、文化育人的重要场所。

重庆工业职院建设了内容丰富的校史陈列馆，将建校 60 多年来师生保存捐献的具有重要教育意义的实物和图片集中展示，让校史馆成为学生的重要课堂，让参观校史馆、学习校史成为每一届新生入学教育的重要内容，让莘莘学子在难得的历史实物中深入了解学校建设和发展的艰辛历史，巩固专业思想，筑牢思想根基，立志成为国家建设的有用之才。“千教万教，教人求真”“千学万学，学做真人”，学校聘请艺术大师在中心广场设计以“真善美”为主题的“大学之魂”雕塑，以此洗涤师生的灵魂，纯洁师生的心灵，营造摒弃假恶丑、追求真善美的氛围。学校拟在校内最高点狮子山上建造标志性文化建筑“领江亭”，取“领略两江（长江、嘉陵江）”“引领两江（经济开发区）”之意，高屋建瓴，立意深远，聘请教育大师撰写了对联，以此提升学校的办学品位和学生的思想

境界。科学研究，是《中华人民共和国高等教育法》赋予高等学校的职能之一，是高职院校做大做强自身、赢得社会认同、增强发展后劲的必由之路。重庆工业职院组织开展了“新型工业化背景下重庆工业人才需求与培养模式”课题研究，课题组成员深入重庆各类企业摸清工业人才的现状，探寻新型工业化背景下重庆市工业人才需求结构与培养模式中存在的问题及原因，针对学校培养的人才不能充分适应产业发展需求的关键问题，通过理论探索和实证分析、案例探究，运用教育学、经济学、社会学、管理学等学科理论进行跨学科、多视角研究，特别是从高等职业教育综合改革的视角，探索新型工业人才培养的新机制、新模式，为学校有针对性地调整专业结构、师资配备，科学制订学校招生和学生就业的措施和对外培训的方案提供理论参考。高职院校要建立学术讲堂，形成浓厚的学术研究氛围，走科研强校之路。例如，重庆工业职院举办了“重工大讲堂”系列学术讲座，邀请市内外专家学者和著名企业家、校友来校讲学，发布前沿学术信息，传播先进文化理念，开展学术问题研讨，研究产业发展中的热点、难点和焦点问题，传授创新创业实战经验；同时，在充分尊重讲座人的知识产权的前提下，将讲座内容结集公开出版，从而日益积淀学校的学术文化，打造工业学术研究的独特品牌，不断增强学校发展的文化底蕴。

四、肩负高职院校的文化传承与创新任务，科学传承传统文化

文化的传承与创新，是国家根据新时代经济社会发展的需要，赋予高等教育继人才培养、科学研究、服务社会、国际化办学、创新创业教育之后的又一新的重大历史任务，凸显了国家对文化建设的高度重视，表明文化对于促进经济社会发展的重要作用。与国家教育发展政策同向偕行，承担文化传承与创新的社会责任，是高职院校的时代使命。“观今宜鉴古，无古不成今。”历史是不能割断的。高职院校要成为文化建设的高地，其校园文化的形成与发展必然离不开优秀传统文化的滋养，因而迫切需要加强对古今中外优秀传统文化的发掘和传承。只有在优秀传统文化“阳光雨露”的滋养下，校园环境文化才能根深叶茂、茁壮成长。高职院校要实现优秀传统文化与校园文化的深度融合，

就必须对传统文化进行深入挖掘和全面系统的研究，进一步加大对优秀传统文化的宣传和普及力度，营造浓厚的优秀传统文化育人氛围，引导广大学生更好地认识、理解、掌握传统文化的精髓，构建独具特色的优秀传统文化教育体系，并不断创新，发扬光大，让优秀传统文化成为加快学校建设与发展的强大动力。高职院校的大学生要成为未来的工程师，首先应当成为思想者，要成为思想者，就需要从历代思想家那里如饥似渴地汲取智慧和力量。为此，学校要通过深入发掘人类在历史长河中创造的优秀文化遗产，探寻中外人类思想智慧，不断提升学生的文化素质和发展潜能，鼓励学生善于在继承中反思，在反思中创新，在当今"大众创业、万众创新"的时代大潮中创新创业，敢想敢干，敢作敢为，立业立人。

重庆工业职院拟选择在校内风光旖旎的静思湖畔，设计建设"思想之源"传统文化雕塑园，让学生从历代思想大家那里汲取精神养分。建设中外古今思想家雕塑群，如我国春秋战国时期的孔子、孟子、老子、荀子、韩非子、墨子和古希腊时期的亚里士多德、苏格拉底、柏拉图等的雕像，配以思想家们的生平介绍和名言警句，让学生从古代先哲们那里追溯历史，聆听"对话"，感悟真理，寻找灵感。学校还从长江边精心选购了一批气象万千的"三峡石"，将"仁""义""礼""智""信"等镌刻其上，让学生充分接受优秀传统文化的熏陶和洗礼。对于学生而言，这些就是一种看得见、摸得着、最直接、最客观的教化。

五、结合高职院校的山水园林景观布局，悉心构思自然文化

环境文化的建设，仅仅有人文环境文化的积淀是不够的，还应当有优美的自然环境文化相伴随。文化是一所学校的"根"和"魂"，也是学校作为教育机构育人的最大优势。学校育人，一方面，应当有浓郁的人文气息，铸人文之精魂；另一方面，还应当有赏心悦目的自然风景，化自然之大美，从而让自然与人文深度融合，使人与自然和谐共生。一草一木皆有意，一枝一叶总关情。应当赋予自然以灵性，给予花草以文化，让学生在自然界的生命中寻找自强不息的蓬勃力量，感悟身边大自然的神奇与顽强。事实上，校园里的每一条路、每一

棵树、每一朵花都“会说话”,能够营造出大学特有的“氛围”。例如,重庆工业职院在精心打造人文环境文化的同时,又根据学校所处的区域自然环境,设法让自然景观得到美化靓化,提档升级。着力因地制宜地打造自然文化,打造人文环境文化与自然环境文化深度融合、人与自然和谐共生的“重工文化”品牌。学校位于继上海浦东新区、天津滨海新区之后的中国第三大经济开发开放新区——重庆两江新区的腹心地带——重庆市渝北区狮子山下、跳蹬河畔的仁睦滩,有鹰嘴岩、观月大道、学堂堡等自然元素和人文元素,依山傍水,风景秀丽。学校一方面深耕细作建设人文环境文化,另一方面又根据已有的自然环境基础和精神寓意,匠心建设以“竹园”为特色的自然环境文化。

为什么选择竹子呢?原因有四。其一,从品质上讲,竹,修长挺拔,四季青翠,抱团成茏,凌霜傲雪,象征虚怀正直、坚强奉献、团结担当,与梅、兰、菊并誉为“四君子”,与梅、松并称为“岁寒三友”。其二,从历史上讲,我国是世界上研究、培育和利用竹子最早的国家,我国最早的历史文献都是写在竹简上的。正是由于有了竹简的宝贵发明和充分利用,才使得我国有文字记载的历史能够上溯到殷商朝代,竹子为中国文化的发展及悠久历史文献的传承作出了独特贡献,为中华文明成为世界上唯一源远流长不断代的文明建立了卓越的功勋。以象形表意为特征的方块汉字也因竹简而被固定下来,逐渐形成了中国独特的书法艺术。其三,从分布上讲,全世界的竹类植物有70多属1200多种,亚太竹区是世界最大的竹区,有50多属900多种。我国是世界上产竹最多的国家之一,有22属200多种,分布全国各地,以珠江流域和长江流域最多。其四,从栽植条件讲,竹对环境的要求不高,栽进土里能成活。因此,学校决定依托原有长势茂盛的竹子,再从外地选购数十个优质品种,悉心管护,使其茁壮成长,让学生在“重工竹园”的环抱中同生共息,让“重工竹园”陪伴16000名学子天天向上,从而达到环境育人“随风潜入夜,润物细无声”的效果。

学校是育人的场所,通过环境文化育人是学校育人的重要途径。从一定意义上讲,办学校就是办场地、就是办环境、就是办氛围。高职院校要全面实施文化育人工程,加强环境文化建设是一个十分重要的抓手。我们要肩负应有的责任与担当,通过对校园环境文化呕心沥血的建设,形成浓厚的育人氛围，努力培育新时代需要的高素质技术技能人才，推动经济社会快速发展，早日实现中华民族伟大复兴的中国梦。

【参考文献】

[1]李延保，朱孔军，屈琼斐.大学文化建设是建设现代大学最重要的内涵［J].高教探索，2007(5).

[2]王定华.启动学校品质提升[J]. 人民教育，2015(12).

（作者：徐兴旺）

论工业文化环境打造与高职制造新人培育

人是环境的产物，每一个人都生活在一定的社会环境之中，必定受到环境的影响，被深深地打上所处环境的烙印。高职院校的大学生年纪轻、阅历浅、可塑性强，与校园文化环境朝夕相伴，耳濡目染，受到潜移默化的影响。本文拟结合重庆工业职业技术学院（以下简称“重庆工业职院”）建设校园文化的实践，就工业高职院校着力打造工业文化环境，培育新一代制造人才作初步探索。

一、高等职业教育的特点

打造工业高职教育文化环境，首先需要对高等职业教育的特点有清晰的认识。高等职业教育具有 4 个特点：

（一）教育性

这一特点将高等职业教育与社会举办的各类短期培训区别开来。高等职业教育是学校教育的重要组成部分。高等职业教育是《中华人民共和国教育法》规定的学校教育类型之一，具有学校教育的属性。高等职业学校的设立必须具有国家教育行政部门规定的教育教学基本场地和完善的教育教学设施设备，具有专业化的教师队伍、管理队伍和后勤队伍，具有规范的学制，获得政府的批准。学校对学生的教育不仅在于传授理论和实践知识，更在于思想品德的教化养成，也就是常说的既要教书更要育人。而各种类型的在职短期培训不是正规的学校教育，没有规范的学制，没有系统的教学体系，对学员的教育更加注重职业技术技能的岗位培训。

(二)职业性

这一特点将高等职业教育与普通高等教育区别开来。高等职业教育是职业教育的重要组成部分。党的十九大报告明确指出:当前和今后一个时期,我国高等职业教育的发展方向是“完善职业教育和培训体系,深化产教融合、校企合作”。普通本科高等学校姓“普”不姓“职”,重在对学生传授系统的理论知识,培养学生进行科学研究的能力;而高等职业教育则姓“职”不姓“普”,是面向人人、面向全社会的教育,重在培养学生掌握一门甚至多门实用技术技能,以便毕业走上社会后能够安身立命、大显身手,因而更加注重与当地产业发展的对接,更加注重为地方经济社会发展培养高素质的技术技能人才。

(三)高等性

这一特点将高等职业教育与中等职业教育区别开来。高等职业教育是高等教育的重要组成部分。《中华人民共和国高等教育法》的规定:高等学历教育分为专科教育、本科教育和研究生教育。如果说中等职业学校培养的是一般技术人员、生产一线的“蓝领工人”的话,那么,高等职业学校培养的则是高素质的技术技能人才、创新人才,生产一线的“工程师”。学生不仅要知道“是什么”,还要搞清楚“为什么”,否则就不能称为“高等职业学校学生”了。所以,高等职业学校应当成为“培养工程师的摇篮”。

(四)跨界性

具体表现在:其一,办学主体众多。高等职业教育的办学主体除了省级政府或者地区政府之外,还有行业、企业,以及混合主体。其二,管理主体复杂。除了教育行政主管部门之外,还有人力资源与社会保障部门、其他政府部门、大型国有企业等。其三,学生来源广泛。既有通过高考招收的学生,也有通过春季单独考试招收的学生。除了高中毕业生,还有职高生、技校生以及企业员工等。其四,教师注重“双师型”。高职院校的教师除了校内双师型专任教师之外，还有来自行业企业的能工巧匠、实习实训指导教师等兼职教师。其五，人才培养模式独特。职业教育实行产教融合、校企合作的办学模式，德技并修、工学结合的育人机制。要求专业设置与产业需求对接、课程内容与职业标准对接、教学过程与生产过程对接、教学情景与工作岗位对接、学历证书与技能等级证书对接，理论与实践紧密结合。

高等职业教育的上述特点，决定了它在国家的经济建设和社会发展中的独特作用，是中国从世界制造大国迈向世界制造强国的重要支撑力量。

二、工业文化环境的打造

工业高职院校作为培养新世纪新一代工程师的摇篮，应当着力打造特色工业文化环境，凸显制造产业文化氛围，让工业文化渗透进每一位学生的肌肤和骨髓，充分发挥工业文化育人的功能，按照“有所不为才能有所为”的思路，明确校园文化环境建设的重点，紧紧围绕学校的办学定位，突出打造工业文化以及职业文化和大学文化，努力培育“中国制造 2025”国家战略所需要的新型人才。

（一）针对工业高职院校的工业办学定位，重点打造工业文化

工业高职院校要紧紧围绕学校作为工业职业院校的办学定位，深入研究世界、中国工业发展和变革的历史，尤其要牢牢把握历史进程中四次工业革命浪潮的脉搏，凸显工业教育的特色。要在学校显眼醒目的地方，摆放蒸汽机时代、电气化时代、计算机时代、制造业与信息化深度融合的人工智能时代 4 个不同工业时代具有代表性的机器实物或者雕塑，让制造因素随时彰显；要在学校的广场和大道旁摆放古今中外不同时代工业界代表人物的雕像，从而激发学生的学习激情和探索精神；要深入挖掘工业职业院校的办学历史，因地制宜地加以利用，让工业文化随处可见。重庆工业职院的前身是重庆第二机械工业学校，学院将原校办工厂——重庆第三机床厂已经淘汰的不同时期制造和使用过的报废机器，经过精选、除垢、防锈处理后，安放在适当位置，配之以名

称、产地、性能、生产(或者使用)历史、对学校发展的贡献等文字介绍,变废为宝,让建校60余年来的“死机器”变成会说话的“活档案”。通过匠心独运的打造,把校园变成一个工业发展的历史博物馆——工业机器博物园,让学生每天置身于工业机器大观园中,时刻接受工业文化的熏陶和洗礼,在心灵深处播撒献身祖国工业建设的种子,坚定做强中国制造业的信心。

(二)针对工业高职院校的职业教育特点,精心打造职业文化

工业高职院校紧紧围绕学校作为职业院校的办学特点,认真研究职业教育创立、发展和改革的历史,尤其是牢牢把握现代职业教育的现状和发展趋势,深入挖掘“精益求精”的“大国工匠”精神,从浩瀚的历史长河中汲取职业教育的营养。在学校的大门、广场、大道两旁摆放古今中外著名职业教育家的雕像和名言警句,以此加强对学生的职业教育,坚定学生的职业理想,培育学生的职业道德,不断提升学生的职业品质;在学校显要位置的大理石上镌刻校训、校赋和校史图等,回顾学校的办学历史,总结举办职业教育的经验教训,提炼职业教育的精神和品质,讴歌职业教育的丰功伟绩,增强学生在职业院校学习的自豪感和光荣感;结合本地实际,建设传统工艺博物馆,“百闻不如一见”,让学生在身临其境中学习和感悟。如重庆工业职院拨出专门场地,建设重庆传统工艺博物馆,将重庆地区具有代表性的传统工艺(包括工具器械制作、传统饮食加工、传统建筑营造、雕塑、织染、编织扎制、陶瓷制作、金属冶煅加工、髹漆、家具制作、文房用品制作、印刷术、刻绘、特种工艺及其他,共14类工艺)制品陈列其中,尤其是将当代著名工艺大师的作品突出摆放,配以人物介绍,生动展示大师们精益求精、追求完美的职业精神,同时成立重庆传统工艺研究院、重庆企业文化研究院等,深化工业职业教育理论研究,为工业职业教育的改革与发展提供强有力的理论支撑以及法律服务。

(三)针对工业高职院校的高等学校属性,大力打造大学文化

工业高职院校要建设学校永久性的校史陈列馆,使之成为学生的精神家园。如重庆工业职院建设了重工校史馆,将建校60余年来的具有重要教育价

值的实物和图片集中展示出来，让参观校史馆成为新生入学教育的第一课。通过参观和实地感悟，让学生了解学校创建和发展的历史，认识学校多年办学的艰辛和不易，更加珍惜来之不易的学习机会，进而巩固专业思想，发奋学习，立志成才；要建立学术讲堂，形成浓厚的学术研究氛围。最丰盛的大餐是精神的大餐，最有意义的交流是智慧的交流。要长期坚持举办系列学术讲座，如举办“重工大讲堂”，每月一次，邀请校内外知名专家学者来校举办学术讲座，并将讲座内容结集公开出版，每年一辑，不断积淀，形成规模效应，创响“重工大讲堂”品牌；要建设传统文化雕塑园，让学生从历代教育家、思想家那里汲取精神营养。工业高职院校培养的大学生要想成为未来制造业的工程师，首先要成为思想者。为此，学校要通过深入挖掘中国传统优秀文化、革命文化和社会主义先进文化，着力提升学生的文化素质和发展潜能，鼓励学生解放思想，敢想敢干敢担当。学校可以选择在校园的静谧之地，建立古今中外思想家雕塑园，配以生平介绍和名言警句，让学生从先哲们那里受到优秀文化的熏陶和教益。

三、高职制造新人品质的培育

制造业是国民经济的支柱，是一个国家实现工业化和现代化的主导力量，更是衡量一个国家或地区综合经济实力和国际竞争力的重要标志。必须大力发展制造业，通过制造业创新升级，铸就坚实的强国之基。从制造大国迈向制造强国，关键是人才队伍的培养，工业高职院校重任在肩，责无旁贷。工业高职院校要通过工业文化、职业文化和大学文化的精心铸就和自然环境的匠心打造，使人文景观与自然景观交相辉映，工业文化、职业文化和大学文化融为一体，形成铸人文之魂、化自然之美、育高职新人的校园文化氛围。通过环境的熏陶与教育，着力锻造新一代高职制造人才严谨的职业性格，培养新世纪高职学生优秀的职业精神，深入实施“中国制造2025”国家战略，推动中国由制造大国迈向制造强国。这是打造工业高职院校文化环境的出发点和落脚点。

(一)专注本职

古人云:“锲而不舍,金石可镂。”古今中外的能工巧匠、工业先驱无一不是本行业的专注者。制造业要求“小事大作,小企大业”,不求规模大,但求实力强。“大”不是目的,“强”才是目标。学校要通过潜移默化的环境熏陶,不断培养学生专心致志的品质,让“专注本职”成为“未来工程师”们的行为方式。“三百六十行,行行出状元。”要让学生干一行,爱一行,专(钻)一行,成(功)一行。使学生养成几十年专注于一个产品领域的锲而不舍精神,力争做到最好,成就大业。

(二)坚持标准

“没有规矩,不成方圆。”行有行标,业有业规。世界上制造业的最高境界不是制造产品,而是制造标准。要达到这一最高境界,首先必须遵守已有的标准。要培养学生在学校的学习和生活中自觉遵守国家宪法、法律法规、学校规章制度的良好习惯;在实习实训中养成按照标准办事的优秀品质,严格遵守工厂产品制造的国际标准、国家标准和行业标准,时时处处坚持按照标准办事,一丝不苟。要严格程序,科学设定流程,自觉遵循流程,严格按照流程办事,使学习工作井然有序。

(三)追求完美

高端制造业具有精密性的特征,要教育学生追求“精益求精”。学习工作讲究精确,不精确的话不说,不精确的事不做。要教育学生不断追求完美。德国是世界上的制造业强国,该国的职业教育是世界职业教育成功的范例,德语中有一句谚语“犯错误,都要犯得十全十美”,令人深思。追求完美要求从事制造业工作“一丝不苟、做事彻底”,也就是“认真”。凡事就怕“认真”二字,制造业最讲“认真”。缺少了一颗不起眼的螺丝钉,就有可能毁掉一艘宇宙飞船。要让“认真”二字深入学生的骨髓,做制造业就要有彻底到位、刨根究底的精神。

(四)勇于创新

制造业是创新的主战场。创新是保持制造业竞争实力和发展活力的重要源泉。只有创新，才能弯道超车，后来居上，实现跨越式发展。历史证明，每一次制造技术与水平的重大突破，都深刻影响了企业甚至国家的竞争格局，制造业的兴衰印证着企业甚至国家的兴衰。工业高职院校要培养学生勇于创新，敢于抢占世界制造制高点，通过不懈努力，以“十年磨一剑”之功，推动中国制造向中国创造转变、中国速度向中国质量转变、中国产品向中国品牌转变，使中国真正成为世界制造强国。

(作者：徐兴旺)

高职院校制度文化建设探析

文化是一个国家的灵魂、一个民族的血液。文化兴则国运兴，文化强则民族强。党的十九大报告提出要“激发全民族文化创新创造活力，建设社会主义文化强国”。国无精神不强，校无文化不立。学校文化是学校的灵魂，凝聚了全校师生员工共同的价值观、共同的信念、共同的愿景、共同的努力方向，积淀了学校最深沉的精神追求，代表着学校独特的精神标识，发挥着统领、规范、激励的作用。高职院校是文化教育机构，是传播知识技能、培育高素质人才的场所。一所有追求的高职院校要向更高的水平发展，必须用文化来引领，让校园充满文化力量。只有优秀的学校文化才能孕育出优秀的学校教育。

学校文化由精神文化、制度文化、行为文化和物质文化组成。制度文化是学校在实践精神文化的过程中所形成的组织结构、规章制度及其管理理念的总和，在学校文化体系的建构中十分关键。建立现代学校制度，不仅是学校有序运行和科学管理的需要，也是提升师生精神生活水平和理性思维水平的需要。优良的学校制度与公平公正的执行机制本身就构成一种教育资源，能够深刻塑造全体师生员工文明进步的社会观和平等正义的价值观。制度文化通过一系列规章制度明示师生员工什么是应当做的，什么是不能做的，为学校的价值系统外化为师生员工的自觉行为发挥规范作用，保证社会主义的办学方向，培养德智体美劳全面发展的中国特色社会主义事业的优秀建设者和可靠接班人。因此，制度事关根本，关乎长远，是学校发展的重要保障，制度文化建设是实现学校治理现代化的必然要求。

一、铸就崇尚制度的先进理念

意识是行动的先导，理念是行动的指南。学校的制度文化建设，在根本上体现在师生员工普遍树立起崇尚制度的先进理念上，最终养成依规办事的习惯。

首先，学校的师生员工要牢固树立制度为尊的理念。长期以来，人们的制度意识、规则意识普遍比较淡薄，习惯于听从长官意志、行政命令。学校的师生员工对规章制度建设的重要性认识不足，有的学校在规章制度的制定过程中，企业、政府、师生的参与程度不够，存在为建制度而建制度的现象，理论指导落后于实践探索；有的学校规章制度内容比较空洞、可操作性不够强，有待进一步完善；有的学校规章制度照搬本科院校的，凸显高职教育特色的内容不够。高职院校的治理，应当使制度深入人心，凝聚师生员工的共识。人人对学校的规章制度能懂会用，并自觉遵循，从而牢固树立制度意识和规则思维，切实增强贯彻执行规章制度的自觉性和主动性，坚持用制度指导、规范和改进工作，破解制约学校改革发展的体制机制障碍，不断提高制度治校、民主管理和科学发展的水平。学校领导班子要利用中心组学习等机会，专门研究规章制度贯彻落实办法，主要领导要带头撰写体会文章；学校规章制度人手一册，要将其纳入师生员工的日常学习内容；要在学校网站主页的突出位置设置专门栏目公布规章制度内容并配发解读文章、相关规定；充分运用校报、微博、微信、广播等媒体平台，通过召开座谈会、宣讲会等多种形式，大力宣传规章制度，树立制度至上、依法治教、依规办学的理念，把制度理念、制度精神、制度原则和制度内容贯穿于学校治理的实践，形成办事依规、遇事找规、解决教育问题用规、化解教育矛盾靠规的良好制度行为习惯，从而在学校形成从上至下学习规章制度、尊重规章制度、依照规章制度的新局面。

学校要强化规章制度的实施，通过严格依法治校的实践使规章制度意识在每一位高职人头脑中深深扎根。规章制度是学校的顶层设计，彰显了学校的办学理念和特色，明确了学校的发展战略和目标，对于明晰学校与政府、社会以及学校内部关系、明确学校的法律地位和办学自主权、规范学校的办学行为、维护各方的合法权益、提高办学水平具有重要的引导、规范和保障作用。学校要充分发挥规章制度的功能和作用，让每一个与学校建设相关的主体都能够依据规章制度行使自己的权利，履行自己的义务，承担自己的责任，严格自律，依规办事，发挥个人的主观能动性，为学校的发展贡献智慧和力量，在学校的发展中实现人生价值和梦想；在教育教学的实践中，切身感悟学校规章制度的力量，接受制度文化的洗礼，实现制度理念的升华，随时绷紧制度治校这根弦。

同时，政府和社会应当有所作为。由于中国依法治国的历史不长，人们的制度意识还不强，依法治教、依规办学的宣传落实不够理想，社会公众对高职院校规章制度普遍缺乏了解，比较陌生。政府要加大对高校规章制度的宣传力度，在全社会营造良好的舆论环境。教育行政部门要面向社会召开高校规章制度专题新闻发布会，集中发布有关信息，邀请社会媒体多视角、多层面、全方位地深度宣传报道。要让全社会的成员认识到：高校的章程由学校制定，经过教育行政部门核准，具有一定的法律效力。要让社会公众更好地了解高校的规章制度，理解高校制度建设，充分尊重高校规章制度的权威，推动高校认真贯彻落实规章制度，让制度治校落到实处。社会媒体要多渠道、多方式宣传报道和深度解读高校规章制度，进行案例解剖，以案说法，从而在全社会树立依法治教、尊重高校规章制度的新理念和依法治校、依规办学的浓厚氛围，推动法治中国、法治学校建设。

二、加强学校规章制度建设

学校的制度文化充分体现在学校的章程建设和与之配套的规章制度建设上。学校章程是学校治理的“宪法”，上承国家法律法规，下启学校规章制度，是规范学校与政府、社会及其内部关系的准则。章程建设是推进现代学校制度建设的一个重要抓手。高职院校已经根据教育部的要求，普遍制定了学校章程，并经过教育行政部门核准，发布实施。学校要以十九大精神为统领，依据学校章程，理顺和完善规章制度，制定并完善教学、科研、学生、人事、资产与财务、后勤、安全、对外合作、学生组织、学生社团等方面的管理制度，建立健全各种办事程序、内部机构组织规则、议事规则等，形成健全、规范、统一的制度体系。

对现有规章制度进行全面及时的清理。习近平新时代中国特色社会主义思想是学校一切工作的指南，学校要根据十九大精神和学校章程的内容，以建促改，及时梳理内部管理制度，建立健全内部管理体系，促进现代高校制度的建立。一些学校内部制度建设存在诸多问题：拿来主义严重，结合学校自身特色不够；反映全体教职员工和学生利益诉求不够，维护师生员工合法权益的相关规定不多；与上位法存在冲突，部分规定不够严谨，存在过分放纵或者过分严厉的情况。学校要坚定地维护章程的“校内宪法”地位，严格执行章程修订程序，使其不受任何个人意志和组织力量的干预，真正成为学校的最高准则。学校要以章程为依据，及时对现行的各项规章制度、管理文件进行全面、系统、细致的审查和清理，搞好立、改、废。该创设的创设，该修订的修订，该废止的废止，确保学校的规章制度与章程的协调一致。对章程有要求，但目前尚未建立相关制度的，要及时建立和完善；对不符合章程、在章程中没有依据、不适应学校改革发展要求的，要及时予以废止或者修改；对保留的文件要进行系统整合，形成以章程为核心的层次清晰、内容规范的制度体系；要依据章程，对自主招生、资产财务、人事管理等重要问题，以及学术委员会、理事会建设等重要领域，抓紧制定或修订具体规定，完善配套制度，形成健全、规范、统一的内部治理制度体系，建立起“章程—学校基本制度—部门规章制度—二级学院运行制度”的规范化体系。

推进人事管理制度等专项改革。建设现代高校制度的一个重要目的是激发学校各组织、各主体的积极性和创造性。其中人事管理制度改革难度大、影响大。建立科学合理的岗位设置、岗位考核和收入分配制度，是现代高校制度建设的重要内容。学校要依据十九大精神和学校章程，建立以业绩贡献和能力水平为导向的分配体系，从身份管理转变为岗位管理，实行岗变薪变的分配体系，建立以创新和质量为导向的教师学术评价分类考核体系，形成现代高校基本制度规范。

不断完善校园安全稳定制度。安全责任重于泰山，生命不保何谈教育？学校应当把师生员工的生命安全、学习工作生活保障放在重要位置，要依据十九大精神和学校章程，制定和完善学校安全稳定的规章制度，明确高校安全稳定的目标、责任，制定校园伤害事故处理办法，明确相关当事人的权利、义务和责任，依法依规处理师生员工的校园伤害事故，高度重视公共卫生事件的预防，达到现阶段国家对维护校园安全稳定的明确要求。

深化完善校务公开制度。学校要依法及时准确地公开办学信息，保证教职工、学生、社会公众对学校重大事项、重要制度的知情权。重点公开经费收支、招生就业、基本建设招投标、培养目标与课程设置、教育教学安排等师生员工和社会关注的信息。学校配置资源以及干部选拔任用、专业技术职务评聘、岗位聘用、学术评价和各种评优评先、竞赛选拔活动，要按照公平、公开、公正的原则，制定具体的实施规则，实现过程和结果的公开透明，接受利益相关方的监督。

三、完善学校内部治理结构

学校的制度文化十分重要地体现在完善的组织结构上。学校组织结构是指学校组织内部纵向各层次工作群体和横向各个部门的设置及其关系的总和，包括：机构设置、职位、权力关系、沟通网络等正式部分和技术、组织内部的社会心理等非正式部分。

高职院校要按照党的十九大精神和学校章程的规定，以习近平新时代中国特色社会主义思想为指导，坚持党对学校工作的全面领导，建立学校的相关机构。要完善学校法人治理结构，健全内部管理体制，查漏补缺，建立和完善如学校层面的学术委员会、理事会、教职工申诉处理委员会、学生申诉处理委员会，二级学院层面的学术委员会等治理机构。

落实党委领导下的校长负责制，完善学校内部治理结构。学校要根据十九大精神和学校章程，进一步加强和改善党对学校的全面领导，在学校全面落实《中共中央办公厅关于坚持和完善普通高等学校党委领导下的校长负责制的实施意见》(中办发〔2014〕55 号)(简称《实施意见》)。高等教育法确定的党委领导下的校长负责制，是高校的领导体制，也是新时代中国特色社会主义高校的根本管理制度，体现了法治原则和社会主义办学方向，体现了习近平新时代中国特色社会主义思想。《实施意见》进一步明确了党委、校长的职权、职责范围、议事规则等,明确要求高校制定具体的实施细则。学校要根据十九大精神和党章、高等教育法等的要求,依据学校章程对学校党委会(常委会)、五人小组会(书记办公会)、校长办公会等的工作规则和会议制度进行修订,进一步完善决策程序,确保校内规章制度与党的十九大精神、学校章程的高度一致性。

以学术委员会建设为引领,探索教授治学的有效途径。学校要依据十九大精神和学校章程,加强学术组织建设,实现行政权力与学术权力的相对分离,保障学术权力相对独立行使。高职院校要成为优质学校,必须充分发挥学术的作用。目前,学术组织在我国高职院校治理体系中的地位和作用不清晰、制度不健全、运行不规范,学术权力受制于行政权力的现象还没有得到根本改变。《中华人民共和国高等教育法》第四十二条规定,高等学校设立学术委员会,审议学科建设、专业设置,教学、科学研究计划方案;评定教学、科学研究成果等有关学术事项。2014 年 1 月 29 日,教育部令第 35 号颁布《高等学校学术委员会规程》,明确高校应当依法设立学术委员会;要完善内部治理结构,保障学术委员会在教学、科研等学术事务中有效发挥作用。各个高职院校的章程也对学术委员会有明确的规定,相关规定应当得到贯彻落实。

以推进教职工代表大会和学生代表大会制度建设为重点,保障师生员工民主参与和监督的权利。教师和学生是学校的主人,师生员工民主参与和监督是法律赋予的重要权利。学校教职工代表大会是教职工依法参与学校民主管理和监督的基本形式。《中华人民共和国高等教育法》第四十三条规定:高等学校通过以教师为主体的教职工代表大会等组织形式,依法保障教职工参与民主管理和监督,维护教职工合法权益。现代高校管理应当实现民主协商、互动协调、多元主体共治。学校要依据十九大精神和学校章程,认真落实 2011 年 12 月 8 日教育部令第 32 号发布的《学校教职工代表大会规定》,依法保障广大教职工参与学校民主管理和监督的权利。要坚持重大问题提交教代会讨论审议通过,校长定期向教代会报告工作。要进一步完善和落实学生代表大会制度,充分发挥学生在学校管理中的参与和监督作用。从而使教师和学生增强主人翁意识、发挥主人翁作用,让权力在阳光下运行。

建立和完善理事会制度，健全社会参与学校管理的体制机制。学校要依据十九大精神和学校章程，发挥好理事会在学校管理中的决策咨询作用和在社会合作中的积极作用。高等教育的职能之一是服务社会，回应社会关切、吸引社会关注、争取社会资源支持，要求高校必须更加开放，健全社会参与机制。2014年7月16日，教育部令第37号发布《普通高等学校理事会规程（试行）》，提出要健全高等学校内部治理结构，促进和规范高等学校理事会建设，增强高等学校与社会的联系、合作。学校的章程也规定要建立理事会制度。学校要通过理事会，充分发挥政府、行业、企业等有关方在学校专业建设、产教融合、科研创新、经费筹措、社会服务中的主导作用，建立健全协同创新和协同育人机制。

深入推进内部管理改革，扩大二级学院的职权。科学高效的内部管理是建设现代高校制度的必然要求。内部管理体制改革，从横向看，主要是精简机构，推进学校大部制改革，强化为学生服务和为学术服务功能；从纵向看，主要是深化学校、二级学院两级管理体制改革，推动学校向二级学院放权，创新二级学院管理模式。除需要学校统筹规划和统一管理的事项外，涉及教学科研和社会服务的人、财、物以及其他资源配置，均应当重心下移，确保二级学院有职、有权、有责，充分发挥主体作用。学校要依据十九大精神和学校章程，进一步完善“学校以制定政策为主、二级学院组织实施”的校院两级管理体制。

四、督促制度文化建设落实落地

制度的生命力在于落实，制度文化建设重在落到实处。要通过自律和他律，推进高职院校贯彻落实十九大精神，将制度文化建设落实落地。

学校要健全监督机制，加强自我约束。学校要依据规章制度建立岗位责任制度，把规章制度的执行情况作为领导干部年度考核述职的重要内容。校长在教职工代表大会的年度报告中，要有规章制度执行情况的内容。学校要确定相对独立的专门机构如纪检监察、教育督导等部门，负责监督学校规章制度的执行。要充分发挥学校法律服务机构的作用，聘请专职的法律顾问，对学校出台的重要政策、规章制度以及重要法律文书进行合法性审查。学校要建立师生员工申诉处理机构，允许其依据章程对学校的工作提出异议，申诉处理机构要及时处理，并作出书面答复，切实保障师生员工的合法权利。推动学校积极开展自我评价。学校要切实发挥教育质量保障主体作用，不断完善内部质量保障体系和机制，认真开展诊断与改进，形成和强化办学特色。学校应当依据国家教育政策及有关行业标准，根据自身办学实际和发展目标，确立本校的人才培养方案。对照人才培养要求，定期开展课程建设、教学与科研、人才培养质量、师资建设、管理制度、校园文化等的监测评估，开展对学生及其家长、用人单位等的满意度调查，努力形成自主发展、特色发展、可持续发展的良性机制。

教育行政部门要加强对规章制度实施的监督，实行跟踪问效。教育行政部门要切实转变职能，把主要精力放在监督高校依法治校、按章办学上，搞好宏观调控和管理服务，推动高校建立健全规章制度实施的监督机制，指导和帮助高校协调与相关政府部门、社会相关方的关系，让高校真正按照规章制度办学。教育行政部门要将规章制度实施情况纳入对高校领导班子和主要负责人年度述职的重要考核内容中，实行跟踪问效；每年对规章制度的实施情况进行检查，将检查情况及时向学校进行反馈，并将结果与学校和学校领导班子成员的年度绩效考核挂钩。

国家和省级教育督导机构要构建科学的高职院校规章制度实施考核评价机制。高职院校章程发布后，学校是否按照章程办事，章程在具体实施过程中作用发挥得如何，直接关系到学校内部治理结构的完善和现代高职教育制度的建立。国家和省级教育督导机构应当制定一套高校规章制度贯彻落实的考核评价制度，定期对各个高职院校规章制度的执行情况进行检查监督，对存在的问题及时发现纠正，对好的经验做法及时总结推广，在高职院校系统真正形成依法治校、依规办学的良好氛围。

人大、政协机关要发挥监督评议作用。各级人大及其常委会是法律实施的检查监督机关，应当把高校规章制度的执行情况作为教育执法检查的重要内容，督促高校认真贯彻落实学校规章制度。各级政协肩负着参政议政、民主监督的职能，各类人才荟萃，多方专家云集，应当把高校规章制度的贯彻落实情况作为评议学校工作的重要内容，督促高校规章制度落实落地，坚决纠正随意变通、恶意规避、无视制度等现象，推进学校制度文化建设，督促学校依法治校、依规办学。

参考文献：

[1]张东娇.学校文化管理[M].北京：教育科学出版社，2013.

[2]陈孝彬，高洪源.教育管理学(第三版)[M].北京：北京师范大学出版社，2008.

[3]王蒙.文化自信的历史经验与责任[N].光明日报，2016-9-22(11).

（作者：徐兴旺　曾艳）

中华优秀传统文化融入高职继续教育的路径

习近平总书记在党的十九大报告中对继续教育提出了明确要求:“办好继续教育,加快建设学习型社会,大力提高国民素质。”报告还有两处提到了继续教育中的培训工作,在“优先发展教育事业”部分提出:“完善职业教育和培训体系,深化产教融合、校企合作。”在“提高就业质量和人民收入水平”部分提出:“大规模开展职业技能培训,注重解决结构性就业矛盾,鼓励创业带动就业。”李克强总理在2018年《政府工作报告》中也提出“发展民族教育、特殊教育、继续教育和网络教育”,并要求“加强全方位公共就业服务,大规模开展职业技能培训,运用‘互联网＋’发展新就业形态”。由此可见,在加快建设学习型社会的新时代,党和国家非常重视继续教育。如何发展好高职继续教育,解决高职继续教育发展中的问题,变得愈加迫切。其中,将中华优秀传统文化融入高职继续教育显得十分必要。

一、高职继续教育的特点与发展面临的问题

高等院校继续教育分为学历继续教育与非学历继续教育,而不同类型的高校在继续教育中各司其职、各尽其责。“双一流”高校、研究型高校的继续教育往往是培养高层次人才的学历教育和高端人才培训,如EMBA、高级经理人培训等;一般本科院校则集中举办成人教育本科学历教育和相关培训,如专升本、本科后继续教育等;而高职院校的继续教育,定位在成人教育专科学历层次和职业技能培训。这样的定位与分工,有利于高等学校在人才培养目标、培养层次的合理分工,做到错位发展,有的放矢,保证继续教育市场的规范与稳定,避免雷同,防止无序,提高效益。以全国首批国家示范性高等职业院校、国

家“双高计划”建设学校——重庆工业职业技术学院为例，目前学校继续教育的对象主要有四类：一是成人学历教育，对象为拥有高中毕业水平或中职毕业水平的、期望提高学历层次获得成人大专文凭的学生；二是企业在职员工的职业技能培训，对象主要为重庆市两江新区企业的员工；三是农村户口转非农村户口群体的就业能力培训，对象为农转非群体；四是为发挥示范性高等职业院校的引领辐射作用而进行的中等职业学校师资的能力提升培训，对象为中等职业学校的教师群体。

高职院校继续教育要为“加快建设学习型社会，大力提高国民素质”作出贡献，要为“大规模开展职业技能培训，注重解决结构性就业矛盾，鼓励创业带动就业”发挥作用，就必须适应培训对象的特点和经济社会发展的需求，不断提高人才培训的质量。重庆工业职业技术学院在开展针对上述四类人群的继续教育中，通过对授课教师进行课后问卷调查、对授课对象进行抽样调查等，以及对部分高职继续教育学员就职的企业及学校进行调研，发现高职继续教育的对象存在如下问题：(1)受教育程度普遍不高，学历层次普遍较低，年龄普遍较小；(2)普遍出生于农村家庭，早期家庭教育重视程度不够，成长中缺乏优秀传统文化教育；(3)缺乏基本职业素养，重金钱，对国家、民族、社会的责任心不强，缺乏对职业的忠诚，频繁跳槽；(4)对职业技能、职业技术的追求不够执着，技能、技术主要停留在基础应用层面，缺乏钻研精神、工匠精神与创新精神；(5)重技能轻文化，对中华优秀传统文化不甚了解，对经典作品、名家名著阅读不多，人文知识贫乏。上述现象表明，在新时代，必须将中华优秀传统文化融入高职继续教育，不断提高学员的文化素养，弘扬精益求精的工匠精神，增强学员为国家、为社会建功立业的使命感与责任心。

二、中华优秀传统文化融入高职继续教育的必要性

中华优秀传统文化，是中华民族的根和魂。党的十八大以来，以习近平同志为核心的党中央高度重视中华优秀传统文化的传承与发展，始终从中华民族最深沉最深厚精神追求的深度看待优秀传统文化，从国家战略资源的高度

继承优秀传统文化，从推进中华文明现代化的角度发展优秀传统文化，使之成为实现“两个一百年”奋斗目标和中华民族伟大复兴中国梦的根本性力量。习近平总书记在多个场合对中华优秀传统文化进行了十分深刻的论述，他指出：在5000多年文明发展中孕育的中华优秀传统文化，在党和人民伟大斗争中孕育的革命文化和社会主义先进文化，积淀着中华民族最深层的精神追求，代表着中华民族独特的精神标识。

在2017年全国“两会”上，教育部党组书记、部长陈宝生在谈到优秀传统文化进校园时指出，要把这项工作看成是一个固本工程、铸魂工程、打底色的工程，要做好教材体系建设、拓展校园文化、加强研究和阐释、推进国际传播。

由此可见，党和国家对中华优秀传统文化传承的重视程度越来越高。中华优秀传统文化经过数千年的发展，历经悠久岁月的洗礼，博采众长，大浪淘沙，以儒家思想为核心内容，融汇了道家、法家、墨家、释家等多种思想文化，蕴含了丰富的哲学思想与人文精神，可以说是源远流长、博大精深。也正是在中华优秀传统文化的引领下，我们中华民族才得以数千年生生不息、长盛不衰。中华优秀传统文化是一座取之不尽的宝藏，具有非常重要的教育价值。

高职继续教育与高职普通教育相比，教育时间不太固定，如成人专科学历继续教育通常利用周末、假期或者晚上等业余时间进行；继续教育的周期较短，如非学历继续教育少则一天多则一月。因此，把博大精深的中华优秀传统文化融入职业继续教育中，应该有所取舍，应当针对高职继续教育的特点，选择一些最急缺的文化特质、最精华的内容进行融入。那么，应当将哪些中华优秀传统文化融入呢？

一是工匠精神。高职继续教育学员的现状表明，受教育者普遍缺乏对技术精益求精的追求、缺乏对技术钻研与创新的精神，就是缺乏工匠精神的具体表现。2016年3月5日，李克强总理在第十二届全国人大第四次会议的《政府工作报告》中，提到了企业要培育精益求精的工匠精神。工匠精神首次被写进《政府工作报告》，2017年、2018年的《政府工作报告》继续倡导弘扬工匠精神。由此可见，国家、社会、企业都急需拥有工匠精神的人才，而为企业培养优秀人才，让企业员工继续深造，正是高职院校继续教育的责任和使命。因此，将工匠精神融入高职继续教育是非常必要的。

二是大学文化。笔者曾在2016年夏季参加了清华大学的非学历继续教育培训,短短一周的培训生活,最让人记忆犹新的是中间的几个细节:每天早晨,班主任都会组织培训班的学员集体诵读经典名篇;在培训课程的安排上,既有经验交流与业务提升培训,也有大量的清华大学办学历史、清华文化方面的讲座和课程;清华大学的老师还带领学员参观清华校史馆,聆听清华故事,感受清华的大学文化。他山之石,可以攻玉。高职院校举办继续教育,应当借鉴清华大学的做法,做得比社会培训机构举办的短训班更有特色。高职院校有自己的办学历史、行业背景,有长期的文化积淀、丰厚的历史底蕴和优良的校风学风,应当重视大学文化的传承与融入,让校史馆、博物馆等成为培训学员的鲜活课堂,让学员真切感受到大学文化的魅力,从而在校风、校训潜移默化的熏陶中不断提升自身的品质与操守。

三是职业文化。重庆工业职业技术学院"新型工业化背景下重庆市机械制造和汽车维修服务产业人才需求结构与培养模式研究"课题组于2016年下半年,对重庆长安工业集团、重庆康明斯发动机有限公司、重庆元创汽车整线集成有限公司、力帆实业(集团)股份有限公司、广汇重庆中汽西南汽车(集团)有限公司5家大中型企业进行了调研,发现企业需要大量懂专业技术、有团队意识和奉献精神及实践经验的一线员工。而这些素质要求,都是职业文化的体现。每家企业都十分看重员工的敬业精神、吃苦态度、合作品质和职业操守。因此,在高职继续教育中融入职业文化十分必要。

三、中华优秀传统文化融入高职继续教育的路径

高职继续教育无论是成人专科学历教育还是非学历培训,都有教学时间短、学习时间在业余等特征,那么如何在这一独特的教育中融入工匠精神、大学文化与职业文化等中华优秀传统文化呢?

(一)将工匠精神融入高职继续教育

从古今的工匠身上,我们可以从三个层面来发掘其精神内涵:思想层

面——爱岗敬业、无私奉献；行为层面——开拓创新、持续专注；目标层面——精益求精、追求极致。应当将工匠精神持续融入高职继续教育。一是根据高职继续教育的定位、工匠精神的内涵，结合高职继续教育学员的特点，量身定制相关精品课程，要求课程时间短、内容精，不求在短时间内将工匠精神讲透，但求给学员种下工匠精神的种子，在心灵深处留下难忘的印记，激发学员对工匠精神的兴趣与追求。二是邀请有行业经验的工匠甚至技能大师进校园，结合专业培训举办相关讲座与实训教育，不仅让学员亲身体验能工巧匠与技能大师们高超的专业水准与技术，还让其在能工巧匠与技能大师的言传身教中感悟工匠精神的意义与内涵，着重培养学员们严谨专注、精益求精的品格，使之朝着成为有工匠精神的高素质技术技能人才的目标努力。三是顺应“互联网+”的时代浪潮，大力发展网络继续教育，搭建网络继续教育平台，突破高职继续教育时间与空间的限制，利用网络学习、网络考试，加强工匠精神以及其他中华优秀传统文化的课程建设，以“微课”“慕课”等更受年轻人群体喜欢的模式，借助“微博”“微信”等新媒体平台，推广工匠精神，帮助学员树立终身学习的观念，弘扬中华优秀传统文化。

(二)将大学文化融入高职继续教育

大学文化博大精深，以重庆工业职业技术学院为例，近年来学校大力发展大学文化，学校坚持“以行业为先导，以能力为本位，以学生为中心，以就业为目标”的办学理念，在发展中凝练工匠精神，形成了“工成于思，业精于勤”的校训，“团结、诚信、笃行、创新”的校风，“技高为师，德高为范”的教风，“志存高远、精益求精、勤奋学习、全面发展”的学风，成为全校师生员工广泛认同的行为准则和精神品质，并内化为共同文化理念。高职继续教育与社会培训机构短期培训班相比较，优势就在于高职继续教育是依托高等职业院校优质资源进行的，因此学校在开展高职继续教育工作中，一直坚持将学校多年积淀的大学文化融入继续教育过程之中，通过带领学员参观校园工业文化雕塑群、校史馆、实训基地、实习工厂，使其全方位领略学校独具特色的大学文化，将学校60余年发展历程中积淀的文化精髓展示给广大学员，进而起到影响学员、教育学员的作用。学校传统文化为人才培养提供了丰厚的文化土壤。

(三)将职业文化融入高职继续教育

高职继续教育的核心在于“职业”二字,人才培养的导向是职业,职业文化就是职业人在职业活动中表现出来的综合素质,因此将优秀的职业文化融入高职继续教育尤为重要。

高职继续教育要坚持产教对口融合,校企深度合作,将职业文化融入高职继续教育。优秀企业具有生产经营中的真实环境,具有严格的管理制度、职业规范和竞争氛围,考核评价的标准也非常规范,而且拥有自己独特的企业文化,企业文化的熏陶必将促使学员感受到企业的生命活力源泉之所在。因此,高职继续教育不能闭门造车,一定要与企业深度合作,既要走出去,带领学员进企业参观甚至短期实习,也要请进来,将企业的能工巧匠与技能大师们请进学校做学员的导师,努力将学员培养成为拥有职业道德与现代工匠精神的“职业人”。

在全国大力发展职业教育、继续教育,全面弘扬中华优秀传统文化的今天,高职继续教育应肩负时代赋予的责任与使命,将中华优秀传统文化全面融入人才培养之中,补齐高职继续教育的短板。高职继续教育将在中华优秀传统文化的滋养下蓬勃发展,为国家和地方经济社会的发展培养出更多高素质人才。

(作者:徐兴旺　陈若朴)

京津地区高等职业教育改革的探索及启示

高等职业教育服务于区域经济发展的目标和宗旨，指明了高等职业教育改革发展的途径和方向。笔者通过对京津地区 5 所高职院校的调研考察发现，京津地区的高等职业教育紧紧服务于首都功能定位和京津冀一体化，服务于地方产业转型升级，在增强职业教育吸引力，积极构建现代职业教育体系等方面进行了有益的探索。这些改革举措也为中国经济新常态背景下的高等职业教育发展提供了宝贵的启示。

一、京津地区高等职业教育改革新举措

京津地区教育行政部门和高职院校紧紧把握现代高等职业教育发展趋势，与时俱进，大胆探索，勇于改革，引领我国现代职业教育的发展方向。

(一)北京市高端技术技能人才 7 年制贯通培养实验

破解人口资源与环境的矛盾，控制人口过快增长是北京市的重要任务之一。一方面，北京将继续加快服务业转型升级，加强金融等高端产业发展，外迁低端产业。北京经济迈向“高端化、集聚化、总部化、融合化”发展，使北京有技术含量的中高端岗位需求加大，低端用工进一步减少。另一方面，北京高等职业教育的生源人数在逐年下降。北京教育考试院发布的数据显示，2015 年北京共有 67816 人报名参加高考，这是自 2006 年报考人数达到 12.6 万人后，北京高考报名人数连续第 9 年下降。2015 年报考人数比 2014 年减少约 2000 名，比 2013 年减少近 5000 名。

鉴于此，北京市积极寻求破解职业教育发展瓶颈的对策，构建高端技术技

能人才培养"立交桥"，试点高端技术技能人才7年制贯通培养实验项目。该项目集优质高中、国家示范高职院校、北京市高水平本科大学以及美国、英国、德国等国家大学联盟的各种优质资源于一身，探索创建国际一流的高等职业教育"北京模式"，为学生提供多途径培养、多校园经历和多元发展的成长机会，提升职业教育吸引力。项目招生对象为具有北京市正式户籍的应届(2015届)初三年级学生和年龄在18周岁以下(1997年9月1日以后出生)的往届生，具有参加北京市2015年中考资格的考生。项目特点是：从初中应届毕业生中直接选拔和培养一批有发展潜质的人才，接受优质的高中教育、技术教育和高水平大学教育。汇集北京名校名师名企的优质教学资源，实施"2＋3＋2"7年的贯通式人才培养，构建高中教育、技术教育和本科教育"融通贯通"的人才培养体系。三阶段相对独立、相互衔接、阶梯递进。该项目学制为"2＋3＋2"，即2年高中、3年高职、2年本科。

(二)天津市探索发展本科层次职业教育

天津市作为全国首个"国家职业教育改革试验区"和唯一的"国家职业教育改革创新示范区"，先行先试，在海河教育园区创建示范窗口、实行集团化办学、构建现代职教体系和培养应用技术技能人才、改革招生考试制度和现代学徒制等方面进行了有益的探索，职业教育已经成为天津这座城市的靓丽名片。天津正在构建"高端化、高质化、高新化"产业体系，需要大批高素质技术技能人才作支撑。天津紧紧抓住京津冀协同发展机遇，坚持以政府统筹为主导，以提高质量为核心，围绕国家职业教育改革创新示范区建设的中心工作，加快构建天津现代职业教育体系，把现代职教体系建设纳入教育发展"十三五"规划，为天津市经济建设和社会发展提供高素质技术技能人才保障。

天津依托海河教育园区和相关院校的资源，筹建天津海河应用技术大学。该大学是在天津市教育委员会的指导下，由天津海河教育园区管理委员会整体统筹、天津中德职业技术学院牵头，遴选天津中德职业技术学院、天津电子信息职业技术学院、天津轻工业职业技术学院、天津现代职业技术学院、天津海运职业学院、天津商业职业学院、天津青年职业学院、天津铁道职业技术学院共8所高职院校的优势和特色专业，整合园区内中天实训中心、海河教育园图书馆等优质资源联合举办的。天津通过探索发展本科层次职业教育，打通中职、高职、本科层次、专业硕士的上升通道，培养高层次应用型技术技能人才，对接服务天津优势主导产业，特别是滨海新区产业，培养全面覆盖天津重要支柱产业及重大项目的本科层次的技术应用型人才，多元化、高端化服务区域经济社会发展。天津海河应用技术大学将被建设成为集学历教育、职业培训、技术研究和成果转化于一体的高水平应用技术大学。

二、新形势下高职教育发展策略

当前，中国经济发展进入以“中高速”“优结构”“新动力”“多挑战”为主要特征的新常态，职业教育肩负着更加重大的历史使命。职业教育必须准确认识新常态、主动适应新常态、全面服务新常态，为科学技术进步和生产方式变革培养更多技术技能人才，进一步培养高素质的劳动大军，为中国制造和服务水平的提高、产业国际竞争力的增强、经济的中高速增长、人民生活水平的提高、民生的不断改善、“两个一百年”奋斗目标和中国梦的实现提供人才保障。

(一)创新办学理念，适应职教发展趋势

办学理念是关于学校整体发展的理性认识和价值追求，决定着学校的教育行为，指导学校的办学方向。京津地区的高职院校十分重视办学理念在学校定位和发展目标中的重要作用。只有有了先进的办学理念，学校才能明确发展目标和人才培养的总体思路。创新学校的办学理念不是对以往教育理念的简单否定，而是根据新常态的要求，遵循人才培养的基本规律，凝练形成有利于培养具有职业技能、职业精神和创新能力的复合型人才的教育理念，构建“人人皆可成才、人人尽展其才”的育人环境。例如，教育理念中有一项重要内容是办学定位，学校就要检查自己的办学定位是否符合“合理定位、错位发展、办出特色、系统培养，更加适应经济社会发展的需求”这条基本原则。2015年是“十二五”发展规划的收官之年，高职院校要总结以往发展中的经验和教

训，着手制定高职院校的"十三五"发展规划，使学校的发展目标和发展方向更加适应经济发展新常态的要求。"十二五"期间，我国高等职业教育快速发展，取得了巨大成就，高等职业教育的院校数、在校学生人数都已经占我国高等教育的半壁江山。"十二五"期间，全国有近1500万家庭通过高等职业教育实现了拥有第一代大学生的梦想。高职毕业生就业质量持续提高，毕业半年后就业率达到90%，高职院校实现了"做大、做强"的战略目标。在"十三五"期间，高职院校要坚持"做精、做特、做强"，以改革创新为动力，以科学发展为主题，以内涵建设为主线，以深化特色为重点，提升学校综合实力，为强国梦提供坚实人才保障，为国家技术技能积累筑牢基石，让"中国制造"走向"精品制造"，打造具有中国特色的职教品牌。

（二）实现三个对接，适应服务区域经济发展的需要

职业教育是"跨界的教育"。职业教育兼具经济和教育双重属性，具有鲜明的区域性和外部适应性特征。高等职业教育要紧紧围绕地方党委、政府的重大战略规划和具体工作部署，为经济社会发展培养高素质的技术技能人才。以重庆工业职业技术学院为例，作为一所具有鲜明工业特色的高职院校，要紧密对接重庆市"6＋1"支柱产业、功能区产业布局、两江新区"6＋3"核心产业体系、重庆十大新兴产业，按照"改造传统专业、拓展新兴专业、打造品牌专业"的思路，加快推进专业结构的调整、优化和布局工作；构建"一产一专业"建设模式，使一个专业群对应一个区域重点产业群，并构建动态对接机制，将相应专业适时纳入专业群，逐步建成学校品牌；以装备制造、汽车检修、电子信息、现代服务业等专业为主要特色，打造十大专业群，即制造类专业群、汽车类专业群、电气自动化专业群、信息技术专业群、化工类专业群、财经类专业群、艺术类专业群、建筑工程技术类专业群、物流类专业群、航空类专业群，实现专业设置与产业需求、课程内容与职业标准、教学过程与生产过程"三个对接"。

（三）突出复合型人才培养，适应经济转型升级和结构调整

高等职业教育在区域产业转型升级、产业结构调整优化过程中，正发挥着

更加突出的作用。一方面，是对产业升级的驱动作用。劳动力素质提升是经济增长的强大驱动力，受原材料价格、人力资源成本上涨等因素倒逼，区域主导产业正积极从劳动密集型向知识密集型转变，需要劳动力资源从低技能水平向高技能水平提升。职业教育有助于提高劳动力素质，提高劳动生产率，从而有力促进区域经济发展。另一方面，是对产业结构优化的驱动作用。区域经济要实现可持续发展，需要不断淘汰落后产业，发展环境更友好、产能更高效的产业，新产业的发展需要大量人才支撑。在产业转型升级和结构调整优化的新形势下，单纯依赖熟练动作技能的岗位越来越少，对生产人员创新能力、职业态度和综合素质的要求越来越高。为适应新时代的新要求，高等职业院校学生的人文素养、公民品质、职业道德、学习能力和团队合作精神等"软技能"的培养和熏陶显得越来越重要。这要求生产技术人员除了具备本岗位的专业知识外，还应具备与本专业有关的其他知识，如产品的技术服务知识、营销知识、法学知识、心理学知识、社会学知识等，还要求学生具有团队合作精神和诚信服务品质。优化公共基础课、专业基础课、专业核心课、任意选修课 4 类课程框架体系，将有助于职业技术教育与职业素质教育融为一体，进而更好地培养复合型人才。

(四)加强创新创业教育，适应创新驱动发展战略

当代中国已进入大众创业、万众创新的新时代，深化高等学校创新创业教育改革，已成为国家实施创新驱动发展战略、促进经济提质增效升级的迫切需要，是推进高等教育综合改革、促进高校毕业生更高质量创业就业的重要举措。要进一步完善人才培养质量标准：修订并实施专业人才培养方案，使创新精神、创业意识和创新创业能力成为评价人才培养质量的重要指标。要进一步创新人才培养机制：探索建立校校、校企、校地、校所协同育人新机制，开设跨专业的交叉课程，探索建立跨院系、跨专业、交叉培养创新创业人才的新机制，促进人才培养由专业单一型向多专业融合型转变。要进一步健全创新创业教育课程体系：根据人才培养定位和创新创业教育目标要求，促进专业教育与创新创业教育有机融合，调整专业课程设置，挖掘和充实各类专业课程的创

新创业教育资源,在传授专业知识过程中加强创新创业教育。要进一步强化创新创业实践:充分利用各种资源,建设创业教育实践平台,深入实施大学生创新创业训练计划,扩大覆盖面,促进项目落地转化,举办各类科技创新创意设计、创业计划专题竞赛,成立创新创业协会、创业俱乐部等社团,举办创新创业讲座论坛,开展创新创业实践。

(五)凸显以校本特色为核心的大学文化,适应文化传承与创新的需要

文化是一个民族的根和魂,大学文化是一所大学的核心要素。形成具有自身特色的大学文化,是体现学校办学层次、办学水平的重要标志。大学文化的内涵极为丰富,可以从精神文化、制度文化、行为文化和物质文化四个层面理解。其中,精神文化是灵魂,是大学赖以生存、发展的精神支柱,主导着制度文化、行为文化和物质文化的发展方向。制度文化是对精神文化的保证,行为文化是精神文化、物质文化、制度文化的载体,物质文化是精神文化、制度文化和行为文化的基础。四者相互制约、相互依赖、相互补充,缺一不可。以重庆工业职业技术学院为例,要认真挖掘、总结建校 60 多年来积淀的"工业教育"精神,努力建设体现历史传承、时代要求和学校特色的以工业文化为基调的应用技术型大学校园文化。学校要提炼机械制造、模具、汽车、机电等特色专业的文化特色,积极推进校园景观文化亭、校园雕塑、各二级学院特色标识的建设以及文化石刻字。坚持举办"重工大讲堂"等一大批校园文化品牌活动,努力形成"内容健康、形式多样、主题鲜明、情趣高雅"的"重工"校园文化总体格局,形成以工业文化为核心,以产业文化、企业文化、职业文化为支撑的大学文化传承与创新体系。

(六)实施科研兴校,发挥高校对区域经济的引领和支撑作用

构建高等职业教育新常态,要求必须建立有利于科技成果转化为生产力的科研体制。学校要把促进区域经济发展作为自己开展科研工作的出发点和落脚点,联系生产实际开展科研工作,积极帮助企业解决生产中的技术难题,做到"论文写在产品上、研究做在工程中、成果转化在企业里、价值体现在效益上”，在决策咨询、技术服务、课题研究等方面形成自己的特色优势，为助推区域经济社会发展提供有效资源和强大动力。学校要组建紧密型科研团队，建立以专业带头人为核心的横向技术开发项目团队，鼓励二级学院以及二级学院之间组建跨界技术开发团队，制定科技服务带头人奖励制度，面向行业企业开展“四技”服务（技术开发、技术转让、技术咨询和技术服务）。

参考文献：

[1]鲁昕.职业教育，加快适应经济新常态[J].职业技术，2015(2).

[2]马树超.推动职业教育优质特色发展[N].中国教育报，2015-05-14(5).

[3]韩毅.浅谈现代职业教育的新常态发展[J].中国职业技术教育，2015(9).

（作者：徐兴旺　黄文胜）

泰国博仁大学国际化办学对中国高职教育的启示

国际化办学已经成为当今世界各国高等职业教育发展的必然趋势。笔者拟通过对泰国博仁大学国际化办学特色的实地考察分析，从“走出去”和“引进来”两个层面，就办学思路、特色专业、师资资源、合作模式、留学管理等方面，探讨该校做法对我国高等职业教育国际化发展的启示。

在经济全球化、贸易自由化的推动下，当今世界各国教育的国际交流与合作日趋频繁。为推进我国教育国际化，培养国际化人才，中国政府在《国家中长期教育改革和发展规划纲要（2010—2020年）》中提出，必须扩大教育开放，不断深化国际性学术研讨与合作，更好地引进和利用优质教育资源，提升全方位合作水平，推动我国海外办学，扩大外国留学生规模，广泛开展国际合作和教育服务。近期，笔者赴泰国博仁大学洽谈国际交流合作项目，认真考察了该校在推动教育国际化方面的做法，深受教益。博仁大学直属学院——中国一东盟国际学院在国际化进程中取得的显著成绩，为我国高等职业院校提供了可资借鉴的启示。研究该校国际化办学的做法和经验，有助于加深我国高等职业院校对国际化办学的认识，加快高等职业教育国际化发展步伐。

一、泰国博仁大学国际化办学的主要做法

（一）泰国博仁大学简介

泰国博仁大学（Dhurakij Pundit University）创建于1968年，位于泰国首都曼谷市区。该校是中华人民共和国教育部教育涉外监管信息网和中国留学网重点推荐的国外留学高校，也是以经贸教育为主的泰国教育质量第一的私立

大学。学校现有学生约3万人，其中全日制在校生约2万人，教职工约2000人，设有9个学院、7个研究所，有学士学位专业60个、硕士学位学科19个、博士学位学科6个。其商科类专业在泰国排名第一，人文、社会科学、管理科学领域也有突出优势。学校坚持一切以学生的需求为出发点，为学生提供优质的教学资源、先进的教学设备、周到的服务和优雅的环境，不失为熙来攘往中一片格物致知的净土，是包括中国在内的许多国家莘莘学子向往的高等学府。

学校下设直属二级学院中国一东盟国际学院(CAIC)，是由泰国教育部批准建立的，专门针对中国及东盟国家学生开设汉语授课的学位课程，同时开设英语、泰语课程，保障学生的专业水平和语言能力。来自全世界各地相关领域的知名华裔学者、一线大学的骨干师资，以及领域内的博士、博士后齐聚于此，在各自的领域中为学生论道解惑，严谨的治学精神、创新的学科思维，以及兼容并包的治学氛围，为教育教学的开展提供了有力的支持。教学管理方面，CAIC沿用西式教育、中式管理模式，其课程设置、教学体制与欧美名校同步，采用互动问答式案例教学、学分制修读课程模式，在充分发挥学生主观能动性的同时，配有客观公正的考核模式。学校特设精通中泰双语的辅导员，对学生进行统一管理，每天提供24小时贴心服务。学生可以免费使用无线网等校内设施，还可申请DPU各种奖学金，且CAIC还给学生提供实习和兼职勤工助学的机会。

博仁大学因其突出的办学成绩获取了泰国教育部授予的“高等教育质量认证最佳奖”，并且取得了ISO9001:2008国际质量管理体系认证，成为泰国私立学校的领头羊。该校重视国际化发展，与欧美及中国的20余所高等学府建立了合作伙伴关系，开展了多个联合人才培养项目。学校同时也是多个国际和区域教育学术组织的成员单位。

(二)博仁大学国际化办学的特点

与时俱进，定位明确。自2010年中国一东盟自由贸易区启动以来，中国与东盟国家在经济、政治、文化、技术上的往来日益增多。中国与东盟已相互成为重要经贸伙伴。中国与东盟双方贸易额从1991年的79.6亿美元，增长到

2015年的4721.6亿美元,实现了约59倍的增幅。在第13届中国一东盟博览会上,国务院副总理张高丽指出,经济合作的不断扩大,也促进了旅游、教育等人文交流。越来越多的国人选择到东盟国家跨境旅游,支撑了东盟旅游经济的发展。与此同时,双边教育交流也日趋频繁。“2016中国一东盟教育交流年”更提出了“逐步扩大互派留学生规模,实现2025年双方互派留学生达到30万人次的目标”。在这样的战略背景下,东盟国际教育的新机遇、新模式应运而生。泰国博仁大学正是以此为契机,成立了中国一东盟国际学院。与普通高校的国际教育学院不同,博仁大学的这一直属国际学院,在名称上就明确了其办学定位,即主要面向中国和东盟地区,开展国际教育活动,致力于培养具有东盟学习背景的人才。这也成为博仁大学开拓国际市场的一张重要名片。

华文授课,英泰结合。中国一东盟国际学院主要面向中国和东盟各国招收本科、硕士、博士留学生。其专门设立的海外华文授课项目使得博仁大学逐渐走进中国学子的视野,成为中国留学生的新选择。在基础课、专业课以华文授课的同时,学校也将英语、泰语作为必修课程,使学生成为掌握中、英、泰多语种及专业领域知识的国际复合型人才。

重视人才,师资雄厚。博仁大学能够成为位居泰国第一的经贸类私立大学,其下属的中国一东盟国际学院能够做到海外华文授课第一,很大程度上要归因于学校雄厚的师资。在整个大学超过2000名专、兼职教职员工中,94%拥有硕士或博士学位,个别系部的主管甚至拥有博士后经历或多个硕士、博士学位。就中国一东盟国际学院而言,其师资主要由国际知名华裔学者、欧美名校毕业博士、中国顶尖大学知名教授组成,所有教师均能使用中文、英文授课。严谨治学的态度、国际化的视野和风趣幽默的开放式课堂风格,为学院整体教学质量提供了有力的保障。

合作多样,入学灵活。中国一东盟国际学院在留学生招收项目上,采取了非常灵活的机制。它与中国100多家万人规模以上的大学、200多家高中和国际教育机构建立了紧密的合作关系。无论是高中、中专、职高、成教、自考、本科等各级学历者,均可以申请入学。以高职院校专科生为例,学生在国内合作院校学习期间,即可修读硕士预科课程与2门基础课程和本科同等学力课程,由国内合作院校出具预科的课程成绩单和学业证明书，年满 21 周岁，在课程结束后次年 1 月、4 月或者 7 月直接申请赴泰国博仁大学攻读硕士课程。在泰国学习时间约 1.5 年，学制 2 年，学业结束由泰国博仁大学颁发硕士学位证书。

中式管理，西式教学。中国一东盟国际学院专门针对中国留学生，提供中式管理模式，借鉴中国大学管理的经验，配备精通中泰双语的生活辅导员、学习班主任，服务周到温馨。课程安排按中国大学模式，本科每学期 5～7 门课，硕士每学期 4 门课，而不像其他大学学生自主选学课程科目和数量，从而确保学生可以及时完成学业。同时，采用欧美的互动问答式案例教学模式，注意激发学生学习的“内生动力”，充分发挥学生的主观能动性，考试评分是结合上课出勤率、个人作业、课程 PPT 呈现、小组作业、课程笔试进行综合确定。各个环节按照百分比，给出最后分数，考核更加全面、更加科学，而且考试纪律十分严格，管理有方，学生能够学到真正的本领。部分学生还能够在泰国就业。

此外，学校食堂餐饮价格低廉，餐饮和水果的品种非常丰富，并设有专门的中餐厅服务中国留学生。

二、对中国高职院校国际化办学的启示

“他山之石，可以攻玉。”泰国博仁大学国际化办学的做法，对于“一带一路”倡议背景下中国高职院校探索对外开放办学路径具有重要的借鉴价值。

（一）紧紧跟随国家重大发展战略，明晰学校办学的发展方向

博仁大学紧紧围绕泰国作为中国一东盟自由贸易区重要成员国，大力实施对外开放的国家战略，积极推进对外办学，发展外向型教育，办学的国际化水平不断提高。经济全球化势必会导向教育的国际化，而全球化视野的教育也是世界各国政府的重要教育战略目标。要实现教育的全球化，必须充分利用国际国内两个教育资源、国际国内两个教育市场，实现教育领域的国际领先。习近平同志在 2013 年秋季出访中亚和东南亚国家期间，先后创造性地提出了共建“丝绸之路经济带”和“21 世纪海上丝绸之路”即“一带一路”倡议；紧

随其后的两年，随着丝路基金的设立以及亚洲基础设施投资银行的相继签约，“一带一路”建设已经进入了务实开展、稳步推进的实施阶段；2016年第71届联合国大会决议欢迎“一带一路”等经济合作倡议。在此背景下，逾百所高校联合成立了新丝绸之路大学联盟和“一带一路”高校战略联盟，以探索跨国培养与跨境流动的人才培养新机制，培养具有国际视野的高素质人才。国发〔2017〕4号文件《国务院关于印发国家教育事业发展“十三五”规划的通知》中，明确指出“支持国家重大区域发展战略实施。推动‘一带一路’建设相关省区市教育合作。加大对‘一带一路’建设核心区高等教育和职业教育发展的支持力度。”我国的高等职业教育国际化应当学习博仁大学的开放办学经验，紧跟国家“一带一路”倡议步伐。“一带一路”联通的，一边是领先进入发达国家行列的欧洲经济体，另一边是新兴同时充满无限活力和可能的东亚经济圈。我们在学习包括泰国在内的国外先进职业教育理念的同时，要充分发挥我国职业教育的特色和优势，引领发展中国家的职业教育，使“走出去”与“引进来”同时并举，相得益彰。要提升中国职业教育以及中国企业的国际形象与竞争力，一方面需要我们培养具有国际视野、通晓国际规则的国内技术技能人才，另一方面，同样需要培养熟悉中国技术、中国标准、中国产品的海外本土技术技能人才。

(二)大力实施“走出去”战略，迈出国门，走国际化办学之路

泰国博仁大学眼界开阔，走出国门，面向全球招聘高学历高水平教师，筑巢引凤；招收的学生层次丰富，从高中生到本科生“有教无类”，成为中国等许多发展中国家学生向往的求学之地，成为世界国际化办学的标杆之一。21世纪的高等职业教育是兼容并蓄、放眼国际的教育。中国高等职业院校要服务“一带一路”倡议，就需要从泰国博仁大学的国际化办学经验中汲取营养，坚定不移地实施“走出去”战略，更多地与跨国企业、国(境)外院校开展合作办学，大力提升我国职业教育在国际上的影响力和在产业内的竞争力。

打破固有体制，发展境外教育。博仁大学的办学形式灵活多样，既有境内教育也有境外教育，为学生提供多样化的选择。中国职业教育作为同经济社

会发展联系最为紧密的教育类型，正在不断地凸显着其承担的重要社会责任和使命。企业走出去，人才必先行。教育部《高等职业教育创新发展行动计划(2015－2018年)》中专门提出“配合国家‘一带一路’倡议，助力优质产能走出去，扩大与‘一带一路’沿线国家的职业教育合作。主动发掘和服务‘走出去’企业的需求，培养具有国际视野、通晓国际规则的技术技能人才和中国企业海外生产经营需要的本土人才”。相比国内的本科院校而言，国内的高职院校在境外办学方面一直处于进展不大的相对落后状态。但这一状况在2016年得到了较大改变，先后有多所高职院校在海外建立了“鲁班工坊”，即职业教育领域的“孔子学院”。以笔者所在的重庆工业职业技术学院为例，2016年初，学校结合国家“一带一路”倡议，通过实施“一个平台、三个跟进”工程(一个平台——在海外建立“鲁班工作坊”；三个跟进——专业跟进、团队跟进、技术跟进)，紧随企业步伐，服务企业“走出去”的需求，与力帆实业(集团)进出口有限公司联合打造了俄罗斯“鲁班工作坊”，旨在在教育国际化的新要求下进行应用技术输出、专业人才流动、企业培训实施、创新人才培养等方面的国际合作，护航“渝新欧”国际铁路联运大通道，为企业海外发展提供人力资源保障和技术培训。随后，学校又在埃塞俄比亚建立了“鲁班工作坊”。中国现代职业教育配合国家“一带一路”倡议，着力支撑中国装备“走出去”同国际产能合作，努力地将自身优秀职业教育成果输出，同外界分享，着力构建起中国职业教育与世界对话、交流的有力通道。同时我们必须注意到，当今中国职业教育的国际化发展已经从中低水平国际交流合作，开始向中高水平的国际交流合作过渡。教育跟着产业走，高等职业教育要同国家海外利益相适应。在“一带一路”贸易增长的背景下，国际化人才需求增大必将成为趋势，从而为高等职业教育的国际化营造良好的环境。我国高职院校同“一带一路”沿线各国展开的政策对话，不仅凝聚了各方共识，也为合作办学、拓展学生境外就业、推动人文交流提供了良好机遇。近些年来，我国的高职教育在积极推进同企业合作的人才培养模式改革中，办学水平也在不断提高，尤其在技术技能型人才培养方面积累了较为丰富的经验。在加强沿线经济体基础设施建设、实现互联互通的进程中，由于我国在相关领域内有成熟的技术经验，相关制造行业可以很好地承接沿线国家及地区的基建工作，这样一来，既有效化解了国内目前相当一部分产能过剩的问题，也可以为对应的从业人员实现海外就业提供机会；同时，有利于加快沿线国家的基础设施建设，推进发展速度，提升当地民众的生产生活水平。现阶段的高等职业教育，必须围绕基础设施建设的相关制造行业，以“走出去”的方针作为战略指导，扎实稳步推进产教融合、校企合作，大力培养能够更好对接产业的优秀技术技能复合型人才，加强对从业人员的教育和培训，为国家“走出去”的宏观战略提供有力的支撑。

研究相关国家国情，输出优质教育资源。“知彼知己，百战不殆。”博仁大学十分重视与合作院校之间的交流，每年都要召开合作院校会议，前往合作院校访问，了解合作国家的最新政策动态，研究校际合作办学中出现的新情况、新问题，不断加深双方的理解和信任。情况清，才能方向明。中国“一带一路”倡议所涉国家众多，社会制度不同，经济社会发展状况差异较大，既有处于要素驱动发展阶段的，也有处于效率驱动发展阶段的，还有处于创新驱动发展阶段的。中国高职院校应当借鉴博仁大学的做法，组建深入研究“一带一路”国家和地区情况的专家队伍，拟订专门的研究项目，搜集职业教育数据，形成专题数据库，长期追踪发展状况及发展趋势，构建专业服务平台，为职业教育“走出去”提供科学咨询和决策服务。学校师生要勇敢地“走出去”，不断加强加深与境外合作院校的交流探讨。2016 年，教育部首次将“国际影响力”指标纳入高等职业教育年度质量报告。其中“非全日制国(境)外人员培训量”“在校生服务‘走出去’企业国(境)外实习时间”“专任教师服务‘走出去’企业国(境)外指导时间”等多项指标都强调了“借船出海”，努力依托“走出去”的项目，向他国输出我国的优质高职教育资源，从而更好地扩大学校国际影响力，同时保证优质资源输出。现实情况是，“一带一路”沿线多数国家的职业教育基础薄弱，相关领域的配套设施还相对落后，产教融合程度很低，因此也对高质量的职业教育有着非常旺盛的需求。学校可以实施“跟随战略”，跟随合作企业走出国门，结合自身办学特色和条件，设立境外分校。做到企业发展所到之处，就是职业院校跟进的需求突出之处，随之跟进的还有职业培训基地的建设。为走出去的国内企业设立发展中国家职业技能培训站，为当地企业员工、在校学生提供技术培训，培养新一代产业工人。这既能为我国在海外的企业节约劳务成本，又可以开发和利用海外高性价比人力资源。近年来，重庆工业职业技术学院积极响应国家“一带一路”倡议，实施“跟随战略”，为合作企业力帆实业（集团）进出口有限公司在俄罗斯、埃塞俄比亚建立“鲁班工作坊”，为企业培养当地员工，助推企业走出国门。

运用现代信息技术，做实境外办学内容。博仁大学在办学活动中，十分重视现代信息技术的应用，让学生在学习和生活中感到人工智能时代信息技术无处不在的强大力量。中国高职院校境外办学的主要任务，应当包括适应输入国经济社会发展需求的技术技能培训；中国国家职业资格培训；所在国职业院校师资培养培训；与中国职业院校相近层次的学历教育。以工程实践创新项目为核心理念和主线，配置教师、教研场所。环境设计应当充分体现中国与所在国在传统文化层面的交融交流，也要反映出现代中国职业教育教学的组织理念，凸显职业教育在校企合作、国际合作方面的成果，呈现出在“互联网＋”时代，智能制造作为教学载体的实际应用。在开展教学过程中，选用中国职业院校开发的双语教材，在组织实施和开发教学项目时充分考虑专业特点，共同开发；甄选外方职业院校的专业骨干教师，并由中方的教师对其进行技术培训和现场指导，特别是要充分运用现代化的教育信息技术手段，搭建现场音视频多媒体通道与建设国际化微课程网络平台，使双方师生的互动交流和教学研讨成为常态。中方既可以培养出一批优秀的双语“双师”骨干，又可以提高自身的教学管理国际化水平，实现中方职业教育更加开放、优质资源更好共享，从而探索出一条具有中国特色的职业教育国际化发展道路。

（三）大力实施“引进来”战略，深化改革，走开放型办学之路

博仁大学高度重视吸引世界各地的留学生，不论期限长短，一律提供热心周到的贴心服务。中国“一带一路”倡议的实施给国内高职院校提出了新的更高要求。高等职业院校要紧紧跟随国家战略，编制切合本校实际的国际化发展规划和具体可行的工作计划，服务“一带一路”建设。在大力实施“走出去”战略的同时，学习借鉴博仁大学的做法，深入实施“引进来”战略，吸引境外学

生来华留学，使他们通过在华学习通晓中国语言，学习中国文化，了解中国国情，结交中国朋友，增进双方感情，从而推助中国企业走向海外更顺利、更持久、更有成效。

结合职教优势，打造特色专业。博仁大学十分注重发挥学校的专业特色，深耕细作，发挥语言优势，为中国等国家的学生量身定制培养方案，让学生进得来、留得住、学有所成。《国家中长期教育改革和发展规划纲要（2010－2020年）》中要求进一步扩大外国留学生规模，《留学中国计划》提出到2020年，使中国成为亚洲最大的留学目的地国家。与本科院校相比，高职院校在招收留学生方面一直处于劣势。要想尽快打破这一被动局面，就必须更加解放思想，采取更加灵活的方式。职业教育与企业联系十分密切，而随着中国企业的海外发展，更多的就业机会将吸引留学生来华学习职业技能。针对泰国、越南等国家，可以考虑为其开设汉语课程的高中对接合作，录取已有一定汉语基础的学生来华学习职业技能，将其培养成为具备多种语言能力的技术技能人才。在“一带一路”倡议背景下，沿线国家的国民对汉语的学习热情正在持续升温。以泰国为例，在诗琳通公主的带领下，泰国掀起了一股学习中国语言文化的热潮。泰国博仁大学在2015年成立了首家海上丝绸之路孔子学院。“汉语热”使得对外汉语专业成了香饽饽，国内多所高等学校均有开设。尽管高职院校开设这一专业并不普遍，但仍具有可操作性。一方面，学校可以在计划内培养国内学生从事初级、中级的对外汉语教学，并派出学生赴泰国等“一带一路”沿线国家进行短期实习、游学访问；另一方面，学校可以招收留学生来校进修，利用汉语研修、短期培训等方式提供对外应用汉语教学，并结合职业院校优势，强化专业技能，打造“双证”模式，即取得汉语等级证书和技能等级证书，提升留学生的国际化水平，让留学生在世界这个“地球村”能够就业立业、大显身手。

引进优质资源，提升教师素质。优质的师资资源始终是引领学校教学质量的关键。高学历、高水平、高素质的师资，是博仁大学吸引世界各地留学生的一张靓丽名片。尽管中国的高职教育并不是一味标榜教师的高学历，但在教育国际化的进程中，我们还是应当充分吸取博仁大学的办学经验，注重培养具有国际化视野的优秀教师。一方面，通过国家级、市级、校级等各个层面的项目，为教师提供更多在海外研修、顶岗实习的机会，学习借鉴海外优质院校的教育教学改革经验，由此引进国外先进的教育理念和教育资源，培养一批能够使用中文和英文双语进行专业授课的教师团队。另一方面，可以通过引进境外优质职业资格证书，提升教师的语言水平及专业能力，针对职业院校的专业设置，探索开设符合专业所对应行业与企业人才需求的课程体系，使课程内容符合岗位能力需求，构建以能力为本位的课程内容体系，从而提高学校整体专业建设水平及教学质量，确保高素质技术技能型人才培养目标的实现。此外，学校也可以通过引进海外的高层次人才，根据专业发展定位，联合改革人才培养方案，联手合作进行科学研究。借鉴国外职业院校教师聘任的通常做法，大量聘请来自行业企业的优秀人才进入兼职教师队伍，通过引进和聘请国（境）外职业教育优秀教学、科研、技能及管理人才进入学校专职和兼职教师队伍，优化学校师资队伍结构，服务学校可持续发展。

加大经费投入，优化服务管理。博仁大学十分重视多渠道筹措办学经费，尤其是通过提供无微不至的服务，赢得学生及家长的良好口碑，从而增强学校的吸引力和凝聚力，不断扩大生源，增加办学经费。中国的高职院校中，外国留学生奖学金制度是扩大学生来华留学的一个主要途径。尽管《留学中国计划》中指出保证中国政府奖学金的规模稳定增加，但高职院校的留学生获得政府奖学金的仍为少数。地方财政在这方面的经费投入也不足。学校应当考虑通过自筹或社会渠道，为优秀的留学生提供校内奖学金，鼓励企业捐资设立来华留学奖学金并参与人才培养方案制订，招收国外学生来华进修、培训，最终形成外向型企业、中方院校、外方院校及学生多方共投共赢的良性循环。积极探索类似“订单班”的培养模式，这不仅能够吸引更多留学生，还能提升他们学习的积极性。在留学生的管理模式上，要强化来华留学生与中国学生的趋同化管理，帮助留学生了解中国传统文化及国情，使其能够客观了解中国社会发展状况。同时为在校留学生提供更加丰富的课余文化生活，加强社会实践环节，使留学生更多地了解中国国情，更加真切地体验中国文化，在感情深处更加热爱中国人民。学校应认真学习博仁大学的精细化、人性化管理模式，坚持以学生为中心，切实增强社会化服务意识，将服务学生的意识贯穿始终。比如，可以增加食堂餐饮的供应品种，为留学生准备一些家乡风味的饭菜，让他们在一解思乡之苦的同时，有更多美食可供享用。高等职业学校要将国际化体现在办学活动的各个方面、各个细节之中，从而加速推进我国高等职业教育的国际化进程。

参考文献：

[1] 庞世俊，柳靖.职业教育国际化的内涵与模式[J].职教论坛，2016(25).
[2] 吴国东，汪翔.重庆高校国际化现状及对策[J].中外企业家，2015(22).

（作者：徐兴旺　李颖）

第三编

教育行政法治问题研究

依法治校应当处理好的几个关系

适应全面推进依法治国的要求，实施依法治校，规范学校管理，提高学校的管理水平，在实践中，必须认真处理好以下几种关系。

一、党委与行政的关系

中华人民共和国成立以来，我国学校的领导体制历经多次变革，在中小学一般实行校长负责制，在高校实行党委领导下的校长负责制。在当今新时代，要以习近平新时代中国特色社会主义思想为指导，贯彻全国教育大会精神，坚持党对学校工作的全面领导。在高校，党政关系处理得好不好，关系到学校的安定团结，关系到学校的改革发展。党委是高校的政治领导核心，要总揽全局，把好方向，抓好大事，出好思路，管好干部。校长执行党委的决定，负责学校的教学、科学研究和其他行政管理工作。学校党政虽然具体职责不同，但总的目标是一致的，即贯彻落实党和国家的教育方针，全面推进素质教育，为社会主义现代化建设培养各级各类人才。因此，学校党政必须坚持党对学校工作的全面领导，既要各司其职、各负其责，又要互相尊重、互相支持，做到党政上分，思想上合；职责上分，工作上合；制度上分，关系上合，共同把学校办好。在高校，党委作为学校的领导核心，应当加强对学校工作的全面领导，要支持校长依法行使职权。校长要尊重党委对学校行政重大问题和重要事项的决策权，要坚持学校行政工作中的重大问题和重要事项由校长为首的行政领导班子负责提出工作意见和方案，然后提交党委会集体讨论决策的制度。

二、管理与服务的关系

现代学校管理制度的一个基本理念，就是将学校的核心功能定位于保证和不断改进对学生及相关消费者的服务，建立起“教育就是服务”的管理机制。自从国家确立社会主义市场经济体制以来，尤其是中国加入世界贸易组织以来，教育成为服务业，在学校管理中，把学生及其家长视为学校外部“消费者”，把学校的教职工视为学校内部“消费者”。从这个角度出发，学校的管理活动也应该渗透很强的服务性质。以往我们的学校在这方面的意识比较差，对于学生、教师向来是以管理者的身份出现，重管理轻服务，服务意识比较淡薄，在管理方式、管理态度、管理范畴等方面出了不少问题，还有过一些惨痛教训。应该说，人是学校管理活动的核心，学校内部的一切管理活动以及运行的根本机制，都是为了有效地调动学校管理系统中各类人员的积极性。要使学校的管理活动产生最大的效益，就必须处理好管理与服务的关系，坚持以人为本，以学生为中心，把服务作为管理的出发点和落脚点，在管理过程中提高服务意识，体现服务精神，落实服务措施。事实上，我们可以把学校这个母系统分为三个子系统：技术、管理、机构。技术子系统（成员为教师）的服务对象为学生和家长，管理子系统（成员为后勤管理人员）的服务对象为教师和学生，机构子系统（成员为学校校级和中层管理人员）的服务对象为全体教职工，而学校母系统的服务对象为学生、家长。应该说，整个学校服务构架不是一座金字塔，而是同心圆，学生是圆心，外圆是教师，再外圆是后勤和干部。无论是哪一个层面，都要以“服务管理”的心态，通过真诚和有效的服务，使服务对象觉得自己被理解、受欢迎、受重视，觉得学校环境令人愉悦，才能使广大师生充满激情、努力工作、奋发学习。

三、权利与义务的关系

学校不是行政机关，不具有行政管理职能，但是，学校作为依法成立的实施教育教学活动的专门机构，为完成其立德树人、培养人才的基本职能，根据法律的授权，依法享有不同于其他社会组织的特定的权利，并承担相应的义务。

学校的权利是学校为了实现其办学宗旨，独立自主地进行教育教学管理，实施教育教学活动的资格和能力，即通常所说的办学自主权。根据《中华人民共和国教育法》的规定，学校及其他教育机构享有如下权利：按照章程自主管理；组织实施教育教学活动；招收学生或者其他受教育者；对受教育者进行学籍管理，实施奖励或者处分；对受教育者颁发相应的学业证书；聘任教师及其他职工，实施奖励或者处分；管理、使用本单位的设施和经费；拒绝任何组织和个人对教育教学活动的非法干涉；法律、法规规定的其他权利。学校上述的合法权利如果受到侵犯，国家将通过行政、司法等手段给予维护。

学校的权利，在本质上是一种公共权利，学校在行使这些权利时，必须符合国家和社会的公共利益，必须贯彻国家的教育方针，遵守法律法规和国家主管部门的规定，不得违反规定滥用权利、损害社会公共利益、出现严重的渎职行为。如果学校侵害了受教育者、教职员工的合法权益，就会受到相应的处罚。这就是说，权利和义务是对等的，没有不履行义务的权利，也没有不享受权利的义务。学校在依法行使管理权的同时，必须承担相应的法定义务。

学校的义务，就是学校依法应当承担的责任。根据《中华人民共和国教育法》的规定，学校及其他教育机构应履行下列义务：遵守法律、法规；贯彻国家的教育方针，执行国家教育教学标准，保证教育教学质量；维护受教育者、教师及其他职工的合法权益；以适当方式为受教育者及其监护人了解受教育者的学业成绩及其他有关情况提供便利；遵照国家有关规定收取费用并公开收费项目；依法接受监督。上述法定义务，对于规范学校的办学行为，促进学校教育教学活动的有效实施，提高教育教学质量，有着十分重要的意义。

这里需要强调的是，在传统的计划经济条件下，学校过多地强调自己的管理权利，忽视了学生、教师和学生家长应当享有的权利。而在今天我国加入WTO、建设社会主义市场经济的条件下，教育已经属于“服务业”的范畴，学校一定要实现由学生管理者到教育消费提供者的角色转变，明确自身服务者的身份地位，从管理本位转向服务本位，充分尊重学生、教师和学生家长的合法权益，为学生提供优质的教育服务，努力办好让人民满意的教育。

四、继承与创新的关系

我国学校管理具有悠久的历史积淀和丰富的内涵，其中既有合理成分，也有消极影响。我们必须运用辩证唯物主义和历史唯物主义的观点和方法，对传统的教育管理思想和方式进行甄别，辩证地“扬弃”，去粗取精，去伪存真，充分吸收学校管理中长期积淀下来的精华，为我们今天的学校管理服务。

传统的学校管理的合理因素主要表现在：以人为管理的本位，高度重视人在管理系统中的作用，形成一种依靠人际关系、上下级和谐的感情来调节的管理方式；主张将实现个人价值与学校的整体发展、与国家人才培养目标结合起来；主张学校管理者对学生、教师有绝对的领导权威。这些管理方式长期以来对各级各类学校的管理产生了重要影响。改革开放以来，各级各类学校的管理水平有明显的提高，一些学校解放思想，大胆探索，积累了一定的经验。有的学校还根据时代发展的要求，结合自身实际，大胆引进国际上已被实践证明的成功的学校管理机制，进行管理制度和管理模式的创新，已经或者正在形成自己的管理特色。对于在实践中探索出的成功做法和宝贵经验，我们一定要认真进行总结，大力推广，发扬光大。

但是，我们更应该看到，在我国加入 WTO、深入推进社会主义市场经济建设的新的时代背景下，学校管理水平还存在较大的差距，与时代的要求不适应。传统的学校管理的消极影响，如盲目崇尚领导，不尚民主；管理活动缺乏透明度，缺乏纠错机制，缺乏教职员工的广泛参与和有效监督；重人治，轻法治，过分强调道德的约束机制，忽略了学校管理体制中他律的作用等，在我们一些学校的管理中依然存在。具体表现为：在管理内容方面，注重硬件投入，忽视软件建设；在管理职能方面，“控制”痕迹过重，“服务”意识不强；在管理活动方面，部分学校过于看重校长与管理人员的作用，相对忽视了学生、教师和家长的主体作用；在管理机制方面，不少学校还处于“闭门办学”状态，对外开放的力度还不够大。因此，我们必须树立服务意识、质量意识、市场意识、竞争意识、规则意识和开放意识，大力推进学校管理创新。

创新，是新时代“五大发展理念”之首，是一个民族进步的灵魂，是国家兴旺发达的不竭动力，也是中华民族最深沉的民族禀赋。当今时代，科技进步日新月异，国际竞争日趋激烈。各国之间的竞争，说到底，是人才的竞争，是民族创新能力的竞争。教育是培养人才和增强民族创新能力的基础，在培养民族创新精神和培养创造性人才方面，肩负着特殊使命。学校是培养和造就高素质的创造性人才的摇篮，是认识未知世界、探求客观真理、为人类解决面临的重大课题提供科学依据的前沿，是知识创新、推动科学技术成果向现实生产力转化的重要力量，是民族优秀文化与世界先进文明成果交流的桥梁，应该成为新知识、新思想、新理论的摇篮。各级各类学校要树立创新意识，开展创新研究，总结创新经验，明确创新要求，建立创新体系，增强创新能力。

学校创新，最重要的是学校管理的创新。学校管理创新是学校各项工作创新的先导和根本。各级各类学校的管理者要与时俱进、勇于开拓，不断创新学校管理工作。要大力推进观念创新。树立新的教育价值观，教育是实践习近平新时代中国特色社会主义思想的重要方面，加快教育发展，培养高素质人才，是新时代贯彻落实习近平总书记关于教育的重要论述的第一要务。要树立新的教育质量观，大力实施科教兴国战略，不断提高教育质量。树立新的教育投资观，教育投资是兼具消费性和生产性的投资；要大力推进体制创新，建立符合新时代要求、有利于教育改革与发展的教育体制；要大力推进制度创新。建立目标管理制度，按照长期、中期、短期目标进行管理。建立教育评价制度，及时总结推广经验，有效反馈和矫正问题；要大力推进机制创新，建立教育与经济、科技共生机制，建立依靠教育培养人才、依靠人才掌握和创新科技、依靠科技振兴经济的良性循环机制；适应互联网时代新技术革命的要求，大力推进模式创新，适应人工智能时代的要求，创新线上教学模式和人才培养模式，造就大批高素质劳动者和专门拔尖人才。

（作者：徐兴旺）

论教育行政的适度干预

教育行政是国家行政的重要组成部分，是教育行政主体在中国共产党的领导下，对教育改革与发展实施组织、管理与监督。改革开放40多年来，教育行政部门积极有效地行使教育行政权，推动了教育改革与发展，使中国教育实现了历史性的跨越，正在稳步迈向现代化。但我们也应该看到，当前教育行政权的行使中还存在着越位、错位和缺位等诸多问题。

一、时代呼唤适度干预

革除教育行政越位、错位和缺位的痼疾，实行适度干预，提高行政自控能力，是新时代深化行政管理“放、管、服”改革和教育行政管理“管、办、评”分离改革、实现教育行政从“管理”走向“治理”、实现教育现代化的必然要求。

教育行政在多大程度上，用什么手段对学校及其他教育机构的办学活动进行干预？一般说来，有三种情况：一是“过多”干预，二是“过少”干预，三是“适度”干预。“适度”既包括干预范围的适度，又包括干预手段的适度。二者在实践中表现为行政手段和法律手段。从主导方面来讲，在全面推进依法治国的新时代，应当全面贯彻习近平新时代中国特色社会主义思想和关于教育改革发展的重要论述，强调干预范围和方法的法定，从而有效地避免干预的随意性。

二、何谓适度干预

适度干预，是指行政主体在充分尊重管理相对人依法获得的权利的前提下，进行正当而谨慎的有效干预。

正当干预，是适度干预对行政主体的最基本要求。它要求行政主体对管理相对人及活动的干预必须依据法律，不得与法律相抵触，也不得在法律无授权的情形下擅自干预。首先，行政干预必须在法律规定的范围内进行。政府的全部活动应该先确定并有公开规则的制约，这些规则能使人们明确地预见到在特定情况下管理者如何行使强制力，以便根据这些认知，规范自身的行为。因此，行政主体只能在法律事先确认的管理相对人违规的范围内进行干预，不得随意扩大。其次，行政干预必须依据法律规定的程序进行。现代行政已经开始关注程序的法治化建设，强调行政干预的程序化运作。只有通过严格的程序限制行政干预，才能实现行政决策的科学化、民主化、规范化，避免行政干预负作用的发生。最后，行政干预必须符合法律规定的方式。行政干预往往要综合运用多种手段，在运用法律手段的同时，兼用必要的行政手段等。但是，为尊重管理相对人依法取得的自主权，确保行政干预的有效性，正当干预要求行政管理主要采取法律手段，通过间接的宏观调控，规范和影响管理相对人的行为。

谨慎干预，是对行政干预更高层次的要求。它要求行政机关在行使自由裁量权进行干预时，应当谨慎从事，尊重教育发展的普遍规律，尊重教育管理对象身体、心理发展的特点，不可因干预而压制管理相对人的自主性与创造性，阻碍了事业的健康、持续发展。具体指：行政干预不可取代管理相对人的主体地位。行政干预作为一种强制性的外部力量，不可擅自扩大干预的边界，只有在管理相对人违规时才介入，具有辅助性。因而，凡是管理相对人能够有效解决的，行政就不必介入，只有在管理相对人违反了法律法规的规定，行政才进行干预、纠正。行政干预应当考虑管理成本，提高管理效能。行政干预是预测、决策、执行、检查、监督等行为的综合，是信息的收集、储存、加工、输出、反馈过程，需要支付一定的行政成本，这是行政干预应当考虑的因素之一；行政干预不能违背法律所追求的公平、效率等价值目标。法律原则即是规则和价值观念的汇合点。行政适度干预应当是规则的基础，是运用规则维护秩序、保障公平、推进事业持续健康发展的价值目标的体现。因此，谨慎干预决不能违背规则的价值目标，它要求行政干预以维护秩序为出发点和归宿，要求行政主体在公平兼顾管理相对人利益和社会整体利益的基础上，实施有效的干预。

我国正处在新时代经济发展的转型时期，正在经历百年未有之大变局，教育行政要做到严格按照正当干预和谨慎干预，对学校和其他教育机构的办学活动进行适度干预并非易事。首先，是观念的滞后。适度干预要求教育行政主体树立依法行政的理念，依据法定范围、程序及手段，正当地干预学校和其他教育机构的办学活动。然而由于长期人治传统和计划体制形成的"政府万能"的观念，我国一些地方的教育行政部门缺乏依法行政的理念，在干预学校办学时，考虑自己的行为是否合法不够，"婆婆"意识仍然存在，落实学校和其他教育机构的办学自主权口惠而实不至；有的教育行政部门服务意识淡薄，习惯于使用超越法律规定的行政命令干预学校和其他教育机构的办学活动。从而在一定程度上增加了贯彻教育适度干预的难度。其次，是教育行政自身的阻力。适度干预还需要教育行政部门依据行政管理的内在运行规律，以教育公平、教育效率以及教育稳定为目的，进行谨慎干预。可是，由于教育改革的滞后性，教育行政职能的转变还未达到预期目的，出现了职能错位。主要表现为教育行政对学校和其他教育机构办学活动的干预出现了过度与不足并存的紊乱状况。一方面，教育行政大量介入其不该管而又管不好的方面，尤其是某些本应由学校和教育机构管理的微观层次的事情，行政干预过度；另一方面，那些属于教育行政职责范围内的事情，又由于经费得不到保障、行政不作为等而没有去管或没有管好，干预不足。这些行政主体自身的问题既挫伤了学校和其他教育机构办学的积极性，又导致了行政干预的效率不高和难以兼顾教育公平、教育效率乃至教育稳定的弊病，从而使谨慎干预的效果被打折扣。

三、怎么适度干预

那么，教育行政部门应当如何做到适度干预学校和其他教育机构的办学活动呢？

一是要把行政干预关进制度的笼子。加强法律对行政干预的规制，针对有的教育行政部门缺乏依法行政的意识，必须建立一整套法律制度，规范行政主体干预学校和其他教育机构办学，包括主体资格认定、干预范围、程序、手段、力度等，使行政干预法治化、规范化。要着重加强对行政干预程序的法律规制，要求教育行政部门在教育决策和管理中必须按照法定的步骤和方式进行。

二是要重塑教育行政职能。在理顺学校及其他教育机构与政府的关系的基础上，厘清教育行政的职能和边界，以确保谨慎干预。针对有的教育行政部门职能错位，纠正原有的错位的教育行政职能。要增强宏观调控职能，把属于学校和其他教育机构的办学自主权还给学校和其他教育机构，使其真正成为依法自主办学、自我发展、自我约束的法人实体；把教育活动中的社会服务性及某些执行性、操作性职能转移给教育中介组织，防止行政干预过度造成行政失灵。

三是要加强对教育行政权力的监督与制约。针对我国目前有的教育行政主体滥用权力、违背程序、干预严重的状况，要把行政干预纳入法治轨道，尤其要加强对干预主体的法律规则，以权力制约权力，让具有监督权的主体对行政部门干预办学是否依法、是否合理，进行事前审查或事中、事后监管。

总之，适度干预是教育行政主体从“管理”迈向“治理”，实现教育现代化的必然要求，是依法治教、依法行政对国家干预办学活动提出的内在理性要求。要通过教育行政的适当干预，坚持有所为、有所不为，提升教育行政的科学决策、有效管理能力，及时纠正权力下放后可能出现的教育行政调控权威下降和调控能力弱化的情况，保障教育事业持续、健康发展。

（作者：徐兴旺）

论教育行政权的有效行使

教育行政权是国家行政权的重要组成部分，是教育行政主体对教育改革与发展实施组织、领导、管理与监督的权力。教育行政权的行使，是教育行政主体运用国家教育权力对教育事业进行管理的活动。国家教育权力的产生是国家对教育进行必要干预的需要，是国家依法控制教育的结果，这种权力主要表现在国家对教育资源的掌握和控制上。教育行政权的行使有自身的特点。教育行政权行使中存在一些问题，亟待进行研究和采取措施解决。

一、教育行政权行使的特点

教育行政权的行使，除了具有一般行政权行使所具有的执行性、命令性、规范性、程序性等特点外，还具有自身的特点：

（一）行使主体的多元性

教育行政权的行使主体，除教育行政主管部门外，还有人力资源和社会保障、发展与改革、财政、税务、卫生健康、规划、城乡建设、市场监管等部门。

（二）行使对象的特殊性

教育行政管理的对象涉及许多方面，就学校而言，有大学、高级中学（含中职学校）、初级中学、小学、幼儿园；就教师而言，有大学教师、普通高中教师、中职学校教师、初中教师、小学教师、幼儿园教师；就学生而言，有研究生、大学生、高中生、中职生、初中生、小学生和在园幼儿。而学生中绝大多数是未成年人，是无民事行为能力人或者限制民事行为能力人。

(三)行使过程的协同性

教育行政权是由不同的行政部门分别行使的,一般性教育行政管理权尤其是教育教学管理权由教育部门行使,教育费附加由税务部门负责征收,教育费附加资金的管理和教育经费拨付由财政部门负责,等等。因此,要实现教育改革与发展的目标,必须与教育相关的各个行政部门相互支持、协同配合,才能使教育行政管理收到实效。

(四)行使手段的综合性

教育行政管理对象的特殊性,决定了教育行政权介入的谦抑性。教育行政执法是具有管理特点的执法,既有刚性更有柔性,强调的不是强制的力量,更多的是通过一种说服、教育的方式,因而不同于其他行政部门执法注重惩罚性,教育行政权的行使更加注重教育性和人本性,既有管理也有处罚,主要是鼓励、引导和指导。

(五)行使监督的广泛性

教育涉及千家万户,关乎国家的前途命运,因此,教育行政权行使的正确与否,以及对学校的教育教学质量监管是否到位,必然会受到党委、人大、政府、政协、上级主管部门、新闻媒体、社会各界和人民群众的广泛监督。不同职业、不同阶层的人都会从不同角度、不同方面、不同层次作出不同的评价。对有的教育状况的评价,不同主体的评价结果还可能仁者见仁、智者见智,差异比较大。

二、我国教育行政权有效行使中存在的主要问题

教育行政权的有效行使,就是教育行政权的行使要符合国家的法律法规,符合国家的教育方针政策,符合教育发展的一般规律,符合行政管理的根本要

求，完成国家规划的教育发展任务，达到教育事业发展的目标。教育行政权的有效行使，从法学和行政学的意义上，指教育行政权行使的合法性、合理性和效能。长期以来，国家制定的法律法规和教育方针不能得到有效的贯彻落实，教育行政权在行使过程中存在如下主要问题：

(一)主体不明

一是政府的角色不明确。政府作为公办学校的举办者、投资者、管理者、评价者，角色混同。二是政事不分。教育行政部门“越位”，干了教育事业单位或者教育中介组织应当干的事情。三是地方教育行政机构称谓混乱，有的名不符实。如京、津、沪、渝4个直辖市教育行政部门称教育委员会，其他省、自治区称教育厅。四是议事协调机构设置随意，管理混乱。议事协调机构只见成立，不见撤销，各种“领导小组”及“办公室”形成多头式管理，采取运动式、突击式、一窝蜂的工作方式。

(二)有法不依

依法，是教育行政权有效行使的根本，而实践中的有法不依，使教育行政权有效行使失去了基础。首先是法治观念淡薄，一些地方教育行政部门的公务员特别是个别领导干部的宪法意识和法治观念淡薄，长官意志浓厚，存在官本位习气；有的教育行政违法，表现在有的适用法律法规错误；有的违反法定程序等，在行政管理中超越职权、滥用职权、行政失职；有的教育行政权力运用不当，表现在目的不良，在教育行政权的行使过程中，基于个人或者小团体利益明知自己的行为违背或者偏离法律、法规的目的或者原则，仍作出不当的具体行政行为，教育行政官员违法乱纪被查出的讯息，不时见诸报端。

(三)程序不当

长期以来，在教育行政执法中“重实体、轻程序”的现象一直存在。如行政程序错误、缺少法定步骤、超过法定时效、不满足当事人的听证要求、不对管理相对人的信访在法定期限内书面回复等，不同程度地剥夺了管理相对人、利害关系人的知情权、参与权、表达权和救济权，侵害了管理相对人的合法权益。如，某艺术学校6名学生状告某市教育行政机关行政不作为，某市教育行政机关被人民法院判决败诉。

（四）监督不力

教育行政权行使监督机制不完善，防范措施不严密，滥用教育行政权，越位、缺位、错位现象仍然存在，监督乏力。缺乏对教育行政监督的公正评价机制。目前对我国教育行政实施的一些评价方法，缺乏公正合理的体制机制保障，无论是督政还是督学，基本上不分层次、类别、性质，都用“一把尺子”去衡量；缺乏对教育行政监督的法律规定，实践中产生的行之有效的监督形式尚未被法律确认并加以规范，现行的教育管理体制存在条块分割的弊端；人大、政协、司法、社会监督等教育行政外部监督不力，而教育行政内部监督不够，监督办法较少，手段不多，成效不明显。

（五）素质不高

我国教育行政部门的绝大多数公务员素质较高，不忘初心，牢记使命，执政为民，服务发展，为教育事业的发展作出了宝贵的贡献。但是，毋庸讳言，教育行政机关的极少数公务员素质还比较低，存在着“勾兑”“踢球”“折腾”“利己”“刁难”五大余毒，官僚主义、形式主义、怠政懒政、推诿扯皮，败坏了教育行政机关的形象，影响了教育行政权的有效行使和公信力。

（六）机构缺位

法治工作机构缺位。一方面，除教育部、各省（自治区、直辖市）建立了专门的法治工作机构外，不少区县的教育行政部门没有设立专门的法治机构，即使个别地方设立了，作用也发挥得不够好；另一方面，由于教育行政执法经费保障不力，教育行政部门基本没有设立专门的执法大队，致使执法工作难以顺利进行，教育法律法规成了“软法”“水法”。

（七）立法滞后

教育行政立法滞后，使教育行政权的有效行使面临诸多尴尬：有些方面无法可依，至今没有一部行政程序法，更没有一部教育行政程序法，致使教育行政执法程序长期缺乏法律规定；有些已出台的教育法律法规落后于教育行政实践，急需修订，如 1998 年 3 月 6 日发布实施的《教育行政处罚暂行实施办法》，一“暂”就是很多年；有的教育法律存在重大缺陷，如《中华人民共和国高等教育法》一直缺乏“法律责任”的规定；有的教育立法过于原则，操作性不够强，造成了行使自由裁量权中的处罚不公、处罚创收、裁量权运用不当、拖延履行法定职责等问题；有的法律法规缺乏配套，不够完善，某些法律法规之间存在矛盾，造成政出多门、难以协同，基层学校无从适应，难以应付；立法技术有待提高，我国教育法律描述性的定性语言过多，定量的规范偏少，对政府行为的规范比较空泛。

三、推进我国教育行政权有效行使的对策

（一）明确教育行政权行使的主体

政府是教育行政权行使的主体，是教育体系的构建者、教育公平的维护者、教育投入的保障者、学校运行和质量的监督者，应着重做好统筹规划、政策指导、组织协调、监督检查、提供服务等，确定校长任免、工资、津贴标准和奖罚，教师资格标准、基本工资标准，学校总编制、工资津贴总额。学校和其他教育机构是办学者，是教育行为的具体实施者，行使的主要是教育教学权而不是行政权，在教育、教学、研究、教职工聘任、津贴发放和教师奖惩方面享有自主权。高等学校根据法律法规的授权，享有招生、学籍管理、对师生的奖励和纪律处分、毕业证书发放和学位证书授予、教师职称授予等行政执法权。取得资质的社会第三方专业教育评价机构，享有对教育的评价权，对教育进行公开、

公平、公正的评价，对社会发布评价结果，同时接受社会的监督，独立承担评价结果的责任。

(二)进一步转变教育行政职能

加快教育行政职能的转变，限制行政部门对教育事业无所不至的干预。要从管制型政府转向服务型政府、从无限政府转向有限政府。教育体制改革是要深化"放、管、服"改革和"管、办、评"分离改革，坚决改革政府"包得过多，统得过死"的体制，改革办学体制，改变政府包揽办学的格局，大力支持和发展民办教育，逐步建立以政府办学为主体、公办教育与民办教育共同发展的格局。转变政府教育职能，要从宏观上把握行政部门权力利益化的体制根源，充分考虑行政体制构架中的"冲突"问题；要遏制部门利益、单位利益至上问题，加强对行政部门自由裁量行为的监督和控制；要适当对部门的决策权、执行权、监督权进行分离。

(三)公开教育政务

公众参与，是教育行政权行使的一项重要制度。阳光是最好的"防腐剂"。要公开教育行政权力的内容、边界、行使过程，完善公众参与机制，建立健全教育决策的专家咨询论证制度、公众参与制度、合法性评估制度，完善规范性文件的制定程序，实施规范性文件审查备案机制。为了强化政府公共管理职能，保证人民群众的知情权、参与权、表达权和监督权，应提高政府履行教育法定责任的透明度和公开性。省级教育行政部门和政府教育督导机构，应当以公示公报制度确保地方政府依法履行教育投入的责任。

(四)建立教育行政协同机制

针对教育行政权行使主体多元性的特点和部门之间协同不够好的问题，教育及相关行政部门应当相互配合，加强沟通与协调，提高教育行政权行使的效能。教育及相关行政部门应加强沟通。各部门要克服目标不一、各自为政的状况，建立联席会议制度，拓宽沟通渠道，形成既有共同目标，又有分工协作的工作局面；在教育法规政策制定前，先听取教育专家与有关部门的意见，使制定的法规政策具有较强的科学性和可行性。而在法规政策制定后，在实施中，则要加强“实践——各部门共识——再实践——各部门新的共识”的过程，以这样的沟通方式来提高工作效率。

(五)培育教育中介组织

教育中介组织，是不以营利为目的，介入政府与社会个体之间，为社会提供教育服务的非政府公益组织。它主要通过教育审议、咨询、评价和鉴定等手段参与政府与学校管理，包括教育评估院、教育科学研究院，教育的审议会、咨询会、评议(估)会、考试委员会、资格与证书鉴定委员会、家长委员会等组织形式。政府应当加强对教育中介组织的培育：政府应当从具体的教育事务中主动退出，如一些专业性较强的领域，从而扩大教育中介组织活动的范围；政府要维护教育中介组织的独立地位，改变随意干预中介组织自主权的做法，确保中介组织在机构设置、人员产生、经费筹措等方面的独立性；政府要通过授权和委托，使教育中介组织享有一定的管理权。教育中介组织要实现对教育事务的管理需要一定的权力，除了其自身所具有的组织性权力之外，政府分离出来的权力是其权力的主要来源；政府要给予财政上的支持，教育中介组织的独立性、民间性要求其经费来源主要应是其成员的会费收入，而不是政府的财政拨款，但由于教育中介组织承担一定的教育行政职能，政府应给予财政支持，包括财政拨款和税收支持；要提供应有的救济途径。目前我国的法律尚缺乏对教育中介组织法定救济途径的规定，应当加快立法步伐。

(六)完善教育行政权行使的监督机制

一方面，要完善教育行政权行使的外部监督机制。要加强立法监督，发挥人大的监督作用，减少部门立法，更多地委托机构和专家立法，增强立法的透明度和公信力；要加强司法监督，既包括检察机关的监督，如对教育职务犯罪举报的受理、审理和起诉(后来该职能移交给了监察委员会)等，又包括审判机关的监督，人民法院通过受理、审理教育法律纠纷，对教育及相关行政部门的行政行为进行监督；要加强执政党的监督，教育及相关行政部门要自觉接受中国共产党的全面统一领导，认真贯彻党的教育方针；要强化人民群众的监督，尊重和保障人民群众对教育改革与发展的知情权、参与权、表达权和监督权；要充分发挥新闻舆论的监督作用，对新闻舆论反映的问题，教育及相关行政部门要认真调查核实，依法及时处理；要高度重视网络监督，保障广大网民通过网络等现代信息平台监督政府。另一方面，要完善教育行政权行使的内部监督机制。要规范和完善教育行政层级监督机制，包括上级行政机关对下级行政机关的监督和政府各部门之间的监督；要完善教育行政执法监督机制，各级教育及相关行政部门的监察、审计、巡视机构要依法强化对教育行政执法机构及其工作人员的专项监督；要完善教育督导制度，强化督导力度。

（七）加强教育行政执法队伍建设

建立和完善教育行政执法机构。在省级教育行政部门设置专司教育行政执法的处室，在区县教育行政部门建立专门的教育行政执法大队，配置专职人员，集中执行教育行政处罚决定，对教育行政执法进行监督，改变教育行政执法的散乱、软弱状况。要完善资格管理制度，在招录教育行政公务员时应注重对其法律知识的考查，对教育行政执法人员实行严格的资格管理制度，强化管理的整体性和统一性，以利于综合评价、考核与监督。要加强专业知识培训，持证上岗、亮证执法，目前的教育行政执法人员就其知识水平，无法充分有效开展教育行政执法工作，而补充新的合格的教育执法人员需要一个较长的过程，所以对现有的教育行政执法人员加强培训，提高其业务素质是最好的解决办法。

（八）创新教育行政执法制度

法律的稳定性、普遍性和统一性，使其具有经济手段、行政手段不可替代的优势，作为社会的制度性力量，可以为教育行政执法制度设计提供稳定、强制的保障。要按照建设服务政府、责任政府、法治政府和效能政府的要求，用法治手段解决教育行政权行使中存在的问题，用制度管权、管事、管人，才能改变教育行政权行使中容易出现的随意性，使教育行政权的行使规范化、法治化，从而提高有效性。要积极探索建立教育行政执法的责任清单和负面清单，建立教育行政执法岗位责任制度、教育行政执法公示制度、教育行政处罚程序制度、教育行政复议实施办法、教育行政执法举报投诉制度、教育行政执法过错责任追究制度等教育行政执法制度，完善教育行政执法机制，使教育行政权的行使做到权责一致、决策科学、执行顺畅、监督有力，不断提高教育行政权行使的有效性。

（作者：徐兴旺）

中国教育依法行政40年的回顾与反思[①]

中国进入了全面推进依法治国的时代。依法治教是依法治国的重要组成部分。2018年是改革开放40周年,40年来中国的教育发展为国家经济社会的沧桑巨变提供了强大的人才支撑、知识贡献和智力支持。其中,作为教育事业前线指挥的中国教育行政,在中国共产党的领导下,走过了一条怎样的治理之路、历史演进具有哪些特征、取得了哪些主要成就、存在什么主要问题、发展趋势如何?这值得我们教育法学研究者和教育行政管理者回顾、反思。

一、教育行政的发展历程

中国当代教育行政40年来的发展历史,是教育行政机关在国家依法治国的时代背景下,在法治的轨道上不断迈向依法行政的历史,是教育行政在逐步完善的法治框架下不断深化改革,从“管理”到“管理与办学相分离”,再到“管理、办学和评价相分离”的历史,是教育行政管理艰辛探索、不断迈向现代化的历史。

改革开放40年来,我国教育系统依法行政的历史进程大体上可以分为3个时期。

(一)教育行政开始迈入法治轨道时期(1978—1992年)

1.开启教育立法的进程,政府开始运用法律手段管理教育。

1980年2月12日,第五届全国人大常委会第十三次会议通过了中华人民

① 本篇文章的研究时间截至2018年。

共和国第一部教育类法律——《中华人民共和国学位条例》，尽管它先于教育的基本法《中华人民共和国教育法》出台、名称也不够规范（笔者认为称其为《中华人民共和国学位法》更科学、更规范），但是，它在中国教育行政的历史上具有划时代的意义，从此结束了长达十年的“文化大革命”以人代法、以言代法、以政策代替法律的历史，开启了中国教育行政管理法治建设的新时代。1986 年 4 月 12 日第六届全国人大第四次会议通过、7 月 1 日起施行《中华人民共和国义务教育法》，将实施九年义务教育法定化，其中明确规定了国家、社会、学校和家庭依法保障适龄儿童、少年接受义务教育的权利。这是这一历史时期教育法治建设最重要的成果。1988 年 2 月 5 日国务院发布施行《扫除文盲工作条例》，用法规的形式明确规定了政府在扫除文盲工作中的权利、义务和责任。这“一法一条例”的颁布施行，开启了中国全面普及九年义务教育、全面扫除青壮年文盲历史进程的序幕，在中国教育依法行政的历史上具有特殊而重大的意义。它清晰地表明，我国已经开始将教育行政管理纳入法治的轨道，从长期以来主要依靠行政手段，开始向主要依靠法治手段转变。

为了改进教育行政法规、规章发布工作，提高教育行政法规、规章的权威性、严肃性和时效性，使教育行政法规、规章能够及时为社会和公众知晓，便于国家机关、社会团体、企业事业单位及全体公民执行和遵守，1989 年 3 月 17 日，国家教育委员会依照授权和职权发布《国家教育委员会行政法规、规章发布办法》（国家教育委员会令第 1 号），自 1989 年 4 月 1 日起施行。国家教育行政机关率先垂范，为地方教育行政机关依法治教、依法行政发挥了示范带头作用。

2.改革教育管理体制，明确中央与地方的权责。

教育改革一直是我国改革开放和现代化建设总设计师邓小平高度关注的问题。1978 年 12 月 18 日至 22 日召开的党的十一届三中全会，是党和国家的伟大历史性转折点，重新确立了马克思主义的思想路线、政治路线和组织路线，决定把全党工作的重点转移到社会主义现代化建设上来。1984 年 10 月 20 日，党的十二届三中全会制定了《中共中央关于经济体制改革的决定》，以推进我国经济体制改革的深入发展。在邓小平“科学技术是第一生产力”的思想指导下,《中共中央关于科学技术体制改革的决定》随后出台。在这两个决定的贯彻实施中,人才问题成为根本问题,没有人才的支撑,经济发展和科技进步只能是空想。而解决人才问题,教育是基础,不改革教育体制,人才培养就无法满足社会主义建设的需要。因此,改革与这两个决定相配套的教育体制势所必然。当时比较突出的问题是教育行政管理权限过于集中。例如,当时的高校毕业生实行"统招统分",在财政、用人制度上管得太死,专业设置等不能够适应社会需求,学校缺乏自主权。教育结构也不合理,最主要体现在职业教育比重太小,职业技术人才培养难以满足社会主义现代化建设的需要。教育思想与内容也比较陈旧,教学方法死板。同时,全国各地的教育差异太大,推行九年义务教育等重要改革如果搞一刀切,绝不符合当时中国的国情。原来的农村教育基本上是"县办县管",县里负担重,问题也不易解决。

1985 年 5 月 15 日—20 日,中共中央、国务院召开了改革开放以来的第一次全国教育工作会议。这次会议和会后 5 月 27 日颁布的《中共中央关于教育体制改革的决定》,以邓小平提出的"教育要面向现代化,面向世界,面向未来"为指针,确立了"教育必须为社会主义建设服务,社会主义建设必须依靠教育"的根本指导思想,对于促进教育努力适应社会主义建设以及经济、科技体制改革的迫切需求起到了极大推动作用。《中共中央关于教育体制改革的决定》指出了我国教育体制在教育事业管理权限的划分、教育结构、教育思想、教育内容、教育方法上存在的弊端,提出我国教育体制改革主要有 4 个方面的内容:第一,把发展基础教育的责任交给地方,有步骤地实行九年制义务教育。第二,调整中等教育结构,大力发展职业技术教育。第三,改革高等学校的招生计划和毕业生分配制度,扩大高等学校办学自主权。第四,加强领导,调动各方面积极因素,保证教育体制改革的顺利进行。以《中共中央关于教育体制改革的决定》的颁布为标志,提出重点改革教育管理体制,是为了明晰中央与地方的教育管理权力、义务和责任。除大政方针和宏观规划由中央决定外,基础教育由地方负责、分级管理,包括政策的制定和实施,对学校的领导、管理和检查等;高等教育则实行中央、省(自治区、直辖市)、中心城市三级办学的体制,目的是充分调动各级政府办学的积极性。《中共中央关于教育体制改革的决定》为《中华人民共和国义务教育法》的制定和出台指明了方向、奠定了坚实的基础。《中共中央关于教育体制改革的决定》出台后，全国各地教育行政机关认真学习其精神，制定贯彻落实具体措施，教育改革紧跟经济、科技改革的步伐，轰轰烈烈地开展起来，中国教育行政管理开始呈现出依法、健康、有序发展的崭新面貌。

(二)大力推进依法行政时期(1993—2011年)

1.教育系统大力推进依法治理，教育行政管理迈入法治化轨道。

中国共产党是教育事业的领导核心，坚持中国共产党的领导，是中国特色教育行政管理的根本保证。五年一度的党的代表大会，是我国举旗定向的最高决策性大会。1997年9月召开的党的十五大确立了依法治国、建设社会主义法治国家的基本方略，1999年3月，第九届全国人大二次会议将其载入宪法。作为依法治国的重要组成部分，依法行政取得了明显进展。1999年11月，国务院发布了《国务院关于全面推进依法行政的决定》(国发〔1999〕23号)，各级政府及其工作部门加强制度建设，严格行政执法，强化行政执法监督，依法办事的能力和水平不断提高。2002年11月党的十六大把发展社会主义民主政治，建设社会主义政治文明，作为全面建设小康社会的重要目标之一，并明确提出“加强对执法活动的监督，推进依法行政”。2007年10月党的十七大提出，要坚定不移地发展社会主义民主政治，全面落实依法治国基本方略，加快建设社会主义法治国家。党的法治建设的重大决策，为我国各级教育行政机关依法行政指明了方向，提供了根本的工作遵循。

教育行政管理包括决策、执行和监督3个重要环节，三者缺一不可，而且不可相互替代，它们相互联系、相互作用，又互相制约，构成了完整、健全、高效、科学的现代教育管理运行机制。

(1)教育行政依法决策、科学决策、民主决策的机制基本建立。

党中央、国务院高度重视教育工作，出台了一系列重大方针政策，为教育行政机关依法决策、科学决策、民主决策导航定向。1993年2月13日，中共中央、国务院发布《中国教育改革和发展纲要》；1999年6月13日《中共中央、国务院关于深化教育改革全面推进素质教育的决定》发布;2004年2月10日,教育部发布《2003－2007年教育振兴行动计划》;2010年7月8日,中共中央、国务院出台《国家中长期教育改革和发展规划纲要(2010—2020年)》;1999年11月8日,《国务院关于全面推进依法行政的决定》(国发〔1999〕23号)发布。2004年3月22日,国务院出台《全面推进依法行政实施纲要》,提出用十年左右的时间建设法治政府的目标。2010年10月10日,《国务院关于加强法治政府建设的意见》(国发〔2010〕33号)发布,提出了进一步加强法治政府建设的一系列具体措施。

教育部出台了一系列措施,贯彻落实党中央、国务院的部署和要求。1998年12月24日发布《面向21世纪教育振兴行动计划》;1998年3月6日,国家教育委员会发布《教育行政处罚暂行实施办法》(国家教育委员会令第27号);1999年12月2日,出台《教育部关于加强教育法制建设的意见》(教究〔1999〕7号);2003年7月17日,出台《教育部关于加强依法治校工作的若干意见》(教政法〔2003〕3号);2005年4月21日,发布《实施教育行政许可若干规定》(教育部令第22号);2005年12月6日,出台《教育部关于全面推进依法行政工作的实施意见》(教政法〔2005〕3号),提出了建设法治政府、实现教育法治的目标和全面推进依法行政的举措。

各级教育行政部门普遍建立依法决策、科学决策、民主决策的机制。教育部和省级教育行政部门加强教育政策研究和形势分析,提高工作的原则性、预见性、系统性和针对性,完善决策程序,逐步将公众参与、专家咨询、风险评估、合法性审查和集体讨论决定纳入决策的必经程序,使教育行政决策制度更加科学、程序更加完善、过程更加公开、责任更加明确。国家层面设立国家教育咨询委员会,各省(自治区、直辖市)设立由教育、法律和相关方面专家组成的教育咨询委员会以及专门的教育法律顾问委员会,发挥教育领域专业学会的作用,吸收各方面人士参与教育决策的论证和评估。对教育领域涉及面广、与人民群众利益密切相关的决策事项,通过举行座谈会、论证会等形式,利用新闻媒体和网络,广泛征求各方面的意见。法治工作机构或者法律顾问的职责、权限逐渐明确。提交部门领导集体讨论决策前的审核流程逐步建立,决策会议议事规则不断健全。教育行政部门出台规范性文件基本做到有上位法依据，符合上位法规定；不在法外设定权力，设定或者变相设定行政许可；没有法律法规依据的，不作出减损、限制公民、教师、学校和其他教育组织合法权益或者增加其义务的规定。部门内设机构不再以自身名义对外发布规范性文件。逐步建立合法性审查机制，涉及管理相对人或者利益相关方权益的规范性文件，一般都经过政府法制办公室的合法性审查备案。在实践中，教育行政部门进一步重视运用法律手段解决教育改革发展中的重大问题，不断提高运用法治思维和法律手段，解决教育改革、发展中突出矛盾和问题的能力，在推进义务教育均衡发展、建立学生资助体系、治理教育乱收费、构建学校安全管理和事故预防与处理机制等方面，依法落实和保障学生的平等受教育权和其他合法权益，成为决策的重要原则和政策措施的重要基础。逐步建立重大决策跟踪督查机制、决策反馈和责任追究制度，根据反馈情况及时进行调整和完善。在具体政策和文件出台后，加强跟踪调研，效果评估，尽早发现问题，及时纠正偏差。

(2)教育行政执法体制机制改革不断深化。

各级教育行政部门依法行政的认识明显提高。很多地方教育行政部门设立依法行政工作领导小组，以机关建设为重点，将依法行政摆上重要的议事日程，大力加强依法行政能力建设。各级教育行政部门逐步重视领导干部和工作人员依法行政意识与能力的培养。许多地方建立了干部提拔法律理论知识考试、机关干部定期学法制度，通过中心组学习、举办法治讲座、年度普及法律知识考试等方式，组织教育行政机关工作人员学习宪法以及与教育行政管理相关的教育和行政方面的法律法规。各地普遍将依法行政知识纳入公务员培训的教学内容，并组织教育行政执法人员参加通用法律知识培训、教育法律专业培训以及结合教育管理实践展开专题培训，逐步推行考试考核，持证上岗，亮证执法。

教育行政执法制度不断完善。针对教育行政管理中存在的突出问题和薄弱环节，全国各地的教育行政部门围绕全面推进依法行政、建设法治政府的奋斗目标，拟定了全面推进教育依法行政的规划或者实施细则，提出实现教育行政决策、公共服务、行政执法、化解争议和行政监督的法治化、规范化的具体目标，形成了有效组织和推进教育依法行政的工作机制，明确了教育依法行政的具体目标、内容、措施、时限以及责任主体、实施主体等相关内容，尝试建立考核评价体系。一些地方教育行政部门结合实际大胆探索，建立了一系列教育行政执法制度。例如，重庆市教育委员会经过认真调查研究，于2007年6月1日印发施行了涉及教育行政执法岗位责任、教育行政执法公示、教育行政处罚程序、教育行政复议、教育行政执法举报投诉、教育行政执法过错责任追究6个方面的教育行政执法制度，在教育行政执法实践中破解了许多难题，取得了良好的效果，受到了社会各界的好评。

教育行政审批制度改革不断深化。在国务院的统一部署下，教育行政部门进一步加大了行政审批制度改革力度，按照教育管理体制改革与制度创新的要求，按照适应社会主义市场经济的需要、构建教育公共管理体制和依法治教的要求，认真梳理和规范行政权力，依法行政的程序和规则不断完善。逐步改革了教育行政管理的手段与方式，取消、精简了大部分行政审批项目，促使教育行政管理从主要依靠行政手段，向主要依靠法律手段，综合运用经济手段、行政手段，依靠社会监督的方向转变。以勇于自我革命的精神和勇气，持续不断地开展了大规模的教育行政审批项目清理。国务院分批取消了有关教育的行政审批项目。2002年，《国务院关于取消第一批行政审批项目的决定》（国发〔2002〕24号）取消教育行政审批10项；2003年，《国务院关于取消第二批行政审批项目和改变一批行政审批项目管理方式的决定》（国发〔2003〕5号）取消教育行政审批15项，改变教育行政管理方式5项；2004年，《国务院关于第三批取消和调整行政审批项目的决定》（国发〔2004〕16号）取消教育行政审批14项。在2011年启动的新一轮行政审批制度改革中，教育部根据《国家中长期教育改革和发展规划纲要（2010—2020年）》和审批制度改革要求，进一步加大力度，又取消和下放了13项教育行政审批项目。多数省级教育行政部门深化了对自身行政审批项目的改革和清理，大幅削减了审批项目数量。同时，着力完善和创新行政许可服务方式，规范审批程序和办事流程。许多地方建立了“一个窗口对外、一站式办公”、限时办结的行政审批工作机制，一些教育发达地区开始探索实行行政审批电子化，建立网上审批流程，不断推进教育行政审批权的公开透明运行。

(3)教育行政监督的力度不断加大。

一是把监督工作贯穿教育行政管理工作的全过程。各省(自治区、直辖市)建立教育行政决策的行政监督联席会议制度。针对教育纠纷的类型特点,建立健全教育行政申诉、行政复议等救济制度。二是强化督查督办。行政监督包括执法机构的自身监督、法制机构的监督、监察机构的监督和审计机构的监督。各级教育行政部门以落实工作为重点,健全充实督查工作机构,完善督查工作办法,切实加强落实工作的督促检查。建立了重点督办工作通报制度、公告制度。三是强化信息公开。公权力公开运行是依法行政的基本要求。2007 年 4 月 5 日,国务院发布《中华人民共和国政府信息公开条例》(以下简称《条例》),2008 年 5 月 1 日起施行。各级教育行政部门按照《条例》的要求,严格执行政府信息公开的规定,坚持以公开为常态、不公开为例外原则,推进决策公开、执行公开、管理公开、服务公开、结果公开,教育部制定《高等学校信息公开办法》和《教育部关于推进中小学信息公开工作的意见》,深化教育政务公开,凡是涉及人民群众切实利益的重大教育事项都要向社会公开,创造条件让人民群众监督,让权力在阳光下运行。制订信息公开的考核评估指标体系,畅通群众反映问题、表达合理诉求的多种渠道。健全信息公开发布的渠道,通过设立新闻发言人制度,利用部门官方网站、新闻媒体等,形成了比较完善的教育信息发布网络。最新出台的教育法律法规、政策文件、行政许可决定等通过以上途径,为广大群众所了解和熟悉。同时,重点加强了行政许可项目、教育收费、教育重大项目招投标、干部选拔任用、高等学校办学状况、招生就业等事项的信息公开,有效保障了公民和社会组织充分行使教育管理的知情权、参与权、监督权。四是强化行政问责。按照《关于实行党政领导干部问责的暂行规定》,对决策失误、落实不力、工作失职、造成重大损失或影响的,严肃追究相关人员的责任。

2.政校分开、管办分离改革迈出实质性步伐。

1993 年 2 月 13 日,中共中央、国务院发布《中国教育改革和发展纲要》提出:改革办学体制。改变政府包揽办学的格局,逐步建立以政府办学的主体、社会各界共同办学的体制。在现阶段,基础教育应以地方政府办学为主;高等教育要逐步形成以中央、省（自治区、直辖市）两级政府办学为主、社会各界参与办学的新格局；职业技术教育和成人教育主要依靠行业、企业、事业单位办学和社会各方面联合办学。1994 年 6 月 14—17 日，中共中央、国务院召开改革开放以来的第二次全国教育工作会议。进一步动员全党全社会认真实施《中国教育改革和发展纲要》，确立教育优先发展的地位。第二次全国教育工作会议将基本普及九年义务教育和基本扫除青壮年文盲列为教育工作的“重中之重”。1998 年 12 月 24 日教育部制定《面向 21 世纪教育振兴行动计划》，这是在贯彻落实《中华人民共和国教育法》及《中国教育改革和发展纲要》的基础上，制订的跨世纪教育发展和改革的施工蓝图。《面向 21 世纪教育振兴行动计划》明确规定了 21 世纪教育振兴行动的主要目标，用 12 个条款 50 个条目提出了实施措施。目的在于调动各方力量积极发展教育事业，形成以政府为主体、社会各界参与、公办和民办教育共同发展的新格局；保障社会力量举办的教育机构自主办学的法人地位，高等教育机构可面向社会举办非学历教育。1999 年 6 月 15 日－18 日，中共中央、国务院在北京召开改革开放以来的第三次全国教育工作会议，发布了《中共中央、国务院关于深化教育改革全面推进素质教育的决定》，分析了面向 21 世纪的中国教育改革和发展的形势，阐述了全面推进素质教育的重要性，并提出了之后的工作任务，明确了政府在深化教育改革、全面推进素质教育中的地位和作用。

进入 21 世纪后，随着全面推进素质教育，以考试为教学杠杆的评价体制改革逐渐受到关注。2004 年 2 月 10 日，教育部印发《2003－2007 年教育振兴行动计划》，较为全面系统地提出加快考试评价制度改革，完善高等学校教学质量评估与保障机制，健全教育督导与评估体系等策略。评价作为衡量教育发展水平和指引教育发展方向的工具，地位越来越重要。2010 年 7 月 13－14 日，第四次全国教育工作会议召开，这是中国进入新世纪之后首次召开的全国性教育大会，中共中央总书记胡锦涛、国务院总理温家宝出席并作重要讲话。《国家中长期教育改革和发展规划纲要（2010－2020 年）》提出“政校分开、管办分离”，提出建设现代学校制度、落实和扩大学校办学自主权、深化办学体制改革的思路。要求适应国家行政管理体制改革要求，明确政府管理教育的权限和职责，以转变政府职能和简政放权为重点，深化教育管理体制改革，促进管办评分离，形成政事分开、权责明确、统筹协调、规范有序的教育管理体制；按照建设法治政府的要求，全面推进依法行政。根据《国家中长期教育改革和发展规划纲要（2010—2020年）》的要求，结合国务院发布的《全面推进依法行政实施纲要》和《国务院关于加强法治政府建设的意见》的精神，各级教育行政部门着力从转变管理观念和方式、梳理和规范行政权力、改革行政审批制度、推进教育行政管理体制改革、加强监管、健全权利救济机制等方面，大力推进依法行政，有力促进和保障了教育事业的改革与发展。健全依法行政的领导体制与工作机制，大力提高教育行政部门领导及公务员依法行政的意识与能力。

（三）全面推进教育行政依法治理新时代（2012—2018年）

1.教育行政进入全面依法治理的新时代。

2012年11月召开的党的十八大，对全面推进依法治国作出了重大战略部署，强调把法治作为治国理政的基本方式。2013年11月召开的十八届三中全会，通过了《中共中央关于全面深化改革若干重大问题的决定》，对加强社会主义民主政治制度建设和推进法治中国建设提出了明确要求。2014年10月召开的十八届四中全会，首次以全会的形式专题研究部署全面推进依法治国这一基本治国方略，通过了《中共中央关于全面推进依法治国若干重大问题的决定》，就法治国家建设作出了全面系统的顶层设计和战略部署，开启了我国全面推进依法治国的新篇章，提出坚持依法治国、依法执政、依法行政共同推进，坚持法治国家、法治政府、法治社会一体建设，实现科学立法、严格执法、公正司法、全民守法，促进国家治理体系和治理能力现代化。

党的十八大召开以来的5年里，十二届全国人大及其常委会制定法律25件，修改法律127件次，通过有关法律问题和重大问题的决定46件次。5年来，共审议通过15个统筹修改法律的规定，涉及修改法律95件次，适应了简政放权、放管结合、优化服务和转变政府职能的需要；健全备案审查制度，建立宪法宣誓制度，努力让宪法和法律成为全社会的共同信仰。

5年来，依法治教全面推进，修订完成了《中华人民共和国教育法》《中华人民共和国高等教育法》《中华人民共和国民办教育促进法》《残疾人教育条例》等一揽子法律法规。2015年12月27日第十二届全国人大常委会第十八次会议，在2009年8月27日第十一届全国人大常委会第十次会议对《中华人民共和国教育法》进行第一次修订的基础上，进行第二次修订，修改了13处；会议还决定修订《中华人民共和国高等教育法》，修改了7处，修订后的《中华人民共和国教育法》《中华人民共和国高等教育法》于2016年6月1日起施行。2016年11月7日第十二届全国人大常委会第二十四次会议，在2013年6月29日第十二届全国人大常委会第三次会议对《中华人民共和国民办教育促进法》进行第一次修订的基础上，进行了第二次修订，对2002年颁布的《中华人民共和国民办教育促进法》作出了16项修订，2017年9月1日起施行，推进民办学校非营利性与营利性分类管理改革。2017年1月11日国务院常务会议通过修订1994年8月23日颁布实施的《残疾人教育条例》，2017年5月1日起施行。修订后的《中华人民共和国教育法》《中华人民共和国高等教育法》《中华人民共和国民办教育促进法》《残疾人教育条例》，对促进教育事业尤其是高等教育、民办教育、残疾人特殊教育的发展发挥了重要的作用。扎根中国大地办大学，完善以章程为统领的高校内部治理体系，推进高校管理纳入制度化、规范化的轨道。4%的目标连续5年得到保持，教育经费投入保障体系更加有力。坚持教育优先发展，2012年如期实现财政性教育经费投入占国内生产总值的比例达到4%的目标，并连续5年保持增长。根据《教育部　国家统计局　财政部关于2017年全国教育经费执行情况统计公告》，2017年，我国教育经费总投入已达4.26万亿元，其中国家财政性教育经费达3.42万亿元，比上年增长了8.95%。统筹推进县域内城乡义务教育一体化发展，推进城乡学校建设、教师编制、生均公用经费基准定额、基本装备配置的“四统一”。

2.简政放权、放管结合、优化服务改革深入推进。

教育系统按照国务院的要求，深化“放管服”改革，加强省级政府教育统筹，扩大高校在学科专业设置、编制及岗位管理、职称评审等方面的自主权。5年来，国家加大行政审批制度改革力度，国务院部门行政审批事项削减44%，非行政许可审批彻底终结。自 2013 年以来，教育部本级行政审批事项减少 70％。2012 年 9 月 23 日，《国务院关于第六批取消和调整行政审批项目的决定》(国发〔2012〕52 号)指出，深化行政审批制度改革是一项长期任务，各地区、各部门要坚定不移地深入推进行政审批制度改革。进一步取消和调整行政审批项目。凡公民、法人或者其他组织能够自主决定，市场竞争机制能够有效调节，行业组织或者中介机构能够自律管理的事项，政府都要退出。凡可以采用事后监管和间接管理方式的事项，一律不设前置审批。以部门规章、文件等形式违反行政许可法规定设定的行政许可，要限期改正。探索建立审批项目动态清理工作机制。积极推进行政审批规范化建设。新设审批项目必须于法有据，并严格按照法定程序进行合法性、必要性、合理性审查论证。没有法律法规依据，任何地方和部门不得以规章、文件等形式设定或变相设定行政审批项目。研究制定非行政许可审批项目设定和管理办法。进一步健全行政审批服务体系，继续推进政务中心建设。加强行政审批绩效管理，推行网上审批、并联审批和服务质量公开承诺等做法，不断提高行政审批服务水平。深化审批公开，推行“阳光审批”，加快推广行政审批电子监察系统，严肃查处利用审批权违纪违法案件。决定取消教育行政审批项目 3 项，下放管理层级教育行政审批项目 3 项。这些决定，在教育行政部门得到了认真贯彻落实。2018 年 3 月，教育部、国务院学位委员会根据《国务院办公厅关于进一步做好“放管服”改革涉及的规章、规范性文件清理工作的通知》(国办发〔2017〕40 号)和《国务院法制办公室关于做好法规清理工作的函》(国法函〔2017〕84 号)的要求，印发《教育部、国务院学位委员会关于宣布失效一批规范性文件的通知》(教政法〔2018〕5 号)，对不利于“放管服”改革的规范性文件进行了专项清理，经商有关部门同意，决定宣布失效一批规范性文件。已失效的规范性文件不再作为行政管理的依据。在宣布废除的文件中，包含《关于加强中小学教辅材料使用管理工作的通知》《研究生外国语学习和考试的规定(试行)》《关于颁发〈外国来华留学生经费管理办法〉的通知》《关于印发〈教育部政府采购管理暂行办法〉的通知》《关于加强支持少数民族地区教育发展补助经费使用管理的通知》《关于普通高校艺术类、体育类学生转学有关政策问题的意见》等 43 份文件。

3.教育管理、办学和评价相分离改革迈出实质性步伐。

教育体制综合改革纵深推进，有效激发了教育发展的动力、活力。完善顶层设计，对于重大改革举措先行先试，确保改革蹄疾步稳、有力有序，教育体制机制改革从点上攻坚，到重点突破，再到全面深化。2014 年在上海市、北京大学、清华大学“一市两校”率先启动教育综合改革，2015 年在各地各校全面铺开，2016 年重点推进若干体制机制改革事项，2017 年进行总结盘点。2017 年 5 月，习近平总书记主持中央深化改革领导小组会议，审议通过了《关于深化教育体制机制改革的意见》和《关于深化教育领域综合改革情况汇报》，充分肯定 5 年来教育改革的成绩进展，对下一步深化改革提出明确要求。2017 年是恢复高考 40 周年，此前 3 年启动的考试招生制度改革，努力克服“一考定终身”的弊病，在高中学业水平和学生综合素质评价方面进行改革探索，大幅取消不公平的高考加分，严格规范自主招生，实施高职院校单独考试。浙江、上海作为高考改革试点接受首考检验，北京、天津、山东、海南 4 省市第二批试点启动。从实践看，这一改革带动和倒逼了办学、治学、教学等领域改革，需要继续总结完善。

2013 年 11 月 12 日党的十八届三中全会通过的《中共中央关于全面深化改革若干重大问题的决定》，明确指出“深入推进管办评分离，扩大省级政府教育统筹权和学校办学自主权”。2015 年 5 月 12 日，国务院总理李克强在全国推进简政放权放管结合职能转变工作电视电话会议上提出，“当前和今后一个时期，深化行政体制改革、转变政府职能总的要求是：简政放权、放管结合、优化服务协同推进，即‘放、管、服’三管齐下”。2016 年，“放管服”改革写入《政府工作报告》。在 2017 年的《政府工作报告》中，它成为与财税、金融、国企国资等并列的重要领域和关键环节改革。2017 年 9 月，中共中央办公厅、国务院办公厅印发《关于深化教育体制机制改革的意见》，明确提出到 2020 年，教育基础性制度体系基本建立，形成充满活力、富有效率、更加开放、有利于科学发展的教育体制机制，人民群众关心的教育热点难点问题进一步缓解，政府依法宏观管理、学校依法自主办学、社会有序参与、各方合力推进的格局更加完善，为发展具有中国特色、世界水平的现代教育提供制度支撑。

2017 年 10 月召开的党的十九大，明确提出要继续推进“政事分开”“管办分离”，为新时代中国教育深入推进管办评分离、转变职能，加快教育改革与发展吹响了集结号。为贯彻落实党的十九大关于深化机构改革的决策部署，2018 年 2 月 28 日，党的十九届三中全会专题研究了深化党和国家机构改革问题，作出了《中共中央关于深化党和国家机构改革的决定》，提出要加强和优化政府法治职能，推进法治政府建设。理顺政事关系，实现政事分开。面向社会提供公益服务的事业单位，理顺同主管部门的关系，逐步推进管办分离，强化公益属性，破除逐利机制。2018 年的《政府工作报告》提出，政府持续深化“放管服”改革，加快转变政府职能，将“放管服”调整至供给侧结构性改革中，将其作为降低制度性交易成本的重要举措。出台《关于深化教育体制机制改革的意见》，研制《中国教育现代化 2035》，使我国教育改革顶层设计更加完善。健全督导体系，督政、督学、评估监测 3 大功能不断加强，建立省级人民政府履行教育职责的评价机制等举措，使教育治理改革不断向纵深发展，教育治理体系和治理能力不断迈向现代化。2018 年 9 月 10 日，新时代首次全国教育大会召开，提出教育是国之大计、党之大计。要坚持优先发展教育事业，坚持扎根中国大地办教育，坚持深化教育改革创新。要加快推进教育现代化，建设教育强国。

二、教育行政的演进特征

法治和改革如同教育行政的两翼。依法行政是行政机关落实依法治国基本方略的具体体现。在依法治国的时代背景下，教育行政改革不断深化，从当初“政校合一、学校一切听命政府的”，逐步走向“府管校办、管办分开”，再到目前正在推进的“管理、办学、评价相分离，合作共治”，走过了一段不平凡的历程。

第一阶段（1978－1992 年），教育行政开始迈入法治轨道。其主要特点是：教育法治建设开始启动，国家开始重视运用法治手段推进教育改革与发展，法治在规范和完善教育体制、保障公民受教育权利方面开始发挥一定的作用。政府开始改变长期以来以长官意志、行政强制管理教育的传统做法，开始学会贯彻国家教育法律法规，运用法治手段推进教育管理；对行政管理进行改革探索，教育行政管理体制改革开始迈出步伐，打破大一统格局，开始划分中央和地方的教育行政管理权力和责任，对教育实行分级、分类管理，开始注重调动中央和地方两个层面举办教育的积极性。

第二阶段(1993－2011年)，教育系统大力推进依法行政。其主要特点是：依法治教、依法行政成为政府管理教育的基本原则。一方面，国家空前重视教育法治建设，教育法治建设快速发展，教育立法成效显著，全国人大及其常委会制定了《中华人民共和国教师法》(1993年)、《中华人民共和国教育法》(1995年)、《中华人民共和国职业教育法》(1996年)、《中华人民共和国高等教育法》(1998年)、《中华人民共和国国家通用语言文字法》(2000年)、《中华人民共和国民办教育促进法》(2002年)等专门教育法律，以及《中华人民共和国未成年人保护法》(1991年)、《中华人民共和国预防未成年人犯罪法》(1999年)等与教育密切相关的法律；国务院先后制定了《残疾人教育条例》(1994年)、《中华人民共和国中外合作办学条例》(2003年)等10余部教育行政法规；教育部制定了《教育督导暂行规定》《学生伤害事故处理办法》《国家教育考试违规处理办法》《普通高等学校学生管理规定》《中小学幼儿园安全管理办法》等70余部教育规章。省、自治区、直辖市和计划单列市在法治统一原则指导下，结合地方实际和需要，制定了大量的地方性教育法规和规章。到2011年3月第十一届全国人大四次会议，教育法律体系已经初步形成，教育行政已经有法可依、有章可循。另一方面，国家开始注重教育的依法治理，更加重视转变政府职能，推进依法行政。1993年《中国教育改革和发展纲要》提出“加快教育法制建设，建立和完善执法监督系统，逐步走上依法治教的轨道”。2004年国务院颁布《全面推进依法行政实施纲要》，提出用十年左右时间建设法治政府的目标。2010年召开的全国教育工作会议以及党中央、国务院颁布的《国家中长期教育改革和发展规划纲要(2010—2020年)》对教育法制建设作出了全面部署，进一步明确将推进依法治教作为教育事业科学发展的重要保障。以转变政府职能和简政放权为重点，深化教育管理体制改革，提高公共教育服务水平。明确各级政府责任，规范学校办学行为，促进管办评分离，形成政事分开、权责明确、统筹协调、规范有序的教育管理体制。中国教育从“管理”方式改革迈向“管理与办学分离”改革，国家开始注重调动政府和学校两大主体主办教育的积极性，政府一家独大的局面开始打破，教育活力开始显现。

第三阶段（2012—2018 年），教育系统全面推进依法行政落实落地。其主要特征是：2012 年党的十八大召开以来，尤其是以 2014 年 10 月召开的十八届四中全会通过的《中共中央关于全面推进依法治国若干重大问题的决定》为标志，教育行政管理进入全面依法治理的新时代；以 2013 年 11 月召开的十八届三中全会通过的《中共中央关于全面深化改革若干重大问题的决定》，尤其是 2018 年 2 月 28 日十九届三中全会通过的《中共中央关于深化党和国家机构改革的决定》为标志，教育系统简政放权、放管结合、优化服务改革深入推进；政府管理、学校办学与社会评价相分离的教育发展新局面开始呈现，国家注重调动政府、学校、社会多方面的办学积极性。教育行政审批制度改革持续深化，进一步简政放权，转变教育治理方式。进一步精简行政审批项目，完成非行政许可审批事项的清理工作，全部取消非行政许可审批项目。不断规范行政审批工作程序，提高审批效率。按照国务院的要求，行政审批工作实现窗口受理，制订详细的审批流程，尽量减少不必要的环节和步骤，提高办事效率，方便管理相对人；积极运用电子信息技术，探索网上审批等形式。切实做好行政审批事项取消和下放后的监管工作。行政审批取消和下放后，各地积极制订监管措施，加强日常指导和监管。教育事业正在党的领导下、政府主导下迎来做大做强的新时代，开始迈上奋力实现教育现代化、建设世界教育强国的道路。

三、教育行政的主要成就

（一）教育行政决策迈向法治化、科学化和民主化

从教育行政管理迈向教育行政治理。教育治理与教育管理不同，教育管理主要是教育行政机关单方面的行为，而教育治理需要党委领导、政府主导、

社会协同、公众参与、法治保障，实现行政治理与社会成员的良性互动。教育决策机制不断完善，依法、科学、民主决策的机制正在形成。教育决策在法治的轨道上更加科学、更加民主，全社会更加关心、支持教育的改革和发展。

(二)教育行政执法更加规范公正

随着教育法律法规体系的不断完善，教育行政执法更加有法可依，教育行政执法活动更加规范有序、更加公开透明、更加公平公正。各级教育行政部门公务人员的法治意识不断增强、依法行政的能力不断提高，法治手段已经成为教育行政管理的主要手段。各级教育行政机关积极推进行政审批制度改革，公开教育政务，加强对教育申诉案件和行政复议案件的处理，依法保护学生、教师、学校以及教育组织的合法权益，形成了健康有序的教育发展环境。

(三)教育行政监督更加严格透明

围绕教育行政权的配置和行使，逐步建立健全了监督体系，党内监督、人大监督、民主监督、行政监督、司法监督、审计监督、巡视监督、社会监督、舆论监督共同发挥作用。全面推进决策公开、执行公开、服务公开、结果公开，以公开为常态、不公开为例外，通过公开透明赢得了人民群众对教育行政的充分理解和信任，人民群众对教育行政管理的满意度不断提升。

四、教育行政的主要经验

(一)教育行政管理必须坚持党的领导

党政军民学、东西南北中，党是领导一切的。中国共产党是中国特色社会主义事业的领导核心。党的十一届三中全会以来，我们党总结民主法治建设的深刻教训，提出为保障人民民主，必须加强法治，做到有法可依、有法必依、执法必严、违法必究，从而把党治国理政纳入法治轨道，开创了依法治理国家和社会的新时期。党的十五大提出依法治国、建设社会主义法治国家的战略任务，第一次把依法治国定位为党领导人民治理国家的基本方略，赋予了依法治国在党治国理政事业中基础性、主导性和制度性的战略地位。党的十八大以来，我们党更加重视发挥法治在治国理政中的重要作用，更加重视通过全面依法治国为党和国家事业发展提供根本性、全局性、长期性的制度保障，专门作出了全面推进依法治国的决定，把党领导人民依法治国的基本方略提升到了“四个全面”战略布局之一的新高度。中国共产党的领导是中国教育行政的最大特色，也是中国教育行政最大的政治优势。中国教育行政管理改革的实践已经充分证明，中国共产党的领导是中国教育行政管理改革、教育事业持续健康发展的根本保证。

（二）教育行政管理必须坚定不移地走依法治理的道路

我国在20世纪90年代提出依法治国、依法行政。当时正是我国改革开放深入推进、社会主义市场经济体制逐步建立和完善的关键时期，提出依法治国、依法行政是社会主义市场经济发展的内在要求，对建立和完善社会主义市场经济体制起到了重要作用。党的十八大以来，全面推进依法治国、依法行政，对我国经济社会发展发挥了更大的促进和保障作用。教育系统依法治理是依法治国的深化和具体化。依法行政、依法治教，就是要把政府管理教育全面纳入法治轨道，让教育行政机关用法治思维和法治方式履行职责，确保教育行政权在法治框架内行使、教育事业在法治的轨道上运行。这也是推进国家治理体系和治理能力现代化的必然要求，是实现教育行政管理向教育行政治理转变的必由之路。

（三）教育行政体制改革应当有利于调动各方面的积极性

从一定意义上讲，教育行政体制是各级教育行政机关之间，以及各级教育行政机关与学校、社会之间的职责权利的协调和制约机制。教育行政体制改革的主要目的，就是调整和完善这种协调和制约机制，最大限度地发挥各级教育行政机关、学校和社会的积极性、主动性、创造性，促进教育事业持续、健康、协调地发展。因此，教育行政体制改革必须有利于调动各方面的积极性，否则，就会出现各职责权利结构失衡，影响教育行政功能的有效发挥，阻碍教育事业的发展。

(四)教育行政管理改革应当从中国国情出发

教育行政管理改革,是国家政治体制改革的组成部分。国家教育行政体制改革的目标和进程,最终取决于国家政治体制改革的目标和进程。因此,教育行政管理改革必须从中国国情出发,与中国国家政治体制改革相协调。教育行政管理改革必须坚持中国共产党的领导,在国家行政改革顶层设计之下、国家政治体制允许的范围内展开。外国教育行政管理的某些优点、成功做法和经验,必须结合中国国情、教情来学习和借鉴,不能生搬硬套、照搬照抄。

五、教育行政的重要政策法规

(一)1978—1992 年

《中共中央关于教育体制改革的决定》(1985 年 5 月 27 日);《国家教育委员会行政法规、规章发布办法》(国家教育委员会令第 1 号,1989 年 3 月 17 日发布)。

(二)1993—2011 年

《中国教育改革和发展纲要》(中共中央、国务院 1993 年 2 月 13 日);《中共中央、国务院关于深化教育改革全面推进素质教育的决定》(1999 年 6 月 13 日);《国家中长期教育改革和发展规划纲要(2010—2020 年)》(中共中央、国务院 2010 年 7 月 8 日)。《国务院关于全面推进依法行政的决定》(国发〔1999〕23 号,国务院 1999 年 11 月 8 日);《2003—2007 年教育振兴行动计划》(教育部 2004 年 2 月 10 日);《全面推进依法行政实施纲要》(国务院 2004 年 3 月 22 日);《中华人民共和国政府信息公开条例》(国务院 2007 年 4 月 5 日发布,2008 年 5 月 1 日起施行);《国务院关于加强法治政府建设的意见》(国发〔2010〕33 号,国务院 2010 年 10 月 10 日)。《教育行政处罚暂行实施办法》(国家教育委员会令第 27 号,1998 年 3 月 6 日);《面向 21 世纪教育振兴行动计划》(教育部 1998 年 12 月 24 日);《教育部关于加强教育法制建设的意见》

(1999 年 12 月 2 日);《教育部关于加强依法治校工作的若干意见》(教政法〔2003〕3 号,2003 年 7 月 17 日);《实施教育行政许可若干规定》(教育部令第 22 号,2005 年 4 月 21 日);《教育部关于全面推进依法行政工作的实施意见》(教政法〔2005〕3 号,教育部 2005 年 12 月 6 日)。

(三)2012—2018 年

《中共中央关于全面深化改革若干重大问题的决定》(2013 年 11 月 12 日,十八届三中全会通过);《中共中央关于全面推进依法治国若干重大问题的决定》(2014 年 10 月 23 日,十八届四中全会通过);《法治政府建设实施纲要(2015—2020 年)》(中共中央、国务院 2015 年 12 月 23 日发布);《中共中央关于深化党和国家机构改革的决定》(2018 年 2 月 28 日,十九届三中全会通过)。《国家教育事业发展"十三五"规划》(国务院 2017 年 1 月 10 日印发)。中共中央办公厅、国务院办公厅印发《关于深化教育体制机制改革的意见》(2017 年 9 月 24 日发布)。《教育部关于深入推进教育管办评分离促进政府职能转变的若干意见》(教政法〔2015〕5 号,教育部 2015 年 5 月 4 日发布);《教育部关于做好教育行政审批制度改革有关后续工作的通知》(教政法〔2015〕7 号,教育部 2015 年 6 月 5 日);《教育部办公厅关于确定教育管办评分离改革试点单位和试点任务的通知》(教政法厅函〔2015〕49 号,2015 年 9 月 15 日);《教育部关于废止和修改部分规章的决定》(教育部令第 38 号,2015 年 11 月 10 日);《教育部关于印发〈依法治教实施纲要(2016—2020 年)〉的通知》(教政法〔2016〕1 号,教育部 2016 年 1 月 7 日印发);《教育部办公厅关于落实国务院决定取消中央指定地方实施行政审批事项的通知》(教政法厅〔2016〕1 号,2016 年 3 月 4 日);《中华人民共和国国民经济和社会发展第十三个五年规划纲要》(2016 年 3 月 16 日发布);《教育部　国务院学位委员会　国家语委关于宣布失效一批规范性文件的通知》(教政法〔2016〕12 号,2016 年 6 月 3 日);《教育部办公厅关于取消相关事项证明的公告》(教政法厅〔2016〕2 号,2016 年 7 月 11 日);《教育部办公厅关于优化教育行政审批服务的通知》(教政法厅函〔2016〕39 号,2016 年 9 月 19 日);《教育部等五部门关于深化高等教育领域简政放权放管结合优化服务改革的若干意见》(教政法〔2017〕7 号,2017 年 3 月 31 日印发)。

六、教育行政改革的典型案例

(一)重庆市江津区稳步推进教育管办评分离改革试点

2015 年,重庆市江津区作为全国教育管办评分离改革试点单位之一,启动了试点工作。通过理顺教育管理体制、构建现代办学制度、建立多元评价体系,厘清政府、学校和社会三方权责边界,初步构建起政府依法管理、学校依法自主办学、社会各界依法参与和监督的教育公共治理新格局。试点以来,全区教育发展质量显著提升。2016 年,江津区成功获评全国义务教育发展基本均衡区。

转变政府管理职能,改革教育管理体制。针对政府管理越位、缺位和错位的问题,江津区着力完善教育治理体系,在政府权力上做“减法”,在政府责任上做“加法”,推进政府简政放权、放管结合、优化服务。一是规范政府依法治教职责。转变过去政府对教育直接管理的方式,综合运用法律、政策、规划、拨款、标准、信息服务等方式引导学校依法办学,强化政府“依法监管、保障服务”的核心职能。将原来由政府管理的学校内部机构设置、干部选任、教师交流轮岗、教学改革及职业学校专业设置等交给学校,政府则在建立财政教育经费投入机制、建设教育基础信息数据库等方面发挥作用。在决策咨询、师资培训、办学绩效评价、后勤服务等领域推广政府购买服务,提高公共教育服务的质量和效率。二是规范学校层级管理体制。完全中学、中等职业学校、初级中学由区教委直接管理,小学和幼儿园由区教委委托学区管理。目前整合调整了原教管中心行政区域范围,设立 21 个学区,主要职责是受区教委委托,负责辖区内小学和幼儿园教育督导、教学教研、任职交流等日常管理。三是规范政府相关职能部门管理方式。建立区级部门教育管理协同联动机制,除涉及安全稳定、党风廉政建设外,相关部门进入学校检查需事先告知教育主管部门,减少对教学活动的干扰。全面清理区级涉及教育的有关部门的行政权力,严格控制针对学校的项目评审、教育评估、人才评价和检查事项，取消过繁、过多、过细的检查评比 20 余项。四是规范教育主管部门管理行为。明确教育行政主管部门对学校的日常管理事项，制定并公示业务指导清单。探索将区师范进修学校、区教育科学研究所、技装中心、学生资助与健康教育中心等单位独立进行的继续教育管理、干部教师培训、科研成果推广、教育质量监测等管理事项纳入业务指导清单管理。业务指导事项原则上不纳入对学校及学校负责人的工作考核内容。五是规范教育行政执法机制。成立区教育行政综合执法室，统筹开展各类教育行政执法，依法纠正学校违法、违规行为。主动接受党内监督、人大监督、民主监督、司法监督、社会监督、舆论监督，加快构建教育行政执法权力运行制约和监督体系。

围绕学校依法办学，构建现代学校制度。针对学校办学行政依赖、管理封闭、特色欠缺的问题，建立依法办学、自主管理、民主监督、社会参与的现代学校制度，调动校长办学、教师教学和学生学习 3 方面积极性。一是健全学校内部治理结构。建立由学校负责人、教师、学生及家长代表、社区代表、企事业单位代表等组成的校务委员会，对学校章程、发展规划、重大教育教学改革等提出意见、建议。建立中小学家长委员会，对学校教育教学、管理活动等行使监督权、建议权。重庆江南职业学校探索构建以理事会为决策机构的内部治理模式，建立了决策权、执行权和监督权相互协调的运行机制，推动办学权与管理权相对分离。二是健全学校章程制度体系。制订中小学章程制度建设方案，引导 50 余所中小学校制定特色学校章程，并制定和完善了教学、科研、人事、财务等方面的管理制度，确保学校各类事务“有规可依”“有章可循”。三是健全学校绩效分配制度。打破“大锅饭”，按照考勤、工作量、教育教学业绩等指标，建立教职工绩效量化考核分配制度。比如，江津中学、重庆工商学校将奖励性绩效工资比例由 30％调整到 50％，扩大了学校内部分配自主权，更好地发挥了奖励性绩效工资的激励功能和导向作用，充分调动教职工的积极性和创造性。四是健全学校教研组织体系。构建“区—学区—学校”三级教研体系，在学区办公室设置研训员岗位，加强学校教研组、备课组建设。组建教科研联盟，探索跨区域、跨行业、跨学科的教科研合作机制。实施教科研支撑工程，构建与高校、科研机构合作机制。五是健全学校开放办学机制。积极开展校园文化进社区及各类社会公益活动，有序开放校园体育文化设施，拓展教育服务功能。深化职业院校办学模式改革，推动产教融合、校企合作，促进职业院校与园区之间、行业产业之间资源共享、合作办学。整合36所职业院校、80家知名企业组建职业教育集团，在重庆工商学校建立校企、产教互动机制，在重庆江南职业学校组建江南农民就业创业培训集团。

引导各方依法参与，搭建多元评价体系。针对社会组织参与教育评价缺失的问题，充分调动社会各界依法参与和监督教育的积极性，推动多元评价，切实提高教育评价综合效能，为政府决策提供参考，为学校改进提供依据。一是提高政府评价的实效性和规范性。成立区政府教育督导委员会及教育督导室，设立5个教育督导责任区，从在职和退休校长、学区办主任、主管部门行政管理人员、教研人员中遴选并聘任67名专兼职责任督学，采取“一对一”或“一对多”的方式对学校实施督导和评估监测。在每所学校设立督导工作室并配备1名学校督学，在部分学区或学校聘请社会兼职督学，进一步强化对学校的监督。二是提高行业评价的科学性和权威性。组建区教育评估与质量监测中心，负责学校项目的规划、立项、管理、评估工作。制定教育质量综合评价标准、素质教育等专项工作评估办法和学前教育、小学、初中、中等职业学校教育教学质量考评细则，通过政府购买教育服务对区内31所初级中学进行评估监测。三是提高第三方评价的专业性和独立性。加强与市内外有关高校及教育评估机构合作，培育区域性教育评价研究与咨询中心等第三方评价机构，区教育学会和重庆市教育评估研究会联合成立了重庆鼎正教育评估与监测事务所，对全区教育教学开展专业评估。四是提高结果运用的激励性和导向性。探索建立教育督导和评估监测结果综合运用机制，建立健全公示、公告、约谈、奖惩、整改、问责制度，将教育督导和评估监测结果作为教育资源配置、干部考核和表彰的重要依据。五是提高人民群众的认可度和满意度。畅通民意反映渠道，通过民意调查、人大代表提出建议、政协委员递交提案、媒体报道、网络平台等外部监督和校务委员会、理事会、家长委员会等内部监督，扩大人民群众对教育的知情权、评议权和监督权。聚焦人民群众最关心、最迫切的教育热点、难点问题，加强教育系统党风廉政和师德师风建设，专项整治有偿补课、乱订教辅资料等违规行为，努力办好人民满意的教育。调查显示，群众对江津区教育的满意度达到94%。

（二）广东省深化高等教育领域“放管服”改革

作为全国较早实施高等教育领域“放管服”改革的省份，广东省认真贯彻《教育部等五部门关于深化高等教育领域简政放权放管结合优化服务改革的若干意见》精神，结合本省和高校实际，出台实施意见并指导高校制定承接“放管服”改革事项系列配套制度或管理办法，破除体制机制障碍，进一步向高校放权、为人才松绑，全面提升教育服务国家战略、服务地方经济社会发展和个人全面发展的能力。

建高地，明显改善高校进人用人环境。由高校自主公开招聘人才，自主确定招聘时间、公布招聘方案、组织选拔、公示拟聘用人员、确定聘用结果、签订聘用合同。对“高精尖缺”人才，给予简化程序，高校可视情况直接办理调入手续，也可先申请提前到岗工作，后办理调入手续。高校引进人才由原来一般一年一次改进为平均一月一次，时长由原来2～3个月缩短至5～20天，调动手续由原来要跑多个政府部门简化为到一站式服务大厅即可办理。针对过去职称评审存在“用人不评，评人不用”问题，将行政部门职称评审权下放给高校，由高校自主制定评审标准，自主组建评聘机构及专家库，自主开展评聘工作。广州中医药大学对引进的海外高层次人才制定专门的职称评审办法，放宽学历、资历限制，条件优秀者可以直接申请晋升副高、正高职务。广东外语外贸大学探索外籍教师职称评聘办法，在全国率先启动对外籍教师的职称评聘工作。广东省教育厅连续两年组团到国外著名大学举办高层次人才招聘会，其中华南理工大学成功引进了美国工程院院士、著名华裔科学家程正迪及6名海外高层次人才组成的团队。

促创新，充分调动广大教学科研人员积极性。赋予高校更大的收入分配自主权，由高校自主确定基础性和奖励性绩效工资比例、自主确定具体分配方式。支持高校制定以实际贡献为评价标准的人才收入分配激励办法，对教学科研人员实行下限保底、上不封顶，对高层次人才实行年薪制、协议工资、项目工资、一次性奖励等市场化薪酬，使人才收入与其创造的科学价值、经济价值、社会价值紧密联系。华南师范大学制订5个等级的特设岗位津贴实施方案，根据教学科研人员的工作表现给予定酬，多劳多得。支持高校赋予领衔科技专家更大的技术路线决策权、经费支配权和资源调动权。华南农业大学引进美国科学院院士E.Peter Greenberg教授，成立群体微生物研究中心，该中心人事、财务和设备全部单列，学校负责给机制、给经费、配人员，中心负责自主运作。赋予高校自主决定科技成果的实施、转让、对外投资和实施许可等科技成果转化事项的权限，明确用于奖励科研负责人、骨干技术人员等重要贡献人员和团队的收益比例不低于60%，且不纳入绩效工资管理。广东工业大学陈新教授的团队专利实施许可申请获批，以获得500万元专利许可费的方式实施转化，团队获得了90%的收益，共450万元奖励。

争一流，加快实施建设高水平大学发展战略。从2015年起，先后启动高水平大学建设、高水平理工科大学和理工类学科建设，以“双高”对接建设世界一流大学和一流学科重大战略决策。高校办学活力充分激发，人才培养质量不断提高，科研创新和服务经济社会发展能力显著提升，各项重要指标呈快速上升态势。2017年有11所高校入选USNews、ARWU、THE和QS排行榜，较2014年增加7所；有56个、5个学科入围ESI全球排名前1%和前1‰，较2014年分别增长60%和1.5倍。2016年高校与企业合作申报获立项的科技类纵向项目及企业委托横向项目共计8504项，批准经费较2014年增长1.5倍；与企业合作完成的项目获各级各类科技政府奖共164项，较2014年增54.7%。

(三)河南省坚持政府主导完善学前教育公共服务体系

近年来，河南省以推进实施学前教育行动计划为抓手，围绕“扩资源、健机制、提质量”的核心任务，压实各级政府责任，加大财政投入力度，深化体制机制改革，积极构建公益普惠的学前教育公共服务体系。

夯实政府责任。一是组织领导到位。省委、省政府连续多年把幼儿园建设任务列入“十大民生工程”，纳入对市县政府的目标考核体系，建立工作台账，完善监管机制，一级抓一级，层层抓落实。二是经费保障到位。在管好用好专项资金的基础上，各级财政按照“预算有单列，增量有倾斜”的要求，加大投入力度，逐年提高财政性学前教育经费在财政性教育总投入中的比重。三是督导检查到位。各级学前教育工作领导小组定期开展专项督查，对学前教育行动计划推进情况实施跟踪问效。

扩充普惠资源。一是加快发展公办幼儿园。推动实现 3 万人口以上乡镇至少举办 2 所、3 万人口以下乡镇至少举办 1 所标准化公办中心幼儿园；有效利用农村中小学闲置校舍改建成安全、达标的公办幼儿园，逐步实现大村独立办园、小村联合办园或建分园。出台《河南省城镇小区配套幼儿园建设管理办法》，明确土地划拨政策，实行“交钥匙”工程，确保优先办成公办幼儿园。二是积极扶持普惠性民办幼儿园。制定《河南省普惠性民办幼儿园认定及管理工作的指导意见》，各地采取以奖代补、政府购买服务、减免租金、培训教师等措施，支持民办园提供更多普惠性学位。三是推动学前融合教育发展。省政府出台支持学前融合教育发展政策，安排专项资金支持 92 所普通幼儿园开展学前融合教育试点，近 500 名特殊儿童获得与正常儿童同等的入园机会。2017 年，全省学前三年毛入园率为 86.45%，普惠资源覆盖率达到 80%。

完善保障机制。一是完善经费保障机制。出台《关于完善学前教育经费保障机制的意见》，从 2018 年春季学期起，改变以在编教师数核拨经费的做法，建立以在园幼儿数为主要依据的经费核拨机制。实施公办园生均财政拨款综合定额，按照省级 7000 元、市级 5000 元、县级及以下 3000 元保底标准核拨；对特殊教育幼儿园和随班就读的残疾幼儿按照生均 10000 元标准拨付（含民办）。实施普惠民办幼儿园财政奖补政策，按照不低于 200 元的标准给予生均经费奖补；按照每新增 1 个标准班市辖区不低于 7 万元、县级及以下不低于 5 万元给予建设资金奖补。二是完善教师补充和待遇保障机制。实施师资补充计划，通过公开招聘教师、小学富余教师转岗、招聘巡回支教志愿者等补充幼儿园教师，2017 年全省幼儿园专任教师 19.8 万人，比 2010 年增加 12.6 万人；支持解决好公办幼儿园非在编教师工资待遇偏低问题，引导、监督民办幼儿园配足配齐教职工并保障其工资待遇。三是完善管理体制和指导帮扶机制。推进实施以县直幼儿园和乡镇中心幼儿园为核心的县域、镇域一体化管理模式，实行办园经费、教师调配、师资培训、保育教育等方面的统筹管理，构建省、市、县、乡、园五级全覆盖的教研网络。

七、教育行政管理法治化存在的主要问题

（一）依法行政的法律法规不够健全

有法可依是依法行政的前提。目前教育立法与新时代教育改革与发展的新形势和新任务相比，还不能够完全适应。教育法律体系不健全，学校法、考试法、学前教育法、终身教育法、学校安全法、教育投入法等重要教育法律还缺位，亟待创设；《中华人民共和国学位条例》《中华人民共和国教师法》《中华人民共和国职业教育法》等法律由于制定时间较早，其中一些规定已经不能完全适应新形势的要求，亟待修订。教育行政执法制度还不够健全、不够细化，有的操作性不够强。在教育行政程序制度建设方面，我国已经颁行了行政诉讼法，出台了多部行政行为程序制度，但尚未制定全国统一的、涵盖各个领域和层次的教育行政程序法，相关工作需要继续推进。

（二）全面推进依法行政的力度不够

教育行政部门虽然已经具备了依法行政的意识，但是有的工作人员法治思维和法治能力不强，依法治教的能力水平仍然不足，与建设法治政府的要求不相适应，教育治理能力现代化仍需提升。文件多、会议多，“文山会海”依然严重，以会议落实会议，以文件落实文件，懒政怠政，形式主义、官僚主义现象比较突出。行政审批事项需要进一步减少，门好进、脸好看，但事难办的现象依然存在。重审批，轻管理，有的行政审批项目已经取消或者下放了，却没有相应地加强事中事后监管，出现了监管缺失。教育行政执法薄弱，与维护教育秩序和师生权益的需求不相适应。教育尤其是社会教育的管理长期以来多头

执法、分散执法的状况亟待改变，集中行使教育行政处罚权已是势所必然。"运动式"执法、折腾式执法、人情式执法，在一些地方时有发生。必须尊重教育发展规律和人才培养的客观规律，切实减轻学校和教师的额外社会负担，让教育回归"本源"、回归"初心"，办"平静的教育"。地区之间教育水平的差距仍然较大，教育事业均衡发展任重道远，教育精准扶贫的力度需要加大。

（三）教育管办评分离改革的步伐不大

一是在"管"的问题上，有的地方的职能部门要么不愿放权，把权力当成了利益；要么不会放权，不知道哪些权力应该下放、哪些权力不该下放；要么不敢放权，怕放权以后，下级闯了祸，自己受到牵连，要担责。有的偏重管不重理，要么僵化死板执行上级政策，结合实际不够；要么打折扣做选择，造"盆景"抬政绩，致使中央方针政策不能落地；要么学校办学自主权走形变样，行政部门首长变成总校长，对学校事无巨细、一管到底，校长负责制成为摆设；有的对非法办学行为包庇纵容，乱象不断；有的激发教师积极从教的手段不多，体制机制仍然不活；有的在教育资源配置上仍然延续惯性思维，锦上添花多，雪中送炭少，校际差距明显。二是在"办"的问题上，学校的办学主体意识不强，办学积极性不高，"等""靠""要"思想严重，在办学活动中缺乏创新与活力。三是在"评"的问题上，社会参与教育评价的机制不够健全，评价机构的独立性、公信力和专业性不强，作用发挥不够好，社会参与度不够，未建立健全相关社会评价失职的问责机制，无法切实保障管、办、评分离改革的实施效果。

八、教育行政管理法治化的发展趋势

（一）教育法律法规将进一步完善

国家将通过教育立法，使教育系统依法行政的依据更加完善周密，把教育行政权关进制度的笼子。制定学校法、考试法、学前教育法、终身教育法、学校安全法、教育投入法等重要教育法律，修订《中华人民共和国学位条例》《中华人民共和国教师法》《中华人民共和国职业教育法》等已经不能完全适应新形势需要的教育法律。建立党领导教育的规范性法规，建立教育重大决策事项民意调查制度，进一步健全教育行政机关工作人员依法行政工作培训和教育系统行政执法人员系统培训的制度，完善教育行政执法程序制度和救济制度。建立规章和规范性文件的编撰和解释制度。由法治工作机构统一归口，做好规范性文件的“立、改、废、释”工作。健全依法决策机制和规范性文件合法性审查机制，确保合法行政、合理行政。做好规范性文件清理工作，确保教育法治的统一性。通过规范性文件清理工作摸清底数，上下统一。规范性文件不能违背上位法律法规和规章，不得设定行政许可、行政处罚、行政强制等事项，不得违法增加师生、学校和其他教育机构的义务。对于违反上位法，或者违规设定行政许可等事项的规范性文件，要坚决废除或修改。规范性文件之间应当相互协调、前后一致。有的行政审批是变相的，通过备案、改变审批条件等方式进行，这也是违反法律规定的，应当予以禁止。

(二)依法治教将全面深入开展

在全面推进依法治国的新时代，必将深入推进依法治教、依法行政。依法治教是现代教育行政管理运作的基本准则。按照法治政府、服务政府、责任政府、有限政府、效能政府的要求，需要更多地运用法律、规划、信息、拨款、政策扶持等方式，实施教育管理。必须深入推进教育行政执法体制机制改革，明确执法程序和要求，建立权责明确、行为规范、程序正当、监督有效的教育行政执法体制，以执法促进公平，维护教育事业科学发展的有序环境。进一步完善行政审批、行政处罚和行政检查制度，实现教育行政执法常态化、规范化。全面推进教育行政执法责任制，建立教育行政权力清单、责任清单和负面清单，保证教育法律法规规定的执法任务落到实处。规范教育系统政务服务，编制公布各级教育政务服务事项清单，深入推进教育行政审批标准化建设。完善与其他部门的行政执法协调机制，完善内部监督制约机制。适应21世纪大数据时代的新要求，大力推动“互联网＋政务服务”体系建设，努力做到教育政务信息“全域共享”。进一步加强教育执法机构和队伍建设，全面实行执法人员资格管理和培训制度。探索设立全面依法治教实践区，推动各地建设青少年法治教育实践基地。制定依法治校评价体系和考核办法。

(三)教育行政执法改革将加速推进

十八届四中全会审议通过的《中共中央关于全面推进依法治国若干重大问题的决定》要求"深化行政执法体制改革"，提出推进综合执法、坚持严格规范公正文明执法、全面落实行政执法责任制等。习近平总书记多次提出法律的生命力在于实施，法律的尊严也在于实施，要求深入推进法律实施。教育系统将把推进教育行政执法作为依法行权、依法履职的重要方式，构建高效的教育法治实施体制。通过执法推动教育法律实施，推进教育依法治理。第一，将进一步转变教育执法观念。长期以来，有人认为教育法律是"软法""水法"，操作性不强、强制力不够。有的认为教育行政部门不是执法部门、没有执法权力。按照行政执法责任制的要求，教育行政部门作为教育管理部门，当然有执法的权力和责任。而且教育法律也是"硬法"，在有关条文中规定了明确的法律责任，提供了教育执法的法律依据。第二，将进一步转变管理方式。长期以来，教育行政机关在工作中更多的是靠行政命令、行政处分等方式进行教育行政管理。在全面推进依法治国、建设法治政府的新时代，法治方式已经成为教育治理的基本方式，教育行政机关将更多地运用行政执法的方式进行教育管理。第三，将进一步加强重点领域综合执法。对学校违规办学、违规招生、侵犯学生权益、教师违背师德规范等行为开展综合执法，积极会同财政、公安、工商、税务、民政等部门建立教育联合执法机制。着力解决教育行政执法不力问题，以执法实践促进法律制度的不断完善，促进教育管理的重心和方式由内部行政管理，向外部行政执法、依法监管转变，实现教育执法活动的常态化、规范化。第四，将进一步推进执法规范化。完善行政执法程序，明确具体操作流程，规范行政许可、行政处罚、行政强制、行政检查等教育领域常用执法行为。建立健全行政裁量权基准制度。推行行政执法公示制度，规范行政执法文书，建立行政执法案卷归档、评查制度。完善教育行政审批、行政处罚、行政执法检查制度，实现教育行政执法常态化、规范化。第五，将进一步加强执法机构和队伍建设。运用多种途径加强执法机构和队伍建设，实行执法人员资格管理和培训制度。调整内部机构设置、打破职权分割、整合执法力量，实现相对集中行使执法权。明确不同机构、不同岗位的执法责任，全面建立行政执法责任制和责任追究制度，真正实现有权必有责，用权受监督，失职必追究。

（四）“放管服”改革将不断深化

改革没有回头路，教育行政改革永远在路上。将持续推进《教育部等五部门关于深化高等教育领域简政放权放管结合优化服务改革的若干意见》的贯彻落实。教育管理向教育治理转型，恰当界定教育行政与其他社会主体的互动关系，依法规范教育行政与社会共治的内容、形式、程序，特别是治理权的授予和取得等都需要制度化、规范化。进一步规范教育行政审批，开展规范性文件清理。推进高校分类管理，研制高校分类设置标准，探索对省级政府新批准设置的专科学校进行备案抽查。加快推进教育标准化工作，成立国家教育统计专家指导委员会，实施教育统计数据质量提升计划。适应大数据时代的要求，加快推进教育政务信息系统整合共享，提高教育政务服务水平，通过权力问责机制，加大对违法、失职行为的追惩力度，全面推进依法治教。继续推进教育管办评分离改革，进一步下放权力，充分激发学校办学的“内生动力”，发挥社会专业组织评价教育的作用。制定权力清单和责任清单，推进教育行政部门依法行政。制定权力清单，职权法定。各级教育行政部门将进一步依法明确自身的职能、权限、程序、责任，制定并公布权力清单、责任清单、有效性规范性文件清单。依法清理、精简行政权力，重点梳理在行政许可、行政处罚、学校管理等方面的职责，纠正不作为、乱作为；根据依法行政的需要，推进内部机构的整合、调整，优化权力运行流程，提高权力运行效率，加强权力运行风险防控，切实提高监管能力和服务水平。建立部门内部权力集中岗位清单，实行分事行权、分岗设权、分级授权，定期轮岗，强化内部流程控制，防止权力滥用。明确责任清单，不揽权诿责。制定负面清单。制定针对高等学校的负面清单，负面清单之外的事项由学校依法自主决定，充分落实和扩大高校办学自主权，释放和激发高校办学活力。从而推动教育的现代化，建设世界教育强国。

(五)对公民受教育权益的保护与救济将更加注重

党的十八大以来,保障公民享有更多受教育机会,始终被列入中国教育事业发展的首要目标;促进教育公平和提高教育质量,始终是中国推进教育改革与发展的两个重要维度。随着中国进入全面依法治国的新时代,公民的权利意识显著增强。近年来,教育行政复议和诉讼的数量急剧增加,教育行政机关必将更加重视行政复议和行政应诉工作,不断提高通过司法途径化解纠纷、维护权益的能力。2017 年 6 月修订、7 月 1 日施行的新的《中华人民共和国行政诉讼法》,使教育行政面临新的法治环境。新法扩大了受案范围,由具体行政行为改为行政行为,而且行政协议也管辖。扩大了审查范围,过去只审查合法性,修订后也审查合理性,对明显不当行政行为可以撤销。扩大了被诉类型,过去行政复议案件只要复议机关维持原意见,行政诉讼只能起诉作出行政行为的机关,而现在复议机关即使维持,也被列为共同被告。提高了行政机关负责人出庭应诉的要求,被诉行政机关负责人应当出庭,不能出庭的应当委托行政机关相应的工作人员出庭。改变了立案体制,行政诉讼立案由审查制变为登记制,只要符合条件 7 日内应予立案。这些新变化,对行政机关提出了更高的要求。迫使教育行政机关工作人员必须进一步增强法治意识,提高法治能力,严格依法履职;健全行政复议案件处理机制,规范工作流程。健全教师和学生的行政申诉制度。建立学生伤害事故调解制度,设立区域调解委员会。创新信访工作机制,建立重大案件协商制度,积极运用法治方式处理信访案件。在招生、职务评聘、学术评价、学术不端行为认定等领域试行专业裁量或者仲裁机制,引导公民通过法治途径,合法合理表达诉求,妥善处理各类教育纠纷。健全行政诉讼应诉机制。建立重大行政诉讼案件部门负责人出庭应诉机制,尊重司法监督。健全诉讼代理人制度,保证依法积极应对诉讼纠纷,从而更好地适应全面依法治国、依法治教的发展趋势。

参考文献：

[1]习近平.在庆祝改革开放 40 周年大会上的讲话[EB/OL].[2018-12-18]. http://www.xinhuanet.com/2018－12/18/c_1123872025.htm.

[2] 郝铁川.党历史上四次法治建设重要会议[N].法制日报，2014-11-26(7).

[3] 孙霄兵.教育法制建设新实践[M].北京：高等教育出版社，2012.

[4]孙霄兵.新常态下依法治教的思考[J].国家教育行政学院学报，2015(7).

（作者：徐兴旺　许明学　曾艳）

职业教育财政保障制度建设探究

为贯彻落实《教育部、重庆市人民政府共建现代职业教育体系国家制度建设试验区实施方案》，积极推进现代职业教育体系国家制度建设试验区建设，重庆市教委围绕试验区建设的重点任务，设立了“现代职业教育体系国家制度建设研究”重大项目。重庆市高等职业技术教育研究会组织相关人员承担了“职业教育经费投入保障制度建设研究”子课题的研究任务，该课题分为“职业教育财政保障制度建设研究”和“职业教育社会投入制度建设研究”两个研究方向。这里呈现的是“职业教育财政保障制度建设研究”研究报告。

一、我国职业教育经费保障制度建设情况

(一)全国人大及其常委会制定的相关法律

1.《中华人民共和国教育法》关于“教育投入与条件保障”的规定。

在政府举办的学校及其他教育机构，国家建立以财政拨款为主、其他多种渠道筹措教育经费为辅的体制，逐步增加对教育的投入，保证国家举办的学校教育经费的稳定来源。企业事业组织、社会团体及其他社会组织和个人依法举办的学校及其他教育机构，办学经费由举办者负责筹措，各级人民政府可以给予适当支持。

2.《中华人民职业教育法》关于“职业教育的保障条件”的规定。

国家鼓励通过多种渠道依法筹集发展职业教育的资金。省、自治区、直辖市人民政府应当制定本地区职业学校学生人数平均经费标准。职业学校举办者应当按照学生人数平均经费标准足额拨付职业教育经费。各级人民政府、

国务院有关部门用于举办职业学校和职业培训机构的财政性经费应当逐步增长。

3.《中华人民共和国高等教育法》关于“高等教育投入和条件保障”的规定。

高等教育实行以举办者投入为主、受教育者合理分担培养成本、高等学校多种渠道筹措经费的机制。国务院和省、自治区、直辖市人民政府依照教育法第五十六条的规定，保证国家举办的高等教育的经费逐步增长。国家鼓励企业事业组织、社会团体及其他社会组织和个人向高等教育投入。

(二)国务院制定的相关法规和规范性文件

1.《国家中长期教育改革和发展规划纲要(2010—2020年)》关于“保障经费投入”的规定。

加大教育投入。要健全以政府投入为主、多渠道筹集教育经费的体制，大幅度增加教育投入。各级政府要优化财政支出结构，统筹各项收入，把教育作为财政支出重点领域予以优先保障。完善各级教育经费投入机制，保障学校办学经费的稳定来源和增长。

2.《国家教育事业发展“十三五”规划》关于“完善教育投入机制”的规定。

优先保障教育投入。坚持把教育作为各级人民政府财政支出重点领域给予优先保障，保证国家财政性教育经费支出占国内生产总值的比例一般不低于4%。

3.《国务院关于大力发展职业教育的决定》(2005年)。

依靠行业企业发展职业教育，推动职业院校与企业的密切结合。

多渠道增加经费投入。各级财政安排的职业教育专项经费，重点支持技能型紧缺人才专业建设，职业教育师资培养培训，农业和地矿等艰苦行业、中西部农村地区和少数民族地区的职业教育及成人教育发展。从2006年起，城市教育费附加安排用于职业教育的比例，一般地区不低于20%，已经普及九年义务教育的地区不低于30%。

4.《国务院关于加快发展现代职业教育的决定》(国发〔2014〕19号)关于

"提升发展保障水平"的规定。

完善经费稳定投入机制。各级人民政府要建立与教学规模和培养要求相适应的财政投入制度，地方人民政府要依法制定并落实职业院校生均经费标准或公用经费标准，改善职业院校基本办学条件。地方教育附加费用于职业教育的比例不低于30%。

健全社会力量投入的激励政策。鼓励社会力量捐资、出资兴办职业教育，拓宽办学筹资渠道。

（三）教育部等政府部门制定的相关规章和规范性文件

1.《财政部、教育部关于建立完善以改革和绩效为导向的生均拨款制度加快发展现代高等职业教育的意见》（以下简称《意见》）（财教〔2014〕352号）。

2017年各地高职院校年生均财政拨款水平应当不低于12000元。2017年以前，对于年生均财政拨款水平尚未达到12000元的省份，中央财政以2013年为基期对各地生均财政拨款水平增量部分按一定比例给予拨款标准奖补。具体奖补比例，根据东部地区25%、中西部地区35%的基本比例以及各省财力状况等因素确定。对于年生均财政拨款水平已达到12000元且以后年度不低于这一水平的省份，中央财政给予拨款标准奖补并稳定支持。2017年，对于年生均财政拨款水平仍未达到12000元的省份，除不再给予拨款标准奖补外，中央财政还将暂停改革绩效奖补；教育部将在下一年度招生计划安排时予以必要限制，并对其高校设置工作予以调控。

《意见》落实情况：截至2015年12月，我国31个省（自治区、直辖市）已经全部建立了高职院校生均拨款制度，为实现2017年各地高职院校年生均财政拨款水平不低于12000元的目标奠定了良好基础。

2.财政部、教育部、人力资源和社会保障部《关于建立完善中等职业学校生均拨款制度的指导意见》（财教〔2015〕448号）。

到2016年底，各地应当建立完善中职学校生均拨款制度。以后年度，要结合财力积极采取有效措施，不断提高生均拨款水平，逐步建立生均拨款标准动态调整机制。

3.《教育部、国家发展改革委、财政部关于引导部分地方普通本科高校向应用型转变的指导意见》(教发〔2015〕7号)。

加大改革试点的经费支持。各地可结合实际情况,完善相关财政政策,对改革试点统筹给予倾斜支持,加大对产业发展急需、技术性强、办学成本高和艰苦行业相关专业的支持力度。建立以结果为导向的绩效评价机制,中央财政根据改革试点进展和相关评估评价结果,通过中央财政支持地方高校发展等专项资金,适时对改革成效显著的省(自治区、直辖市)给予奖励。高校要健全多元投入机制,积极争取行业企业和社会各界支持,优化调整经费支出结构,向教育教学改革、实验实训实习和"双师双能型"教师队伍建设等方面倾斜。积极创新支持方式,探索政府和社会资本合作(PPP)等模式,吸引社会投入。

(四)重庆市人大、政府和教育等行政部门出台的相关地方性法规、规章和规范性文件

1.《重庆市职业教育条例》关于"保障措施"的规定。

建立政府为主、多方筹资的职业教育经费保障机制。通过财政拨款、民间办学、委托培训、有偿服务、校办企业、社会捐赠等多种途径筹集职业教育经费,并依法享受税费优惠政策。市人民政府应当制定职业学校学生人均经费标准。职业学校举办者应当按照学生人数平均经费标准足额拨付职业教育经费。市、区县(自治县)人民政府用于教育的财政性经费应当保证职业教育经费的逐步增长。

2.重庆市人民政府2017年《政府工作报告》。

优化教育经费支出结构,稳步提高生均拨款标准。加快构建现代职业教育体系,强化中职与高职、应用技术本科衔接,深化产教融合、校企合作。

3.《重庆市财政局关于民办高等职业院校生均公用经费财政补助标准的通知》(渝财教〔2012〕124号)。

民办高等职业院校生均公用经费补助所需资金,由市级和学校所在区县(自治县)共同承担,其中:市级承担80%,区县承担20%。

该通知明确:民办高等职业院校生均公用经费财政补助:一般院校,理

工类 1700 元/生·年，文科类 1400 元/生·年；示范（骨干）院校，理工类 2000 元/生·年，文科类 1700 元/生·年。

4.《关于印发重庆市民办高校财政扶持资金管理办法的通知》（渝财教〔2016〕53 号）。

办法进一步加强了财政扶持资金管理，提高了资金使用效益。如：财政扶持资金支持范围为重庆市实施全日制高等学历教育的民办普通本科高等学校（含独立学院）、民办高等职业院校（以下简称民办高校），不包括民办非学历高等教育机构。财政扶持资金列入市级教育经费年度部门预算安排。财政扶持资金由生均补助经费和以绩效为导向的发展专项资金两个部分组成。生均补助经费安排用于对民办高校日常运行开支进行补助；发展专项资金安排用于支持民办高校内涵发展，主要包括教育教学质量提升和改革，实习实训设施设备和科研活动开展，图书设备购置和教育信息化建设，师资队伍建设和高水平团队建设等。财政扶持资金安排坚持向办学中明确不取得合理回报的民办高校倾斜；向办学行为规范、特色突出、教学质量高、社会声誉好的民办高校倾斜；向举办方投入力度大、债务管控有力的民办高校倾斜。该办法附件调整了 2016 年民办高校生均经费补助标准，按照取得合理回报、不取得合理回报划分：专科人文社科类，1300 元/生·年，1500 元/生·年；专科理工科（含艺术）类，1500 元/生·年，1700 元/生·年。

5.重庆市财政局、重庆市教委《关于印发完善提高重庆市市属公办高等职业院校生均拨款水平实施方案的通知》（渝财教〔2015〕210 号）。

通知要求完善提高重庆市市属公办高等职业院校生均拨款水平实施方案，促进全市高等职业教育改革发展，全面提高高等职业教育质量。有关区县人民政府应当按照财政部、教育部规定要求，到 2017 年将所属公办高等职业院校全日制普通高职专科学生生均拨款水平提高到 12000 元，所需经费由区县政府予以解决，市级财政给予奖补。截至 2015 年底，全国 31 个省（自治区、直辖市）建立了生均拨款制度。

（五）其他省级政府和行政部门出台的地方性法规、规章和规范性文件

《上海市中长期教育改革和发展规划纲要（2010—2020 年）》《上海市促进

民办教育发展专项资金管理办法》(2016 年修订)和《上海市高等职业教育创新发展行动计划(2015—2018 年)实施方案》(2016 年)等文件鼓励行业企业通过多种形式参与职业教育,建立非营利民办职业院校政府专项扶持机制。2007 年《关于调整本市中等职业学校生均公用经费定额标准的通知》要求,根据不同专业类型的生均公用经费需求分为 7 个等级的定额标准,采用“分段定额级差拨款办法”,实施中职学校生均公用经费定额拨付;2007 年出台了《上海市人民政府关于建立健全普通本科高校、高等职业学校和中等职业学校家庭经济困难学生资助政策体系的实施意见》,2013 年市财政局和市教委拟订《关于调整本市公办中等职业学校生均公用经费拨款定额标准方案》,在现行标准基础上提高 50%,市政府已经批准实施。

《广东省人民政府关于深化教育领域综合改革的实施意见》(2015 年)、《关于建立完善我省高职院校生均拨款制度的实施意见》等文件分别从设立省民办教育发展专项资金、加强规费减免及税收优惠、建立完善高职院校生均拨款制度、完善民办教育公共财政补贴、购买服务和奖励激励制度等方面作出明确规定。

山东省出台了《关于加快建设适应经济社会发展的现代职业教育体系的意见》等政策;《关于全部免除中等职业教育学费的通知》等政策规定,从 2013 年秋季学期起对全省中职教育在校生全部免除学费;《关于支持发展现代职业教育有关税收政策的通知》明确营业税、企业所得税、个人所得税等 9 个税种通过免税等方式优惠支持现代职业教育发展,如“鼓励企业接收学生实习、实训、学徒,企业为接收学生实习实训支付的报酬等费用支出,按规定在计算应纳税所得额时扣除”,“对从事学历教育的学校提供教育劳务取得的收入,免征营业税”,“对企业通过公益性社会团体或者县级以上人民政府及其部门,用于教育事业的捐赠支出,在年度利润总额 12%以内的部分,准予在计算企业所得税应纳税所得额时扣除”。

浙江省建立了“生均拨款+专项资助+年终考核+奖补机制+激励机制”的经费保障机制,2012 年先后颁布了《中等职业教育质量提升转移支付资金管理暂行办法》《关于完善中等职业教育财政政策的意见》《浙江省中等职业学校生均经费标准指导意见》3个政策性文件。

江苏省发布了《关于建立健全中等职业教育经费保障机制的通知》，具体要求有：制定并逐步提高中等职业学校生均财政拨款基本标准；建立健全中等职业学校综合预算制度；教育费附加用于职业教育的比例不低于30%，安排专项资金，推进职业学校布局结构调整；贯彻落实中央和省有关职业教育助学金和免学费政策，加大中等职业教育扶困助学力度。

上述法律、法规及政策文件对职业教育经费筹集渠道、生均经费标准、地方教育费附加的使用、奖学金和贷学金的设立、单位或个人对高职教育经费的资助和捐赠等作出了宏观的规定。如：国家鼓励通过多种渠道依法筹集发展职业教育的资金；省、自治区、直辖市人民政府应当制定本地区职业学校学生人数平均经费标准；国务院有关部门应当会同国务院财政部门制定本部门职业学校学生人数平均经费标准；职业学校举办者应当按照学生人数平均经费标准足额拨付职业教育经费；对经济困难的学生和残疾学生应当酌情减免(学费)；国家支持企业、事业组织、社会团体、其他社会组织及公民个人按照国家有关规定设立职业教育奖学金、贷学金，奖励学习成绩优秀的学生或者资助经济困难的学生；国家鼓励企业、事业组织、社会团体、其他社会组织及公民个人对职业教育捐资助学，鼓励境外的组织和个人对职业教育提供资助和捐赠。

上述规范性文件对职业教育的经费投入作出了明确、具体的规定。如：保证国家财政性教育经费支出占国内生产总值的比例一般不低于4%。一般企业按照职工工资总额的1.5%足额提取教育培训经费，从业人员技术素质要求高、培训任务重、经济效益较好的企业可按2.5%提取，列入成本开支。从2006年起，城市教育费附加安排用于职业教育的比例，一般地区不低于20%，已经普及九年义务教育的地区不低于30%。地方教育附加费用于职业教育的比例不低于30%。2017年以前，对于年生均财政拨款水平尚未达到12000元的省份，中央财政以2013年为基期对各地生均财政拨款水平增量部分按一定比例给予拨款标准奖补。具体奖补比例，根据东部地区25%、中西部地区35%的基本比例以及各省财力状况等因素确定。对于年生均财政拨款水平已达到12000元且以后年度不低于这一水平的省份，中央财政给予拨款标准奖补并稳定支持。渝财教〔2015〕210 号文件还规定：市属公办高等职业院校生均财政拨款包括年初预算生均定额、绩效拨款等部分组成；为体现高等职业院校专业大类集中度和不同类型（层次）高等职业院校办学特色，通过设置学校专业大类系数和学校办学层次系数，完善提高年初预算生均定额标准。其中，专业大类系数：根据高等职业院校专业大类集中度分为管理类、理工类和医学艺术类系数。即以管理类专业大类为主的学校系数为 1，以理科类专业大类为主的学校系数为 1.05，以医学和艺术类专业大类为主的学校系数为 1.1。办学层次系数：根据高等职业院校是否属于国家示范（骨干）高等职业院校和市级示范（骨干）高等职业院校，分 3 档确定系数。即国家示范（骨干）高等职业院校系数为 1.1，市级示范（骨干）高等职业院校系数为 1.05，其他高等职业院校系数为 1。

二、国外职业教育财政保障制度情况

（一）美国社区学院

美国实行联邦制，其进入高等教育阶段的社区学院是其实施高中后职业教育的重要机构之一。美国社区学院经费来源渠道很多，以州政府及州以下的各级地方政府拨款为主。经费来源多渠道和投入主体多元化，是美国社区学院经费保障机制的重要特点。美国社区学院通常有 6 个收入来源：学生支付的学杂费、联邦资金、州拨款、地方资金、来自销售和提供服务的收入以及其他来源。

政府投入是美国社区学院经费的主要来源。美国社区学院最主要的经费来源于州政府及其以下地方政府的拨款。多年来，社区学院资金显著的特点是来自学杂费、地方税和州收入的比例不断地变化，趋势是朝着越来越多地依赖于学杂费作为一项收入来源的方向发展。另一大主要趋势是，对于州来说，州比地方学区承担越来越多的份额。同时，通过立法强化联邦政府投入，也是美国职业教育经费保障机制的一个重要特征。2012 年以联邦支持的形式对所有 50 个州的职业/生涯与技术教育提供 13 亿美元，占 5%。

美国职业教育经费保障的相关法律有,《职业教育法》《为民主服务的高等教育》《中等收入学生援助法案》等,规定了联邦政府对职业教育拨款标准。

(二)德国应用技术大学

德国应用技术大学的经费大部分由政府承担,基本上分为3种情况,对于修读第一学位的学生,也就是处于正常学习阶段的学生,学费全部由国家和政府承担;二是对于修读第二学位或未能顺利完成第一学位的学生,其费用由学生自己承担;三是政府提供助学贷款、困难补贴等,以帮助家庭困难的学生能安心学习,完成学业。另外,企业通过实践培训等项目,为应用技术大学提供一定的经费支持。德国《职业教育促进法》对经费问题的总体解决有明确的法律规定和保证。

多渠道、全方位的经费保障制度是德国应用技术大学发展的重要保证,其中,政府拨款是主体,占2/3。1999—2003年间,应用技术大学的经费来源中政府补贴占66%,学费占18%,第三方捐赠占7%,其他占9%。政府拨款一般以专业项目数、学生人数和学生的辍学率来衡量,其目的是提高学校的教学效果,提高学生的毕业率。企业为学生提供实习场所,来保证应用技术大学教学的实施。

应用技术大学遍布德国各州,其专业结构随着地方产业和经济发展需求及时调整。德国《职业教育法》明确规定,企业可从事职业教育,并对初级培训合同的签订、培训雇主的义务、受培训人的义务和津贴、培训的控制与监督、罚款规章等各个方面都做了全面的说明,对企业履行职业教育和培训的义务起到了很强的约束作用。企业参与是必须履行的义务,并且享受一定的税收优惠政策。德国的校企合作不但有法律形式的外部制度保障,而且具体的形式是多样的。

启示:应建立健全公共财政体制保障,突出政府投入的主体性,加大政府投入力度,真正体现职业教育的公益性特色,同时鼓励、联合行业企业和其他组织机构参与职业院校建设,采取谁受益、谁负责的策略,拓宽经费筹集渠道,在物质层面保证学校的发展。

德国应用技术大学的法律保障体系:《高等教育法》中规定,应用技术大学与其他高校是“不同类型,但有相同地位”的高等学校,在法律上享有大学应有的各项权利;《职业教育法》重申了职业教育的法律地位和基本结构,强调满足个体需求,国际化发展;《职业学院法》涵盖了高等职业院校运行要素的方方面面;《企业基本法》主要涉及企业的职业教育和学徒培训,规范了企业进行职业教育的相关事项,明确规定行业协会在企业职业教育中的权利和义务。

德国职业教育的相关法律成套成系列,如《职业教育法》《职业教育促进法》,形成了一套完整的相互衔接的法律体系。

德国应用技术大学的经费保障体系:德国的应用技术大学大多为公立学校,办学经费由联邦政府拨款,州政府和地方政府共同承担。此外,德国应用技术大学由多个部门协同参与管理,经费来源也呈多元化。除政府支持外,还存在企业和个人等多方集资的方式。主要有5种方式,一是政府资助,其中,州政府主要负责学校内部事务的成本(包括建立课程计划、教职工的工资和养老金等人事费用),而学校外部事务的经费由地方政府负责(包括建造和维修学校大楼、教学与学习资源的采购及管理人员的工资和养老金等)。二是企业直接资助,是指企业在法律规定的范围内,直接出资建立自己的职业培训中心,购置教学仪器设备并承担实训教师的工资和学徒的培训津贴,其资助的行业、培训学生的数量及金额都由企业自己决定。三是企业集资资助,所有同一行业的企业根据本行业的特点,集资举办该行业共同需要的企业外培训中心的资助形式。这种资助通常以各种基金会的形式存在。四是企业外资助,是一种国家为企业提供税收优惠政策而构成的间接资助形式,指的是,在企业直接资助和集资资助的基础上,企业本应用于培训或交纳给基金会的资金,在某种情况下可从上交给国家的税款中以一定的比例扣除,体现国家对职业培训的重视。五是个人资助,是指人们为了获得个人能力和职位上的提升而选择自己支付高等职业教育培训费用的形式。由于学员个体情况不同,随意性较大,主要出现在非学历继续教育中。在作为学历教育的应用技术大学中,个人资助的情况很少。

(三)澳大利亚 TAFE 学院

TAFE 学院即职业技术教育学院,是澳大利亚高等教育的重要组成部分,相当于中国的高等职业教育层次。TAFE 学院是澳大利亚联邦政府和各个州政府共同投资兴建并进行管理的庞大教育系统。

澳大利亚 TAFE 学院教育投入结构主要为:政府拨款,学校自身盈利资金,学生学费收入,社会、企业捐赠等其他收入。政府拨款基于行政区域可分为联邦政府和州/地方政府的教育投入,基于经费类别则分为政府经常性拨款和政府专项拨款;学校自身盈利资金分为提供产品与服务的盈利收入和学院金融投资的利息收入两大部分;学生学费收入则是与学生相关的各种费用。总之,澳大利亚高职教育投入来源主要有 4 个方面,即政府、学校、学生和其他收入。

三、我国职业教育财政保障制度建设中存在的问题

随着我国经济的发展及国家对职业教育的重视,全国人大及其常委会、国务院、相关部委以及重庆市人大和人民政府针对职业教育,已经形成了比较系统的保障制度体系,法律、法规及规范性文件等使得经费投入有了制度依据,这是我国职业教育经费投入保障制度建设方面取得的一系列制度成果。但在形成较完善的制度体系的同时,也存在着一些问题:

(一)应用技术型本科院校的生均财政拨款制度尚未建立

2014 年,国务院开始引导一批地方普通本科院校向应用技术型本科院校转型发展,但专门支撑经济转型发展的、具有应用技术型本科院校特色的生均财政拨款制度并没有出台。应用技术型本科院校中实践教学环节相对普通本科院校要多,在办学层次方面又高于高职专科学校,一般情况下,应用技术型本科院校的生均教育成本支出要高于普通本科院校和高职专科学校,所以,在生均拨款制度方面,有必要将应用技术型本科院校与普通本科、高职专科院校

的生均拨款制度进行一定的区分。

（二）高职院校教育经费与本科院校差距较大

我国职业教育近年来的财政经费投入增长较大，但从调研的情况来看，有很多学校经费仍然紧张，不能满足教育教学支出的需要。同时，与本科院校相比，生均财政经费拨款仍然较低，不能满足高职教育高成本的需要。《中国教育经费统计年鉴》显示：2014 年生均公共财政预算教育经费支出中，高等本科学校为 19308.19 元，而高职高专学校为 10147.61 元，相差 9160.58 元；生均教育经费支出中，高等本科学校为 30161.89 元，而高职高专学校为 17473.80 元，相差 12688.09 元。

（三）生均经费标准不一

《财政部、教育部关于建立完善以改革和绩效为导向的生均拨款制度加快发展现代高等职业教育的意见》中规定：2017 年各地高职院校年生均财政拨款水平应当不低于 12000 元。但调研情况显示，2016 年已达到 12000 元标准的院校，占 56.25％；10000 元以下的占 18.75％。东、中、西部地区差距较大，东部地区高的达到了 30000 余元，而中、西部地区低的不到 10000 元；即使同一区域内的不同省、同一省内不同主管部门的不同学校，生均经费也不尽相同，如东部发达地区，最高和最低之间差距达 20000 元。

（四）没有考虑专业办学成本

当前高职教育的生均拨款不但各省（自治区、直辖市）标准不一，且具体到某个省（自治区、直辖市），也没有考虑理工类、文科类之间办学成本的差异。众所周知，理工类的办学成本比文科类要高得多，生均拨款却相同。这就导致各个学校都去举办同质性文科类专业，进一步导致雷同重复，师资短缺，实训设施设备不足，学生就业压力加大。

(五)没有体现产业发展对专业人才的需求

为确保经济平稳增长、增强后劲再上新台阶,国家出台了十大产业振兴规划。各省(自治区、直辖市)也根据当地经济发展情况,确定了相应的支柱产业,如重庆市的“6+1”支柱产业。重庆在做大“6+1”支柱产业的同时,大力推进新兴产业、智慧城市的发展,形成了十大新兴产业集群。这些产业的发展急需大量高端应用型技术技能人才。在职业教育经费投入方面,却没有体现产业发展对专业人才的需求。

(六)行业投入经费不足

行业举办的公办高职院校得到的财政支持,相对政府举办的高职院校要低得多。企业办职业教育具有公益性,而企业的核心经营目标是盈利。在无相关法律规定强制企业履行义务或回报其职业投入的情况下,企业将利润投入公益性职业教育中的做法与企业的盈利目标相背离,偏离了企业的主业。因此,一方面,政府认为行业企业对职业教育投入不够;另一方面,行业企业因成本效益目标不愿意多投,从而导致行业举办的高职院校经费更加紧张。

(七)政策落实不到位

1.生均财政拨款标准不到位。

国家要求2017年各地高职院校年生均财政拨款水平应当不低于12000元,但从调研的数据看,有些地方2016年的生均财政拨款还不到12000元的一半,要想在2017年一下提高到12000元,预计难以实现。

2.三个增长没有完全实现。

《中华人民共和国教育法》规定:财政性教育拨款,应当随着财政经常性收入增长有所增长,且高于财政经常性收入的增长;生均教育经费有所增长;教师工资和生均公用经费有所增长。从实际来看,有的省市反复性较大,一时增长一时下降,2013年、2014年的生均公用经费都在上一年的基础上有所下降。

以重庆为例,2011—2014年的生均教育经费分别为18451.28元、21177.41元、19496.72元、16821.89元;2011—2014年的生均公用经费分别为11376.2元、13908.65元、12380.02元、8853.49元。2013、2014年的两项指标都有较大幅度的下降。

(八)激励机制不健全

《中华人民共和国职业教育法》《中华人民共和国高等教育法》等法律法规都对高职教育经费作出了宏观规定,但微观方面的执行制度不健全。比如:国家鼓励通过多种渠道依法筹集发展职业教育的资金。国家鼓励企业、事业组织、社会团体、其他社会组织及公民个人对职业教育捐资助学,鼓励境外的组织和个人对职业教育提供资助和捐赠。但没有鼓励的具体制度规定,导致社会资金投入高职教育的积极性不高。国家设立了助学金,用于资助家庭经济困难的全日制普通高校本专科学生,但缺乏健全的困难认定制度,导致部分助学金没有发挥真正的困难补助作用。如重庆市政府在落实高职院校2017年生均财政拨款水平不低于12000元的要求时,并没有具体出台落实的时间表,在制度制定这一环节与东、中部地区存在一定的差距。

四、对策与建议

(一)进一步加大财政投入,缩小与本科院校之间的差距

职业院校教师肩负教育教学、科研、社会服务功能,学生则担负知识学习、技术技能训练重任,这就需要建设大量的实习实训基地、购买实习实训设备。因此,职业教育比一般学术型本科院校办学成本更高,需要的办学经费更多。在发达国家,以澳大利亚为例,高职教育的单位成本是普通本科教育的2.62倍;在发展中国家,以马来西亚为例,高职教育生均培养成本是普通本科教育的2.84倍。所以,高职教育经费必须以政府投入为主,并不断加大投入力度,以满足高职教育人才培养对经费的需求。

(二)加大政策扶持力度,促进不同区域职业教育的协调发展

由于自然环境、自然资源、改革开放先后与程度等多种因素的影响,我国东部、中部、西部地区之间的职业教育水平各异。目前,西部地区、贫困地区、少数民族地区的职业教育相对落后,国家应加强统筹,中央财政职业教育专项资金应向其倾斜,进一步增加项目资助,以实现东部、中部、西部地区之间职业教育的协调发展。

(三)加大对企业办学的经费支持,实现政府与企业办学的协调发展

当前,随着市场经济体制的建立、就业分配制度的废止,企业直接面向社会公开招聘所需人才,企业举办的职业院校为举办企业服务的功能已经弱化:企业内部的职工培训服务占其业务量的比重很小,所培养的学生在招生、就业等方面都已面向社会;学校设置的专业也不再限于主办企业所需,而是根据对社会需求的判断来设置。这些院校的办学性质实际上已经面向社会、服务社会,不再是专门为举办学校的企业、行业培养专门人才,是具有公益性质且在办学上具有相当自主性的职业教育组织。因此,企业举办的职业院校也应当与地方政府举办的职业院校在经费上享有同等权利,至少在生均拨款方面应当给予同等对待。

(四)完善生均拨款机制,与经济发展对人才需求及人才培养成本挂钩

各省(自治区、直辖市)应按照国家生均拨款制度的规定,根据当地产业结构的调整对技术技能型人才的需求、不同专业人才培养成本的差异,适当拉开理工类、文科类专业及与产业发展紧密结合、非紧密结合专业的生均拨款的差距。

(五)建立健全激励机制,让“鼓励”措施落地生根

由于国家鼓励企业、事业组织、社会团体、其他社会组织及公民个人对职

业教育捐资助学，鼓励境外的组织和个人对职业教育提供资助和捐赠，当前已实现高职教育经费来源的多元化。但在经费总额中，财政拨款、事业收入以外的来源占比不到10%。主要原因在于没有鼓励的具体制度和措施。政府应进一步改进高职教育经费投入机制，完善符合我国国情的职业教育费用分摊办法，构建政府、学校及社会力量的新的契约关系，建立相关激励机制，提高社会力量、个人、团体以各种形式投入高职教育的积极性。诸如：逐步完善以公有制为主导、产权明晰、多种所有制并存的办学机制；建立完善企业投入职业教育教学、科学研究、实习实训基地建设等的税收优惠制度；运用市场机制和税收政策激励的方式，建立完善高职教育公益基金制度和高职教育捐赠制度、顶岗实习制度等；建立完善高职院校利用自身优势开展有偿社会服务的制度；参照发行福利彩票、体育彩票的思路，建立发行职业教育彩票的制度。多管齐下，让鼓励措施落地生根，提高其他经费来源在总量中所占比例。

（六）加强职教政策执行的检查，保障生均财政拨款落实到位

虽然各省（自治区、直辖市）都出台了生均拨款制度，但是由于各地财力不同，对生均财政拨款政策内涵理解各异，导致各地高职教育生均财政拨款不尽相同，且差异较大。一些省（自治区、直辖市）把学生资助资金、奖学金等都算入财政拨款，表面看来生均拨款达到或接近12000元，但实际上相差一大截。另外，行业举办的高职院校的经费以举办方投入为主，财政拨款为辅。行业的赢利目的未达到和教育投入直接效益不明显，导致行业不愿多投资教育，就很难保证经费足额到位。因此，国家相关部门应积极引导和督促各地根据国家政策尽快建立完善职业院校生均拨款制度，进一步明确生均财政拨款的构成、标准、合理增长路径和模式，并加强对政策执行的检查，保证生均财政拨款不打折扣，真正落实到位。

（作者：张亚杭　李慧民　黄福盛　徐兴旺　杜宏伟　余晓毅　赵晓峰）

高职院校章程实施中的问题与对策探析

当代中国高职院校正在迈入“章程治理”的崭新时代。章程是学校内涵建设和质量提升的根本保证，章程建设是全面推进依法治国、依法治教、依法治校的必然要求。随着各学校按照教育部的部署，完成了学校章程的制定、核准之后，章程的实施已经被提上了议事日程。章程的制定不易，而真正得到落实则需要付出更多努力。章程的实施存在以下主要问题：章程的法律地位不高、人们的章程意识普遍比较淡漠、实施中的重点难点问题有待突破、监督评价机制需要建立和完善、司法实践中的沟通协调需要加强。针对这些亟待破解的问题，笔者拟从完善立法、更新观念、组织实施、加强监督、司法实践五个方面进行探讨。

制定学校章程是教育部的明确要求，也是深化教育综合改革、建立现代学校制度的需要。章程是现代学校的重要标志，依据章程办学是现代学校的基本规律。从某种意义上讲，没有章程，就谈不上真正意义上的现代学校。章程是现代学校的共性制度，是现代学校制度和学校文化的重要载体，是学校办学和管理的“总宪章”，上承法律法规和国家政策，下启校内各项规章制度，是学校依“法”自主办学的总依据。实现依据章程自主管理，是建设现代学校制度的一项基础性工程。

一、中国高职院校已经迈入“章程治理”的新时代

我国正在建设社会主义市场经济，而市场经济就是法治经济，要管住“市场”这只“看不见”的手，必须依靠法治，这是已经被世界历史发展证明了的客观真理，是不以人的意志为转移的必然选择。以 2014 年 10 月中共十八届四中全会召开、《中共中央关于全面推进依法治国若干重大问题的决定》出台为标志，中国进入了全面推进依法治国的新时代。依法治国必然要求依法治教、依法治校。教育部下发文件，对加强学校章程建设工作进行指导，提出明确要

求。目前，全国的高职院校已经按照中央和教育部的要求，在经过认真调研、起草、讨论、反复修改、专家论证、会议研究、报主管行政部门核准等规范程序之后，进入了实施阶段。中国高职院校迎来了“章程治理”的新时代。

二、章程实施中存在的主要问题

由于高职院校严格依法办学的历史不长，法治经验和法治文化积淀不够丰厚，在章程的实施中，必然会出现这样或者那样的问题。概括起来，学校章程实施中主要存在以下问题：

（一）章程的法律地位不高

从目前的立法情况来看，高职院校章程的性质，仅仅是由学校制定、教育行政部门核准之后，由学校组织实施的管理制度，章程在法律意义上既不是教育行政规章，也不是普通的学校内部管理制度，而应当被定位为规范性文件。以法治的视角，从严格意义上讲，学校章程由于在法律体系中层级较低、位阶不高，对涉及的教育、人力资源和社会保障、财政等政府部门，以及产教融合、校企合作的相关方，并无法律意义上的拘束力。因此，迫切需要赋予学校章程以应有的法律地位。同时，举办者与学校之间的关系需要进一步明确；高职院校未在立法上明确定位，学校章程的上位法缺位的问题没有得到解决。

（二）人们的章程意识普遍比较淡漠

由于中国依法治国的历史不长，人们的法治意识还不强，依法治教、依法治校的贯彻落实不够理想，社会公众对高职院校章程普遍缺乏了解，比较陌生；学校的师生员工对章程建设的重要性认识不足，有的学校在章程的制定过程中，企业、政府、师生的参与程度不够高，存在为立章程而立章程、拼凑现象，理论指导落后于实践探索；有的学校章程内容比较空洞、可操作性不够强，有待将来进一步完善；有的学校的章程照搬本科院校，凸显高等职业教育特色的内容不多。因此，需要政府和学校加强宣传。高职院校的治理，应当使章程深入人心，凝聚师生员工的共识，使学校的“根本大法”成为人人能懂会用、自觉遵循的准则，从而牢固树立法治意识和法治思维，切实增强贯彻执行章程的自觉性和主动性，坚持用章程指导、规范和改进工作，破解制约学校改革发展的体制机制障碍，不断提高依法治校、民主管理和科学发展的水平。

（三）实施中的重点难点问题有待突破

高职院校章程要得到全面的贯彻落实，需要在重点问题、难点问题上取得突破，尤其是教育行政部门要真正落实高职院校的办学自主权。这些年，高等教育法的实施效果不够好，高职院校的办学自主权难以落地；校企合作的政策环境支撑力度不够，对深入推进校企全面合作的支撑力度不强，企业参与职业教育的积极性不高、广泛性和专业性不够。章程配套制度体系不够健全，学校的学术委员会、理事会如何有效发挥作用，二级学院如何有效运转等问题，如二级学院的学术委员会、师生员工申诉机构的建设，都需要在实施中认真解决。高职院校发展中办学特色不够凸显，创新不足等问题，也需要在学校章程的实施中不断探索。

（四）监督评价机制需要建立和完善

章程建设聚焦了高职院校改革发展的关键领域和深层次问题，在深化高等职业教育综合改革的新形势下，实现章程规定的各项内容、充分发挥章程建设的作用，是推动高职院校综合改革、实现协调发展的重要途径。学校章程的实施，既靠自律，也靠他律。目前，许多学校章程实施的监督、评估、反馈机制尚不健全。由谁监督章程的实施，监督结果如何反馈，反馈后如何处理，还是制度监管上的盲区。因此，需要教育行政部门加强对高职院校章程落实情况的督查，促进学校内部治理体系的建立，从而推动学校综合改革发展。各个学校迫切需要加强对章程落实情况的跟踪问效，建立健全学校章程实施的监督评价机制和纠错机制，切实加强对章程有效实施的督促和对违反章程情形的问责追责。

（五）司法实践中的沟通协调需要加强

高职院校在实施管理的过程中，难免会遇到各种纠纷和冲突，教育行政申诉受理部门和劳动人事仲裁机构、各级法院在受理和处理高校管理中的矛盾和纠纷时，是否尊重学校章程的规定，充分发挥章程的作用，影响十分重大。因为，司法是人们讲理的最后一个地方，是守护公平正义的最后一道屏障。如何让高校章程成为处理高校内部、高校之间、高校与相关社会主体之间纠纷和冲突的司法裁判依据，需要教育行政部门与相关司法机构加强沟通和协调。

三、对策与建议

针对学校章程建设中存在的问题，为了提高章程的执行力，提升章程执行的有效性，提出如下对策建议：

（一）在完善立法方面

由人大主导高校章程的立法。高校章程的法律地位直接决定了其法律效力，而我国高校章程在教育法律体系中的地位并不明确，法律效力得不到应有的保障。我国尚无一部法律明确规定高校章程的法律地位，因而其在执行过程中的权威性必然会受到质疑。因此，需要提升高校章程的立法位阶和法定效力。应当由各级人大或者人大常委会对高校章程分级审议通过并颁布施行，从而提升高校章程法定效力的档次。教育部直接管理的高校的章程可由全国人大及其常委会负责；地方教育行政部门管理的高校可由地方人大及其常委会负责。

修订完善高等教育法。一是增补"法律责任"的内容。现行的高等教育法之所以难以落地，一个重大的缺陷，就是缺乏对"法律责任"的明确规定。一部法律，主要规定相关主体的权利、义务和责任三个方面的内容。法治社会在一定意义上说就是问责社会，权利与义务是对等的，违法就要承担责任。问责无情，政府要依法行政，相关机构和工作人员违法必须承担相应的法律责任。而缺少了"法律责任"规定的法律必定是一部"软法""水法"，无法真正得到贯彻落实。因此，建议尽快修订高等教育法，增补"法律责任"的相关内容，让违法行为受到惩处。二是明确高职院校的法律地位。章程是依据国家的法律法规建立的,高等教育法是主要依据之一,但在该法的条文中没有明确高职院校是怎样的学校,2018 年 12 月 29 日修订的高等教育法对此依然没有明确。“高等职业教育”在法律上可以理解为专科层次的教育,国家对职业教育的规划已明确职业教育是一种类型教育,而不是一个层次教育,这在高等教育法中也没体现。高职院校是否是高等学校,高等职业教育在法律上的地位尚需上位法进一步明确。三是对校企合作中政府的作用和企业的义务作出刚性规定。高等教育法对高等职业教育规定还不够具体。据《2019 年全国教育事业发展统计公报》,我国有普通高等学校 2688 所(含独立学院 257 所),其中,本科院校 1265 所,高职(专科)院校 1423 所,已经超过了半壁江山。高职院校的培养目标定位与本科院校不同,培养的是大国工匠、能工巧匠、企业工程师,需要与行业、企业进行广泛互动和深度融合,因而应当在法律层面对政府发挥主导作用和企业承担培养义务作出刚性规定,这样才能使高职院校摆脱学生顶岗实习难、教师下企业锻炼难、学生就业难、企业行业支持力度不够等困境,从而形成高素质技术技能人才培养的长效机制。

制定出台学校法。依法治校,首先要有法可依。应当制定一部规范高校办学行为的基本法——学校法,从法律层面对高校的办学行为进行规范和约束,明确高校的性质、办学方向、权利、义务和责任,尤其是明确学校与举办者之间的法律关系、学校与社会相关方的法律关系,这对高校理顺与政府、行业、企业等方面的关系,明确彼此的权利、义务和责任具有特殊的作用,从而真正实现有法可依,保障学校自主设置专业、自主招生等权利的实现。要通过立法,让政府的教育管理部门依法管教、高校依法办学、第三方中介机构依法评教,真正实现教育的管理、举办、评价相分离,让学校在法治的轨道上规范运行。

修订完善职业教育法。现行的职业教育法,是 1996 年 9 月 1 日起施行的。由于创设年代久远,已经不能适应新时代高等职业教育改革发展的要求,必须抓紧修订完善。修订工作要以习近平新时代中国特色社会主义思想为指导,贯彻落实党的十九大精神、全国教育大会精神,积极进行制度创新,紧紧围绕职业教育是类型教育的定位,统筹设计法律制度体系,增强制度针对性,紧紧围绕职业教育改革发展实践，及时将实践成果转化为法律成果。明确现代职教体系框架，打通职业教育发展通道。具体修改应当包括：坚持党的全面领导，明确职业教育内涵、定位和发展原则，健全职业教育举办机制，完善职业教育管理体制，明确现代职业教育体系框架，完善产教融合制度支撑，建立职业教育教师教育体系，健全职业教育质量评价机制，扩大职业学校办学自主权，健全职业教育经费投入机制，营造促进职业教育发展的社会氛围，强化法律责任。同时，还应对技工学校特别是技师学院的法律地位、是否保留初等职业学校教育、是否采用职业高等学校的概念、职业教育等级等问题，作出明确规定。

（二）在更新观念方面

政府要加大对高校章程的宣传力度，在全社会营造良好的舆论环境。意识是行动的先导，理念是行动的指南。政府要加强对高校章程的宣传力度，社会媒体要多渠道、多方式宣传报道和深度解读高校章程，要在全社会树立依法治教、尊重高校章程的新理念和依法治教、依据章程办学的浓厚氛围。教育行政部门要面向社会召开高校章程专题新闻发布会，集中发布有关信息，邀请社会媒体多视角、多层面、全方位地深度宣传报道。要让全社会认识到：高校章程由教育法、高等教育法授权，经过教育行政部门核准，具有一定的法律效力。要让社会公众更好地了解高校章程，理解高校章程，充分尊重高校章程的权威，推动高校认真贯彻落实章程，让依法治校落到实处。

学校要组织师生员工深入学习章程，牢固树立章程理念。章程是学校制度的顶层设计，彰显了学校的办学理念和特色，明确了学校的发展战略和目标，对于明晰学校与政府、社会以及学校内部关系、明确学校的法律地位和办学自主权、规范学校的办学行为、维护各方的合法权益、提高办学水平具有重要的引导、规范和保障作用。学校要把学习贯彻落实章程作为重要工作，认真组织师生员工学习章程、领会章程、自觉遵守章程，在思想深处养成严格按照章程办事的习惯；人手一册，将学校章程纳入师生员工的日常学习内容；在学校网站主页设置专门栏目，在突出位置公布章程内容并配发解读文章、相关配套制度规定；充分运用校报、微博、微信、广播等媒体平台，召开座谈会等多种形式，大力宣传章程；学校领导班子要利用中心组学习等机会，专门研究贯彻落实办法，党政主要领导、班子成员要带头撰写体会文章。从而在学校形成从上至下学习章程，尊重章程，依据章程办事的新局面。

学校要强化章程的实施，使章程意识在每一位高校人头脑中深深扎根。学校要充分发挥章程的功能和作用，让每一个与学校建设相关的主体，都能够依据章程行使自己的权利，履行自己的义务，发挥个人的主观能动性，为学校的发展贡献智慧和力量，在学校的发展中实现人生价值和梦想；同时，在教育教学的实践中，切身感悟学校章程的力量，接受制度建设的洗礼，实现章程理念的升华，随时绷紧依章程治校这根弦。

（三）在组织实施方面

在学校章程的组织实施中，应当抓住重点，突破难点，提高实施的有效性。

教育行政部门要充分尊重高校章程，落实章程确立的高校办学自主权。高校办学自主权是高校章程能够真正实施落地的基础，是高校章程能够实施的根本前提条件。各级教育行政部门要尊重章程，对章程已确定由高校自主管理的内容，不得任意干预，除规章以上层级的规范性文件外，其他文件要求与已经核准的章程不一致的，优先执行章程的规定。教育行政部门在出台教育政策，进行具体教育行政管理中，要充分尊重高校章程的法定性、权威性，不出台与高校章程相违背的政策文件。因为，之前尽管相关法律规定了学校在专业设置、课程开设、教学安排、人事管理、职称评审、后勤管理等方面享有自主权，但是一直受到限制，难以得到落实。因此，实事求是地讲，高校对政府管理部门是心有疑虑、心存观望的。政府的教育管理部门要切实转变职能，转变管理方式，深化放（权）、管（理）、服（务）改革，实施管（教）、办（教）、评（教）相分离，改变长期以来政府部门将高校作为行政机构进行管理，集管、办、评于一身，既当运动员又当裁判员的状况。

教育行政部门要加强对高校章程实施的指导。放权并非撒手不管，放任自流。教育行政部门要通过开展学习培训、交流等途径，增强师生员工对章程的认识和理解，强化师生员工的法治观念，强调按章办事，坚持行为的规范性、合法性;动员师生员工的参与积极性,充分发扬民主,提高师生员工的民主参与意识和制度管理意识;推动高校完善内部治理结构,健全学术委员会、理事会等制度,统一校内规章制度,健全组织机构,规范管理职能,完善民主监督机制,全面实现依法治校。

政府要为现代职教体系建设、校企合作提供政策支持。现代职教体系建设亟待政府政策支持。当前,高职院校都在内涵建设上下足了功夫,为全面融入现代职教体系积累优质办学资源,但是分段培养、联合培养,甚至本科独立培养均受到教育行政部门的规模限制,联合高校招生机制的限制,优秀公办高职院校升本科的限制,亟待教育行政部门在全面调研的基础上,给予学校更多的发展政策。同时,产教融合、校企合作,工学结合、知行合一,是习近平总书记对职业教育的重要指示,也是职业教育的基本教育模式。产教融合,校企合作是高职院校、应用型本科高校、工科综合性高校发展的生命力之所在。但是,现在行业、企业在与高校合作中的主动性、主导性还远远不够,需要政府相关部门在体制、机制上联合推动,为支持职业院校办学的企业出台优惠税收政策。高校的产教联盟、职教集团、理事会等校企联合组织,在办学过程中发挥的作用还远远低于学校的期望。混合所有制办学、行业参与职业教育、职业教育集团化、企业的办学主体作用等,在政策层面上落地的细化措施还很不够,校企合作中,学校一头热的现象仍然存在,希望出台政府发挥主导作用和企业承担培养义务的相关政策。

学校要以章程为依据,对现有规章制度进行全面及时的清理。学校要根据章程的内容,以建促改,及时梳理内部管理制度,建立健全内部管理体系,促进现代高校制度的建立。学校要坚定地维护章程的"校内宪法"地位,严格执行章程修订程序,使其不受任何个人意志和组织力量的干预,真正成为学校的准则。学校要以章程为准则,及时对现行的各项规章制度、管理文件进行全面、系统、细致的审查和清理,搞好立、改、废;该创设的创设,该修订的修订,该废止的废止,确保学校的规章制度与章程的协调一致。对章程有要求,但目前尚未建立相关制度的,要及时建立和完善;对不符合章程,在章程中没有依据、不适应学校改革发展要求的,要及时予以废止或者修改;对保留的文件要进行系统整合，形成以章程为核心、层次清晰、内容规范的制度体系；要依据章程，对自主招生、资产财务、人事管理等重要问题，以及学术委员会、理事会建设等重要领域，抓紧制定或修订具体规定，完善配套制度，形成健全、规范、统一的内部治理制度体系，建立起“章程—学校基本制度—部门规章制度—二级学院运行制度”的规范化体系。

学校要按照章程的规定，成立或调整学校的相关机构。学校章程上承国家法律法规，下启学校规章制度，是规范学校与政府、社会及其内部关系的准则。章程建设是推进现代大学制度建设的一个重要抓手。学校要依据章程的规定，完善法人治理结构，健全内部管理体制，查漏补缺，建立和完善如国有资产管理委员会、招生委员会、学术委员会、理事会、二级学院学术委员会、师生员工申诉机构等机构。

学校要依据章程落实党委领导下的校长负责制，完善高校内部治理结构。高等教育法确定的党委领导下的校长负责制，是高校的领导体制，也是中国特色现代大学的根本管理制度，体现了法治原则和社会主义办学方向。2014 年中办印发《关于坚持和完善普通高等学校党委领导下的校长负责制的实施意见》，进一步明确了党委、校长的职权、职责范围、议事规则等，明确要求高校制定具体的实施细则。学校要根据党章、高等教育法等的要求，依据学校章程对学校党委全委会、党委常委会、五人小组会、校长办公会的工作规则和会议制度进行修订，进一步完善决策程序，确保校内制度与章程的一致性。

学校要依据章程以学术委员会建设为引领，探索教授治学的有效途径。高校要走向卓越，必须充分发挥学术的作用。目前，学术组织在我国高职院校治理体系中的地位和作用还不清晰，制度不健全，运行不规范，学术权力受制于行政权力的现象还没有根本改变。《中华人民共和国高等教育法》第四十二条规定：高等学校设立学术委员会，审议学科建设、专业设置，教学、科学研究计划方案；评定教学、科学研究成果等有关学术事项。2014 年 1 月 29 日，教育部令第 35 号颁布《高等学校学术委员会规程》，明确高校应当依法设立学术委员会；要完善高校内部治理结构，保障学术委员会在教学、科研等学术事务中有效发挥作用。高校章程也要对学术委员会有明确规定，应当得到贯彻落实。

学校要依据章程以推进教职工代表大会制度建设为重点，保障教职员工民主参与和监督的权利。现代高校应该民主协商、互动协调、多元主体共治。教职员工民主参与和监督权是法律赋予的重要权利。《中华人民共和国高等教育法》第四十三条规定：高等学校通过以教师为主体的教职工代表大会等组织形式，依法保障教职工参与民主管理和监督，维护教职工的合法权益。学校教职工代表大会是教职工依法参与学校民主管理和监督的基本形式。2011年12月8日，教育部令第32号发布《学校教职工代表大会规定》，明确规定了教职工代表大会享有的职权。学校章程也有明确规定。要坚持重大问题提交教代会讨论审议通过，校长定期向教代会汇报工作。

学校要依据章程建立理事会制度，健全社会参与体制机制。高等教育的职能之一是服务社会。回应社会关切、吸引社会关注、争取社会资源支持，要求高校必须更加开放，健全社会参与机制。2014年7月16日，教育部令第37号发布《普通高等学校理事会规程（试行）》，提出要健全高等学校内部治理结构，促进和规范高等学校理事会建设，增强高等学校与社会的联系、合作。学校要依据章程建立理事会制度。学校要通过理事会，充分发挥政府、行业、企业等有关方在学校专业建设、产教融合、科研创新、经费筹措、社会服务中的主导作用。

学校要依据章程推进内部管理改革，扩大二级学院的职权。科学高效的内部管理是建设现代高校制度的必然要求。内部管理体制改革，从横向看，主要是精简机构，推进大部制改革，强化为学生服务和为学术服务；从纵向看，主要是深化校院两级管理体制改革，推动学校向二级学院放权，创新二级学院管理模式。除需要学校统筹规划和统一管理的事项外，涉及教学科研和社会服务的人、财、物以及其他资源配置，均应当重心下移，确保二级学院有职、有权、有责，充分发挥主体作用，进一步完善“学校以制定政策为主、二级学院组织实施”的校院两级管理体制。

学校要依据章程推进人事管理制度等专项改革，形成一些现代高校基本制度规范。建设现代高校制度的一个重要目的是激发学校各组织、各个主体的积极性和创造性。其中人事管理制度改革难度大、影响大。建立科学合理的岗位设置、岗位考核和收入分配制度，是现代高校制度的重要内容。学校应当建立以立德树人贡献和教育教学效果为导向的分配体系，从身份管理转变为岗位管理，实行岗变薪变的分配体系，建立以创新和质量为导向的教师学术评价分类考核体系。

学校要依据章程高度重视安全稳定工作，不断完善校园安全稳定规章制度。安全责任重于泰山，生命不保何谈教育？学校应当把师生员工的生命安全，学习、工作、生活保障放在重要位置。要依据学校章程，制定和完善学校安全稳定的规章制度，明确高校安全稳定的目标、责任，制定校园伤害事故处理办法，明确相关当事人的权利、义务和责任，依法、依规、依章处理师生员工的校园伤害事故和各种纠纷，达到现阶段国家对维护校园安全稳定的总体要求。

（四）在加强监督方面

学校要健全监督机制，加强自我约束。学校要依据章程建立岗位责任制度，把章程的执行情况作为领导干部年度考核述职的重要内容。校长在教职工代表大会的年度报告中要有章程执行情况的内容。学校要确定相对独立的专门机构（如纪检监察、教育督导等部门），负责监督学校章程的执行。要充分发挥学校法律服务机构的作用，聘请专职的法律顾问，对学校出台的重要政策、规章制度以及重要法律文书进行合法性审查。学校要建立师生员工申诉处理机构，允许其依据章程对学校的工作提出异议，申诉处理机构要及时处理，并作出书面答复，切实保障师生员工的章程权利。

教育行政部门要加强对章程实施的监督，实行跟踪问效。教育行政部门要切实转变职能，把主要精力放在监督高校依法治校、按章办学上，搞好宏观调控和管理服务，推动高校建立健全章程实施的监督机制，指导和帮助高校协调与相关政府部门、与社会相关方的关系，让高校真正按照章程办学。教育行政部门要将章程实施情况纳入对高校领导班子和主要负责人年度述职的重要内容，实行跟踪问效；要设立章程实施监督的工作机构，每年对章程实施情况进行检查，将检查情况及时向学校进行反馈，并将结果与学校的年度绩效考核挂钩，与学校领导班子成员的年度绩效考核挂钩。

国家和省级教育督导机构要构建科学的学校章程实施考核评价机制。章程发布后，学校是否按照章程执行，章程在具体实施过程中作用发挥得如何，直接关系到学校内部治理结构的完善和现代学校制度的建立。国家、省级教育督导机构应当建立一套考核评价机制，制定考核评价制度，定期对各个学校章程的执行情况进行检查监督，对存在的问题及时发现、纠正，对好的经验做法及时总结、推广，在高职系统真正形成依法治校、依章办学的良好氛围。

人大、政协机关要发挥监督评议作用。各级人大及其常委会是法律实施的检查监督机关，应当把学校章程的执行情况作为教育执法检查的重要内容，督促教育行政部门和学校认真贯彻落实学校章程。政协是政治协商、民主监督、参政议政的专责机关，各类人才荟萃，多方专家云集，应当把学校章程的贯彻落实情况作为评议教育、人力资源和社会保障、财政等与教育相关的行政管理部门和学校的工作成效的重要内容，督促学校章程落实落地。

(五)在司法实践方面

对司法机关受理的起诉学校的行政诉讼案件，学校在陈述、答辩中要充分反映章程的依据，争取司法机关的理解与支持。同时，学校要建立保障师生及利益相关方依据章程对学校行为提出异议的申诉机制，对申诉请求要及时作出书面答复，涉及对章程文本表述理解歧义的，要及时进行解释。

教育行政部门对涉及章程执行异议的申诉或者行政复议请求，要依据高校章程的表述作出具体判断。教育行政部门在教育行政复议中，要充分尊重学校根据章程作出的处理决定，旗帜鲜明地支持学校依据章程大胆管理内部事务，解决改革发展中出现的问题。

教育行政部门应当与政府法制工作部门、劳动人事争议仲裁机构和最高人民法院达成合意。由于章程仅仅是规范性文件，还没有达到法规及以上的位阶，不能作为政府法制工作部门进行行政复议、劳动人事争议仲裁机构进行仲裁和法院进行案件审理中直接采纳的依据，教育行政部门应当与政府法制工作部门、劳动人事争议仲裁机构和最高人民法院达成合意：只要学校章程不与上位法律、法规、规章相冲突，在裁决时就应当充分尊重学校章程，将学校章程作为案件审理的依据，让违背学校章程的行为受到坚决的制裁，通过司法裁判的结果，向社会彰显学校章程的权威性，树立学校章程在师生员工和社会公众中的崇高地位和威信，从而坚定学校依据章程办学的坚定信心和决心，让学校真正走上依法治校、照章办学的法治之路。

（作者：徐兴旺　曾艳）

对学生申诉立法的思考

法治社会的一个重要特征是政府应当更加重视对公民的合法权益,尤其是公民中的“弱势群体”的合法权益的保护,这是法治时代政府义不容辞的责任。我们要本着这样的理念,开展学生申诉的立法。

毋庸置疑,各级各类学校的学生是学校的主体,人数众多,但是,事实上,在强大的学校管理面前,仍然属于“弱势群体”。当学生的受教育权等合法权益受到侵害的时候,如何通过申诉的途径给予救济,是法治时代亟待破解的一个重要问题。尽管《中华人民共和国教育法》第四十三条对学生申诉作出了原则性的明确规定,但是一直缺乏具体的操作规范。为了真正做到“尊重和保护人权”“以人为本”,切实维护学生的合法权益,2003 年,重庆市教委政策法规处决定把学生申诉立法作为教育立法的一项重要内容,在全国率先运用立法手段,起草重庆市政府规章——《重庆市学生申诉办法》,为学生申诉立法。今天,我们回眸审视这段历史,对于我们在新时代全面推进依法治教,依然具有重要的现实意义,有利于推动全国性的学生申诉立法进程。

一、重庆要为“学生申诉制度”立法——对话《南方周末》记者何雪峰

郑文滔案(2003 年,广东农工商职业技术学院学生郑文滔,因在宿舍违规使用电饭煲等,被学校给予勒令退学处分,向法院起诉,法院判决学校撤销处分)将被处分学生因申诉途径缺失而面临的困境暴露无遗。虽然从理论上说,在与学校发生此类纠纷时,学生可以有行政和司法两条救济途径,但是走司法救济之路,往往成本高昂。因此,中国政法大学的何兵认为,建立一套完善的

学生申诉机制，让受处分的学生能有校内申诉或向教育主管部门提请行政申诉的途径，才是“便捷、有效，且低成本的”。

尽管我国的教育法和教育部的相关法规都赋予了学生申诉的权利，但是重庆市教委政策法规处原副处长徐兴旺指出：“对于学生的申诉权，现有的法律只有实体上的规定，并没有程序上的具体规定。受处分的学生如何行使申诉权、向谁申诉、申诉的时效、申诉答复的期限，以及对申诉结果仍然不服又如何救济等，这些问题，没有任何法律法规作出过明确的规定。”在广受关注的“重庆女大学生怀孕被开除”事件（2002 年 10 月，重庆邮电学院两名学生因发生婚前性行为被学校勒令退学，先向学校所在的区、市两级法院提起行政诉讼，因被告主体学校不适格，学校不是行政机关，不属于受案范围，不予立案，被驳回。随后，学生依据《中华人民共和国教育法》，向重庆市教委提起申诉）发生后，重庆市教委就想通过地方立法的形式制定一套学生申诉机制。“学生的受教育权是宪法权利，应该受到尊重。在学生和学校发生争执的时候，必须要有一套机制既能维护学校的权益，也能维护学生的权益。”徐兴旺说。

为此，重庆市教委已向有关部门提出了建立学生申诉制度的构想。徐兴旺向记者介绍了其中的部分内容：

由于现在学校处分学生时，学生几乎没有知情权和申诉权，因此重庆市教委希望在法规中规定，凡涉及剥夺学生学籍的处分，比如勒令退学、开除学籍等，学校应该有一种听证制度；学生对于学校的处分不服，可以要求学校进行复议；如果学生对复议后的处分决定仍然不服的话，可以向学校的主管部门提起行政申诉。

另外，现在学校在对学生作出勒令退学、开除学籍等处分后，只需到上级主管部门备案，而该处分决定在备案前就已经生效了。重庆市教委的立法方案中将改变这种状况，变“先开除后备案”为“先备案后开除”——学校在作出开除学生学籍的决定后，必须先向主管单位备案，得到批准后才能执行。这样就可以保证学生申诉的有效性和公平性。

徐兴旺告诉记者，上述方案先由重庆市教委经过调查研究，报出立法计划，拿出初稿，再向专家、学校、学生等广泛征求意见后，送市政府法制办、市人大教科文卫委，然后交由市人大通过。

对于重庆的做法，何兵副教授表示了肯定。他还向记者介绍了德国的做法。德国明确规定："凡涉及人民基本权利的重要基本决定，应由议会立法，不许委诸行政。而在教育领域，涉及教育内容、学习目的、修课目录、学生的地位等有关大学生学习自由之重要事项，皆应以法律明文限制之，或有法律明确之授权。对剥夺大学生学习自由之退学或开除学籍处分，更应以法律明定其事由、范围与效力，而不得仅以行政命令或各校之校规予以剥夺。"徐兴旺认为，随着我国高等教育的不断发展及学生维权意识的日益增强，如果目前的高校管理制度、观念及相关的法律法规不改变的话，学校与学生之间的纠纷就会愈演愈烈。针对学生申诉机制缺失这一全国性的普遍现象，他希望重庆的做法能起到一定的示范效果，而如果全国人大和教育部能就此出台全国性的法律法规的话，应该会更好（在重庆邮电学院学生受教育权申诉案处理结束后，重庆市教委法制部门与重庆市高级人民法院行政庭达成共识：以后涉及学生入学，开除学籍，毕业证书、学位证书发放等身份的取得与丧失、涉及学生作为公民享有的基本权利问题时，理应得到司法救济）。

二、学生申诉的定义

申诉制度，是指公民在其合法权益受到损害时，向国家机关陈述理由，请求处理或重新处理的制度。我国现行法律规定了两种申诉制度：一是诉讼上的申诉制度；二是非诉讼上的申诉制度。前者，专指人民法院受理的申诉；后者的范围更广，包括向各级党委、人大、政府及其他行政机关、群团组织提起的申诉。这里所指的学生申诉，就属于非诉讼上的申诉制度。

学生申诉，从性质上讲，是一项维护学生合法权益的教育行政救济的法律制度。它具有以下特征：其一，学生申诉是一项法定的申诉制度。《中华人民共和国教育法》第四十三条规定了学生行政申诉制度，使学生申诉程序具有了法律的确定性和严肃性。其二，学生申诉是一项专门的权利救济制度。它专为学生这一特定身份的人员设定，是宪法关于公民申诉权利在学生身上的具体体现，是专门保护学生这个特定社会群体的合法权益的法律制度。其三，学生申诉是行政性质的申诉制度。它属于行政机关在职权范围内对学校的监督，其处理决定属于行政法范畴的行政处理，具有行政行为的特征和行政法的效力。

三、学生申诉立法的必要性

2003 年 11 月，重庆市人民政府将《重庆市学生申诉办法》列入了政府立法计划。重庆市教委、市政府法制办公室经过反复的深入调研、认真起草和反复征求多方面的意见，经 2007 年 12 月 28 重庆市人民政府第 116 次常务会议通过，重庆市人民政府令第 213 号发布，于 2008 年 2 月 1 日起施行，一直沿用至今。重庆市在全国率先开展学生申诉立法，绝不是心血来潮，也不是一时的权宜之计，而是适应了时代的要求，具有历史的必然性。

（一）保障学生申诉权是建设法治国家的需要

改革开放以来，党和国家非常重视教育法治建设，现已形成了以教育法为核心的教育法律法规体系框架。但由于受传统观念的影响，对学生的地位及权利的规定主要是从“特别权力关系”的角度界定的，学生的申诉权利长期没有得到应有的重视。为了提高公共服务的效率并满足社会的需要，大陆法系的公立学校通常被界定为行政组织的一种，它们既不是企业法人，也不是单一的民事主体，而是担负特定目的、提供专门服务的机构。学校与学生之间不仅限于平等主体之间的民事法律关系，还是一种公务法人与其利用者之间的关系。这种关系根据是否出于公务法人的利用方式，分为任意利用关系和强制利用关系；根据权力的内容又分为一般权力关系和特别权力关系。在我国，过去把学校与学生之间的关系界定为特别权力关系，学校以行政权力的行使者身份出现，学校与学生之间产生了严重的不平等。需要指出的是，把学校与学生之间的关系确定为特别权力关系，已不符合当前教育体制改革的趋势。一是政府与学校的权力关系已经发生了许多根本性的变化。经过权力的再分配过程，学校已经获得了较大的自主权，并且在民法上确定了学校的民事法律地位，在许多情况下已经不再以行政权力的行使者身份出现。二是从实践看，由于不能保证学校在行使权力时受到必要的制约，不能明确地界定特别权力强制利用的界限，其结果不仅不能有效地调节学校与学生之间的关系，反而导致一系列纠纷的发生。三是从司法实践看，把学校与学生之间的关系确定为特别权力关系，也会产生一系列问题，如学校特别权力的合法性、任意利用和强制利用的适用标准、非公立学校机构能否适用“特别权力理论”等。因此，应当与时俱进，摈弃“特别权力关系”论，树立“以人为本”、以学生为中心的新理念，依法维护学生的合法权益。

根据《2019 年全国教育事业发展统计公报》，我国 2019 年各级各类学历教育在校生 2.82 亿人。青年学生是国家和民族的未来。1998 年《世界教育报告》曾指出：我们给子孙后代留下什么样的世界，取决于我们给世界留下什么样的后代子孙。保障学生的申诉权，实际上是赋予了学生一种看得见的民主。在尊重和保障学生的权利的氛围中，使学生在学习知识的同时，培养学生的权利意识，夯实法治国家、法治社会的根基。

（二）保障学生申诉权是依法治教、依法治校的必然要求

依法治教、依法治校是 21 世纪我国教育事业深化改革、加快发展的必然要求。社会主义市场经济体制的建立和逐步完善，要求建立与之相适应的以法治为基础的教育体制和运行机制；社会主义民主与法治建设的不断深入，要求尊重人权，完善教育法律制度，保障公民的受教育权和人民群众参与教育事业管理的权利。随着教育改革和发展的推进，办学主体的多元化、非义务教育阶段学生教育费用承担比重的加大，客观上使学生具有了教育消费者的性质，学校与学生的关系发生变化，学生的权利意识不断增强。实践中，学生因与学校之间的纠纷而向教育行政部门提起申诉的案件大量增加，严重影响学校的正常秩序和学生的权益。由于申诉渠道不畅，有的受处分学生家长到学校吵闹、围困校长和老师，影响了学校正常的教育教学秩序。也有的学校为了避免和减少学生与学校的纠纷，采取了一些与依法治校目标背道而驰的带有恐吓、

加重处分等不当措施。学生申诉处理中所产生的消极作用成为推进依法治校的一大障碍。这种情况在中西部地区不断出现，在东部经济发达地区案件数量也明显增加。教育行政部门不得不增加专门人员处理教育行政申诉案件。重庆市教委专门成立了法律顾问室，聘请知名律师事务所多名律师帮助处理相关法律事务。因此，以法律制度落实学生申诉权，赋予学生看得见的民主，使学校管理从以管理为本走向以服务为本，树立尊重学生权利的观念，是新时期依法治校的基本要求。

随着依法治国、依法治市方略的深入实施和公民法治意识的不断增强，与全国其他地区一样，重庆市各级各类学校学生对学校给予的处分或学籍处理决定不服，向学校和教育行政部门提起申诉的案件不断增加，个别案件如重庆邮电学院两名学生不服因婚前性行为被勒令退学提起申诉的案件成为全社会关注的焦点、当年中央电视一台十大法制新闻。笔者全程参与了该案的处理，深感棘手(也正是这一案件，直接催生了重庆市决定通过政府规章，规范学生申诉)。因此，如何处理学生申诉成为一个突出的社会问题。

按照《中华人民共和国教育法》第四十三条第四款的规定："对学校给予的处分不服向有关部门提出申诉，对学校、教师侵犯其人身权、财产权等合法权益，提出申诉或者依法提起诉讼。"对学生的权利救济只规定了申诉和诉讼两条途径，和解、调解、仲裁等适宜于平等主体之间法律纠纷的权利救济渠道缺失，致使原本可以通过和解、调解、仲裁等方式解决的纠纷，只得通过申诉和诉讼来进行。而从诉讼渠道看，教育法对诉讼受案范围的界定是比照行政诉讼法规定的，对学生提起诉讼进行了三个条件限制：一是起诉主体的限制，即提起诉讼者必须是其合法权益受到侵犯的受教育者，不是权益受害者不能提起诉讼。二是行为的限制，即提起诉讼的行为必须是侵犯其人身权、财产权等合法权益，侵犯受教育权等没有纳入诉讼范围，而就学生来说，受教育权受到侵害是最主要的。尽管有个别法院受理了涉及受教育权的纠纷，但争论很大，而且普遍存在执行难的问题。三是被告主体的限制，即诉讼的被告必须是学校、教师，其他组织不能成为被告主体。这种限制使得学生权利获得司法救济的面过于狭窄，客观上加大了教育行政部门受理学生申诉的压力，而实际上，由于编制数量所限，教育行政部门工作任务十分繁重，疲于应对，力不从心。

（三）保障学生申诉权是转变教育观念、推进素质教育的重要举措

教育改革和发展的进程，在一定意义上是不断调整教育者和受教育者关系的过程。在相当长的时期里，由于学习主要是通过接受教育而进行，接受教育成了学习的同义词（实际上，受教育权与学习权不是一回事），教育者和受教育者的关系主要体现为教育与受教育的关系。与此相对应，教育权和受教育权构成了教育法律制度的中轴。在这种关系预设的基础上，受教育者成为教育者可以不通过一定程序处治的对象，伴随着终身教育、学习化社会的来临，教育越来越具有为受教育者服务的性质，教育者和受教育者的关系发生了重大变化，主体教育、素质教育、创新教育等在某种程度上是对这种变化的反映。保障学生申诉权，有利于从制度上保证教育者转变观念，使素质教育不纯粹依靠教育者的思想觉悟。

（四）现行法律对学生申诉的规定过于原则，缺乏操作性，亟待细化和完善

法律包括实体法和程序法，实体法的实现要依靠程序法作保障；没有程序法的保障，实体法就是海市蜃楼。从现有的法律规定看，对学生权利的实体性规定多，而程序性规定少。权利救济途径的缺失，使得学生权利的保障处于无法可依、无章可循的尴尬局面。按照现有法律规定，学生的权利救济应包含申诉和诉讼两条途径。就申诉而言，目前学生的申诉权利还只是由教育法和未成年人保护法作了原则性的规定，由于缺乏具体的实施细则或程序性规定，对学生申诉的范围和管辖、申诉程序、如何建立校内学生申诉处理制度、行政部门应该如何受理学生的申诉、申诉期间学生的受教育权应当如何保护等问题，法律并没有作出具体的规定和解释。同时，一些教育行政机关和学校片面强调学校办学自主权，而忽视学生受教育权保护的情况，学生在事实上成为教育领域的“弱势群体”。在实践中，教育行政机关在接到学生的申诉后，由于人手太紧，一般只是要求作为纠纷一方当事人的学校自行复查，然后将学校的复查结果再转告学生，这实际上是让学校作自己的裁判、当自己的法官。这种做法

使得行政救济途径并未发挥应有的救济作用,也使得学生与学校之间日益增多的教育纠纷和矛盾,并未得到真正解决和有效化解。行政救济途径的缺失,使一些本可以通过申诉得到解决的问题,不得不去寻求诉讼解决,客观上加大了学校或学生的经济负担,增加了当事人的诉讼成本,也使学校与学生之间的关系呈现恶化的趋势。

综上所述,为了妥善处理学生申诉案件,保障作为弱势群体的广大学生的合法权益,维护学校正常的教育教学秩序,深入推进素质教育和依法治教的实施,应当在总结省(自治区、直辖市)学生申诉立法的基础上,制定并出台全国性的学生申诉法律法规。

四、学生申诉立法应着力解决的几个问题

构建完善的学生申诉制度,需要考虑的问题很多,主要应当解决和规范以下问题。

(一)适用对象

适用对象是立法的主要问题之一。学生申诉地方立法从两方面对此作出规定:其一,从学校角度,明确适用对象为重庆市范围内国民教育系列的高等学校(含技工学校)、中等职业学校、中小学校及其他教育机构。党校、军事院校具有自身的特殊性,可不纳入。考虑到学生的经济负担和申诉成本,将在本市的中央部属院校(如重庆大学、西南大学)纳入。其二,从学生角度,明确适用对象为本市范围内国民教育系列的高等学校、中等职业学校、中小学校及其他教育机构具有学籍的学生,包含全日制和非全日制学生。

(二)申诉受理机关

由于教育战线太长,学生人数太多,教育行政部门人手有限,从可操作性的角度,按照谁主管谁负责的原则,规定高等学校、市教委直属学校的学生,向市教委提出申诉;而中等职业学校的学生,向学校主管政府部门提出申诉;其

他学校的学生，向学校所在地的区（县）教育行政部门提出申诉。

（三）申诉范围

学生的权利救济，关系到学生的权利与学校的办学自主权以及教师的专业自主权，如果允许学生对学校的一切管理行为或教师的所有教育教学行为都可提起申诉，势必影响学校的正常运转，伤害学校的办学自主权以及教师的专业自主权。因此，确定申诉范围既要以现行法律规定为根据，保证其合法性；又要从现阶段市情、教情出发，兼顾教育行政部门和学校的承受能力，考虑其合理性。

教育法是从两方面规定申诉范围的：一是具体行为标准，如处分；二是人身权、财产权标准。学生在教育活动中最主要的权利——受教育权的侵犯不仅涉及纪律处分，也涉及其他处理决定，如休学、复学、转学或退学等，而教育法没有将其纳入申诉范围。就我国学生的权利救济而言，最高人民法院的司法解释和教育部制定的行政规章已经对学生的人身权有了专门的规定；财产权的救济也可以按照民法典的有关规定处理。相较而言，学生的权利救济途径缺失比较严重的正是受教育权被侵犯的问题。

从具体行为标准看，“处分”在实践中也存在争论，“处分”仅仅是指纪律处分，还是包括所有涉及学生权益的具体行为，大家对此持不同意见。如学校对学生的学籍处理就包含了取消入学资格、升级与留降级、转院系（专业）与转学、休学、停学、复学、自动退学、退学和取消学籍等多种形式。从学生提起的申诉看，集中在取消入学资格、退学和取消学籍、不颁发毕业证书等涉及学生身份改变的处理上，而这是宪法保护的公民受教育权的核心内容。另外，近年来因学校对学生的处理而引起的纠纷出现了新的变化，有的处理不属于纪律处分或学籍处理范围，但涉及学生的受教育权，如学校违背法律、法规和规章规定，增加学生的义务等。

因此，在申诉范围的界定上，既要遵守教育法的有关规定，又要突出以受教育权的救济为重点，并对涉及学生身份的改变的行为逐一列举。在立法技术上采取“逐一列举＋概括规定”的立法模式，明确规定学生可以提起申诉的各种情形。同时,为了保证与教育法的衔接,还应包括法律、法规、规章规定可以提出申诉的其他处理决定。这样,既弥补了学生权利救济的空白,又突出了受教育权保障这一重点。

(四)申诉处理的基本原则

学生申诉处理应当遵循合法、公正、公开、及时、便利和保护学生隐私的原则。为贯彻这些原则,还应从五个方面对此作明确规定:其一,申诉制度是权利救济制度,因此申诉处理决定不得加重对申诉学生的处理。其二,考虑到受理申诉的成本问题,应当规定申诉案件一般采用书面审查原则,必要时也可以通知相关人员到会说明或举行公开审查。其三,申诉处理应保护学生的隐私。其四,申诉受理机构组成人员与案件有利害关系的应当回避,当事人也有权申请回避。其五,强化学校服从申诉处理决定的义务,申诉处理决定必须得到执行。

(五)学校复查

为了切实维护学生的合法权益,应当将学校的复查纳入学生申诉立法进行研究。关于学校复查涉及三个问题。

第一,是否将学校复查纳入申诉制度。《中华人民共和国教育法》第四十三条中"对学校给予的处分不服向有关部门提出申诉,对学校、教师侵犯其人身权、财产权等合法权益,提出申诉或者依法提起诉讼"。这里的"有关部门"除教育行政机关外,是否包含学校并不清楚。学生对学校的处理不服,是向原处理机构申请复查,还是向原处理机构申诉,争论较大。"申诉",作为法律术语,在行政法上,是指当事人对国家行政机关作出的行政行为不服,而向上级行政部门提出的意见和要求。就学校与学生的关系看,虽然学校不是行政机关,但是学校与学生之间存在特殊的行政管理关系。学生对学校的处理不服,学校应当承担复查的义务。学生申诉立法应借鉴《国家公务员申诉控告暂行规定》,从广义上理解"申诉",将学校复查纳入申诉制度,这样有助于学生申诉制度的完善。

第二，是否应当统一规范学校复查程序。鉴于目前存在的“学校复查”“校内申诉”的不同提法，以及学校自行制定的“学校复查”（有的称“校内申诉”）在受案范围、处理程序的不统一情况，学生申诉立法应对“校内复查”进行统一规范。因为，学校如果既是规则的制定者，又是裁判，显失公平，很难保证程序的合法性。如果通过立法在总体上统一规范学校复查程序，学校的复查规则只能在法规或行政规章下进行细化，不得自行创设新的规范，这样，使“学校复查”更加规范化，公信力更强、效果更好。

第三，是否将学校复查作为提出申诉的前置条件。对此，在教育界和法律界有三种不同意见。第一种观点认为，从我国的传统看，学校与学生的关系是不平等主体之间的关系，中华人民共和国成立后也长期受特别权力关系的影响，如果把二者并列让学生任意选择，既容易激化学校与学生的矛盾，也可能使学校丧失一次内部纠错的机会。因此建议学生申诉先由学校受理，经校内复查后仍对复查决定不服，再向教育行政部门提起申诉。这样处理，既体现了教育行政部门对学校的监督管理职能，又给学校的自主管理留下了一定的空间。第二种观点认为，应当区分不同的情况分别对待。教育法已明确将纪律处分纳入申诉范围，不宜设置前置条件，也不宜剥夺当事人自由选择的权利。而学籍管理是学校的办学自主权的主要内容之一，学籍处理中发生的争议先由学校复查。第三种观点认为，学生的申诉权是教育法赋予学生的权利，如果将学校复查作为提起教育行政申诉的前置条件，容易使学生的申诉权流于形式，建议将二者并列供当事人自由选择。这样处理更能尊重当事人的自主选择权，更好地体现以人为本的理念。笔者认为第三种主张更恰当。

（六）申诉程序

关于申诉程序，立法应当尽可能明确、具体，具有可操作性，对申诉的提起、受理、处理决定等各个环节都应作详细的规定。考虑到学校作出的处分或处理决定一经作出，就产生效力，如果申诉处理拖的时间过长，势必影响学生的受教育权益。因此，地方立法对申诉处理时限的考虑应该是：申诉处理尽可能从快，要求学校和教育行政部门必须在法定时间内依法处理申诉案件；同时，适当放宽学生提起申诉的时间。这既符合服务型行政的理念，也有利于保障学生的合法权益。

（七）申诉期间的受教育权保障

保障学生的受教育权利，是学生申诉立法的主要目的，世界《儿童权利公约》将“应以儿童的最大利益为一种首要考虑”，作为教育等与儿童密切相关工作的指导原则。学校作为教育机构，教育学生学会履行义务是学校应尽的职责。即使是非义务教育阶段的学生，学校也不应当因学生犯错误而随意剥夺其接受教育的宪法权利，这也是贯彻党的十九大精神，以人民为中心、尊重和保障人权的具体体现。因此，学生申诉立法应当明确规定：学生因退学或开除学籍提出申请复查或者申诉的，学校应当允许暂缓办理离校手续，其成绩考核、奖惩等学习事宜，仍然按照在校生办理。只是对于患有精神疾病、具有暴力倾向，继续留在学校可能对他人造成人身伤害或者影响学校教育教学秩序的，学校可以要求学生暂时离校。

（八）法律责任

为切实保障学生的申诉权，学生申诉立法应当对学校和教育行政部门的法律责任作出明确规定。主要是：无正当理由不予受理的；在法定期限内不作出复查或申诉处理决定的；被申诉人违反本规定，不提出书面答复或者不提交作出处理行为的证据、依据和其他有关材料，或者阻挠、变相阻挠学生依法申诉的；被申诉人不履行或者无正当理由拖延履行申诉处理决定，经责令履行仍然拒不履行的，由教育行政部门追究有关责任人员的行政责任。

最后，需要强调的是：学生申诉的全国性立法，一定要吸取过去地方立法的经验教训，要开门立法、民主立法、科学立法、依法立法，广泛听取专家学者、学生、家长、社会各界的意见，尤其是要深入学校、深入学生群体，充分听取学校广大师生员工的意见，让立法具有可操作性。

2018 年底，为适应修订后的《中华人民共和国教育法》和《普通高等学校学生管理规定》的新要求，重庆市决定对已施行了十多年的《重庆市学生申诉办法》进行修订。我们相信，修订完善的《重庆市学生申诉办法》将更加科学、更加规范、更加适应新时代全面推进依法治教的需要，也将为未来国家制定全国性的学校申诉制度提供有益的借鉴。

（作者：徐兴旺）

教育管办评分离改革探索

一、何谓教育管办评分离

所谓教育管办评分离，就是在现代治理理念与国家法律框架下，政府、学校和社会尊重各自的主体地位，恪守各自的权责边界，政府转变职能依法管理、学校依法自主办学、社会力量有序参与教育评价监测，构建上下衔接、左右协调、各方互动的教育管理体系，形成政府宏观管理、学校自主办学、社会广泛参与、相关主体各安其位、有关部门各司其职的教育治理格局。教育管办评分离改革的根本目的，就是破解中国特色社会主义新时代人民群众对优质教育的需求与我国教育发展不平衡不充分的矛盾，促进学校办学质量不断提高，满足人民群众日益增长的对优质教育的需求。

二、研究教育管办评分离的意义

（一）推进教育管办评分离改革，是破解新时代教育主要矛盾的迫切要求

党的十九大报告指出："中国特色社会主义进入新时代，我国社会主要矛盾已经转化为人民日益增长的美好生活需要和不平衡不充分的发展之间的矛盾。"在现代法治社会，从法律意义上讲，接受教育既是公民应当履行的基本义务，又是公民应当拥有的基本权利。教育是人们生存和发展的第一需要，新时代人民群众对美好生活的需要，首先就体现在对享受优质教育的需要。由于我国尚处在社会主义初级阶段，还没有实现全面小康，优质教育的发展还很"不充分"，尤其是学前教育欠账很大，高中教育还不能实现免费、强制的义务教育；我国地域辽阔，地区之间、城乡之间、学校之间，特别是东部发达地区与

西部贫困地区之间的教育水平差距很大，老革命根据地、少数民族地区、边远贫困地区的教育水平还很落后，教育发展整体水平“不平衡”。要在约 14 亿人口的发展中大国，解决教育发展“不充分”“不平衡”的制约因素，必须充分发挥政府的主导作用和学校的主体作用，充分调动全国广大教育工作者的积极性，激发教育系统的“内生动力”，争取全社会对教育事业的鼎力支持，催生教育发展的强大活力。

（二）推进教育管办评分离改革，是深化教育综合改革的迫切要求

改革开放 40 年来，我国教育体制改革不断深化，政府、学校、社会之间的关系逐步理顺。特别是党的十八大以来，伴随着政府“放管服”改革的深入推进，各级政府以前所未有的力度，推进行政审批制度改革，政府职能转变和简政放权取得新进展，为实现教育管办评分离，创造了良好的条件。但同时也要看到，政府管理教育还存在越位、缺位、错位的现象，学校自主发展、自我约束机制尚不健全，社会参与教育治理和评价还不充分。要想从根本上解决这些问题，必须加快推进教育管办评分离改革、促进政府职能转变，彻底厘清政府、学校、社会之间的权责关系，构建三者之间的良性互动机制。党的十九大报告明确指出：要“深化机构和行政体制改革”，“转变政府职能，深化简政放权，创新监管方式，增强政府公信力和执行力，建设人民满意的服务型政府。赋予省级及以下政府更多自主权”。“深化事业单位改革，强化公益属性，推进政事分开、事企分开、管办分离”。认真贯彻落实党的十九大部署，深入推进教育管办评分离改革，已经成为我国当前和今后一个时期深化教育综合改革的重要任务。

（三）深化教育管办评分离改革，是推进教育治理体系和治理能力现代化的必然要求

加快推进教育治理体系和治理能力现代化，真正实现依法治教、依法治校，是实现教育现代化的根本前提。为此，必须加快推进政府职能转变和简政放权，进一步理顺政府、学校和社会的关系，实现教育管办评分离，从而形成政

府依法管理、学校依法自主办学、社会依法广泛参与评价的新格局。《国家中长期教育改革和发展规划纲要(2010—2020年)》提出,要促进管办评分离,形成政事分开、权责明确、统筹协调、规范有序的教育管理体制。2013年11月12日党的十八届三中全会通过的《中共中央关于全面深化改革若干重大问题的决定》明确要求,要深入推进管办评分离,扩大省级政府教育统筹权和学校办学自主权,完善学校内部治理结构。2015年5月4日,《教育部关于深入推进教育管办评分离促进政府职能转变的若干意见》(教政法〔2015〕5号)提出:到2020年,基本形成政府依法管理、学校依法自主办学、社会各界依法参与和监督的教育公共治理新格局,为基本实现教育现代化提供重要制度保障。2017年3月31日,《教育部等五部门关于深化高等教育领域简政放权放管结合优化服务改革的若干意见》(教政法〔2017〕7号),要求坚持社会主义办学方向,完善中国特色现代大学制度,破除束缚高等教育改革发展的体制机制障碍,进一步向地方和高校放权。2017年10月,党的十九大报告明确提出要继续推进"政事分开""管办分离"。

三、教育管办评分离改革的理论基础

治理理论是教育管办评分离改革的重要理论基础。推进教育管办评分离改革,是建立现代教育治理体系的基本路径。

1989年,世界银行在讨论非洲发展问题时,提出了"治理危机"的概念,首次使用了真正现代意义上的"governance"(治理)一词,从此,"治理""善治"逐渐成为公共管理的核心名词,而后发展为公共治理理论。1995年,全球治理委员会认为,"治理"是各种公共的或私人的个人和机构,管理其共同事务的诸多方式的总和,它是使相互冲突或不同的利益得以调和,并且采取联合行动的持续的过程。它有四个特征:治理不是一整套规则,也不是一种活动,而是一个过程;治理过程的基础不是控制,而是协调;治理,既涉及公共部门,还包括私人部门;治理不是一种正式制度,而是持续的互动。英国学者罗茨概括了六种不同的"治理"定义,基本反映了当代治理理论研究的共识:作为最小国家的管理活动的治理(削减公共开支,以最小成本取得最大收益);作为公司管理的治理(指导、控制和监督企业运行的组织体制);作为新公共管理的治理(将市场的激励机制和私人部门的管理手段引入政府的公共服务);作为善治的治理(强调效率、法治、责任的公共服务体系);作为社会控制体系的治理(指政府与民间、公共部门与私人部门之间的合作与互动);作为自组织网络的治理(建立在信任与互利基础上的社会协调网络)。美国国际研究协会前主席、乔治·华盛顿大学国际事务和政治科学教授、公共治理理论的主要创始人之一詹姆斯·罗西瑙认为,治理是一种内涵更为丰富的现象,它既包括政府机制,同时也包括非正式、非政府的机制。随着治理范围的扩大,各种社会成员和各类组织得以借助这些机制满足各自的需要,并实现各自的愿望。可见,公共治理是政府通过制度创新,保障政府、市场、公民、社会共同参与公共事务管理,并承担相应责任,在充分调动利益相关人积极性的基础上,实现公共利益最大化的过程。它具有治理主体多元化、治理手段多样性、治理过程互动性、实现公共利益最大化等特征。社会治理的本质,是多维的参与型治理的建立,而非刚性的行政管理的强化。从“行政化管理”向“社会化治理”转型,从“传统型管理”向“现代型治理”转型,从“单一性他治”向“多维性自治”转型,是从管理向治理变革的主要内容,也是治理现代化的核心要义。

作为治理理念的延伸,教育治理同样是一种协调各教育相关主体的权力运作关系,按照相应的权责比例,共同达成对教育政策或教育制度的社会性回归,其目的是充分体现各主体的教育利益诉求,有效实现公共教育利益。教育治理,是指政府、社会组织、市场、公民个人等主体,通过参与、对话、谈判、协商等集体选择行动,共同参与教育公共事务管理,共同生产或提供教育公共产品与公共服务,并共同承担相应责任。治理目的,在于形成以学生发展为本、面向学校教育实际、积极回应内外环境变化、促使教育自主发展的新型教育公共服务体系。可见,教育治理是不同利益相关者,基于共同利益的公共治理,其直接目标是实现教育“善治”,而教育“善治”的最终目标,是教育公共利益的最大化,进而实现优质公平的教育公共服务。教育治理致力于有效发挥政府、社会组织、市场、学校、公民个人等多元主体参与教育公共治理的作用,在积极寻求互动、合作、博弈、制衡与共生的多元治理中，努力实现“有限的政府、规范的市场、专业的社会、自主的学校、自觉的公民”共同构成的教育公共治理格局。它的终极价值诉求，是合理解决政府保障基本教育需求与社会满足多元教育需求之间的关系，尽可能维护教育过程公平，兼顾效率。当前，教育改革正处在内涵发展的关键时期，在根本上，是要建立新的教育改革决策机制、教育管理协商机制、教育政策保障机制、教育资源共享机制和系统监测与评估机制。第一，建立教育改革决策机制。教育宏观决策应当高度科学化、民主化，决策者应当充分考虑各教育利益相关方的改革建议，建立各教育利益相关方参与的教育决策机制。第二，建立教育管理协商机制。教育公共治理主体是多元的，组织结构也是合作伙伴式的，需要通过建立有效的协商机制调整行动主体之间的关系，最终实现良性互动，共同解决所面临的公共教育问题。第三，建立教育政策保障机制。任何教育政策都应有相应的行动措施，而这些行动措施都应得到保障，不仅是法律保障，更要有经费保障，否则教育政策只能沦为一纸空文。第四，建立教育资源共享机制。合理配置教育资源，促进教育均衡发展，利用现代信息技术构建优质教育资源的共享平台。第五，建立教育系统监测与评估机制。在大数据时代，现代教育宏观管理已不限于改革与决策，更重要的是要对整个教育系统进行监测与评估，为科学评判教育系统的品质，奠定最具说服力、公信力的基础。

教育是培养人的活动，谁与受教育者距离更亲近、关系更密切、内心更关注？毫无疑问是学校、是家长。因而，除了政府之外，把学校和家长纳入教育治理的主体，无疑是十分必要的。

四、我国教育管办评分离的发展历程

我国教育管办评分离的发展历程，就是我国教育管理体制改革的历程。中华人民共和国成立以来，中国教育的治理，总体上经历了三个历史时期：改革开放前，是政校合一，学校一切听政府的；改革开放以来，是逐步走向府管校办，管办分开；今后的走向，是管、办、评分离，合作共治。回首当代中国改革开放以来教育改革发展的历史，自 1985 年起至今的 30 多年中，中国教育治理大致经历了从注重“管理”的改革，到注重“管理与办学分开”的改革，再到注重“管理、办学和评价相分离，合作共治”的改革三个阶段。

第一阶段(1985—1992 年)，以改革“管理”为主的探索阶段。这一阶段以 1985 年《中共中央关于教育体制改革的决定》的颁布为标志，提出重点改革教育管理体制，目的是明晰中央与地方的权责。除大政方针和宏观规划由中央决定外，基础教育由地方负责、分级管理，包括政策的制定和实施，对学校的领导、管理和检查等；高等教育则实行中央、省(自治区、直辖市)、中心城市三级办学的体制，目的是充分调动各级政府办学的积极性。1985 年 5 月 27 日，《中共中央关于教育体制改革的决定》发布，指出了我国教育体制在教育事业管理权限的划分、教育结构、教育思想、教育内容、教育方法上存在的弊端，提出我国教育体制改革主要有四个方面的内容：把发展基础教育的责任交给地方，有步骤地实行九年制义务教育；调整中等教育结构，大力发展职业技术教育；改革高等学校的招生计划和毕业生分配制度，扩大高等学校办学自主权；加强领导，调动各方面积极因素，保证教育体制改革的顺利进行。

第二阶段(1993—2002 年)，以改革“管理和办学”为主的探索阶段。1993 年 2 月 13 日印发的《中国教育改革和发展纲要》指出：改革办学体制。改变政府包揽办学的格局，逐步建立以政府办学的主体、社会各界共同办学的体制。在现阶段，基础教育应以地方政府办学为主；高等教育要逐步形成以中央、省(自治区、直辖市)两级政府办学为主、社会各界参与办学的新格局；职业技术教育和成人教育主要依靠行业、企业、事业单位办学和社会各方面联合办学。1998 年 12 月 24 日发布的《面向 21 世纪教育振兴行动计划》，目的在于调动各方力量，积极发展教育事业，形成以政府为主体、社会各界参与、公办和民办教育共同发展的新格局；保障社会力量举办的教育机构自主办学的法人地位，高等教育机构可面向社会举办非学历教育。

第三阶段(2003 年—至今)，以改革“管理、办学和评价”为主的探索阶段。进入 21 世纪后，随着全面推进素质教育，以考试为教学杠杆的评价体制改革逐渐受到关注。《面向 21 世纪教育振兴行动计划》是在贯彻落实《中华人民共和国教育法》及《中国教育改革和发展纲要》的基础上制订的跨世纪教育发展和改革的施工蓝图。《面向21世纪教育振兴行动计划》明确规定了21世纪教育振兴行动的主要目标,用12条款50个条目提出了实施措施。2004年2月10日,教育部印发《2003—2007年教育振兴行动计划》,较为全面系统地提出加快考试评价制度改革,完善高等学校教学质量评估与保障机制,健全教育督导与评估体系等策略。评价,作为衡量教育发展水平和指引教育发展方向的工具,地位越来越重要。2010年7月发布的《国家中长期教育改革和发展规划纲要(2010—2020年)》提出"政校分开、管办分离",要求建设现代学校制度、落实和扩大学校办学自主权、深化办学体制改革。将改革教育质量评价和人才评价制度,作为人才培养体制改革的重要内容,并提出进行考试招生制度改革。2013年11月12日党的十八届三中全会通过的《中共中央关于全面深化改革若干重大问题的决定》明确指出"深入推进管办评分离,扩大省级政府教育统筹权和学校办学自主权。"全会将考试招生制度作为深化教育领域综合改革的重要抓手,国务院颁布《国务院关于深化考试招生制度改革的实施意见》启动改革试点。同时,党中央、国务院先后颁布多项人才评价改革意见,要求形成以科学分类为基础的科学化、社会化、市场化人才评价机制,并强调教师评价必须"坚持立德树人",把教书育人作为评价的核心内容。2017年10月召开的党的十九大,明确提出要继续推进"政事分开""管办分离",为新时代中国教育深入推进管办评分离、转变职能,加快教育改革与发展吹响了集结号。

五、教育管办评分离中存在的主要问题及原因分析

在教育管办评分离中,"管理权"是源头,"办学权"是核心,"评价权"是关键。长期以来,教育管办评不分,是我国政府管理教育事业的突出特点,在很大程度上阻碍着教育事业的健康发展,导致政府"包打包唱",越俎代庖;办学主体——学校的积极性不高,学校"等""靠""要"思想严重,缺乏创新与活力;教育评价机制不健全,评价机构的独立性、公信力和专业性不强,作用发挥不够。

(一)存在的主要问题

1.在"管"的问题上,"放管服"的力度不够。

简政放权,一方面要求理顺政府与学校之间的关系、政府与社会之间的关系,该管的事项一定要管住管好,着重导航定向和战略管理,拟定发展规划;另一方面要求政府抓大放小,要舍得简政放权,把不该管又管不好的微观事务放给学校、放给中介、放给社会,从微观管理转向宏观管理,从直接管理转向间接管理,从办教育转向管教育,从管理转向服务。与此同时,放权不等于放任,放权之后不是完全不管,放任自流,而是要善于运用法律、规划、经费、标准、督导等手段进行引导和管理。就当前政府对教育的放权情况来看,效果并不理想,仍处于探索和尝试的阶段,有待进一步深入探究和实践。主要体现在下面四种情况:一是放权不够,管得过多、管得过细、管得过死,致使"千校一面""千生一卷",学校创新性办学和社会公正评价教育的积极性不高,难以培养创造性人才;二是不愿放权,因为权力就是对资源的支配力,背后就是利益,下放权力实质上是政府的自我"革命",对掌权者而言是比较痛苦的事情,需要一个比较长时间的反复的适应过程,不可能一蹴而就、立竿见影;三是不会放权,长期以来的大包大揽惯性使然,职能部门不知道哪些权力应该下放,哪些权力不应该下放;四是不敢放权,担心权力下放后会失控,怕下面的人搞出了乱子不好收场,自己会被问责追责、受处分甚至掉"乌纱帽"。

2.在"办"的问题上,学校办学积极性、创造性不够。

学校是教育的主体,具体的办学活动是学校的事情,办学的质量直接决定学校的生存与发展,学校办学积极性和创造性关乎教育的未来。怎样才能激发学校办学的积极性和创造性?一是政府明确赋权,为学校松绑。赋予学校权力,不能靠文件、靠会议,也不能仅靠觉悟,关键是靠制度,要有落实的措施。要依法治教,依法管理,把法律规定的学校办学自主权明确地赋予学校,落实给学校。以高校为例,要进一步扩大高校在考试招生、教育教学、科学研究、教职工队伍管理、经费资产使用管理、国际交流合作等方面的自主权;要深化高校教师专业技术职务评聘制度改革,认真落实高校自主评聘、政府宏观管理监督的新机制；要深化高校职员制度改革，鼓励行政人员专职从事管理工作。就职业院校来说，要扩大学校在招生、专业设置和调整、教师评聘、资源配置、收入分配、校企合作等方面的办学自主权。二是学校应当增强责任感，增强内生动力，主动作为。办学自主权不等于办学活力，扩大办学自主权的目的是增强办学活力，从而更加充分地调动学校的办学积极性，以有利于提高办学质量。因此，依法落实学校办学自主权只是手段，学校应当主动作为，放眼当代经济社会发展需要和国内外发展大势，更加注重内涵提升，提高办学质量，培养适应新时代中国特色社会主义现代化建设事业需要的建设者和接班人。

3.在“评”的问题上，社会参与机制不够健全。

“评”即评审、评价。评是管办评分离改革的指挥棒，因为评价是对政府履行职能和学校办学水平的双重监督，评价结果影响政府管理和学校办学的效果。评价以专门机构和社会中介机构为主体，构成社会各方面共同参与的多元教育评价体系。来自各方的监督应包括强化国家教育督导，充实、加强督导机构和督导力量；通过政府购买服务等方式，培育第三方社会专业组织，积极委托社会组织开展对学校的评价；鼓励社会志愿者担任学校评估人员并完善相应规定，营造全社会关心、支持教育的氛围。然而，从目前对教育开展评价的情况来看，社会参与度仍远远不够，并未建立健全相关社会问责机制，这样就无法切实保障管办评分离的实施与效果。

(二)存在问题的原因分析

推进教育管办评分离改革，并非一朝一夕所为之事，在实践管办评分离过程中，存在着诸多阻碍因素和困难，究其原因主要有：

1.教育法制不健全，教育行政管理主体之间权责不明晰。

在我国，教育行政管理主体具有多元性，主体之间权责不明晰，容易出现“九龙治水”的局面。教育行政权行使的主体，有广义和狭义之分。广义，指教育行政机关和法律法规授权的其他组织。狭义，仅指行政机关。也有的认为狭义仅指教育行政部门。教育行政权的行使主体，不仅仅包括各级教育行政机关，还包括其他国家行政机关和法律法规授权的组织。教育部，各省（自治区、直辖市）的教育厅（教育委员会），各省辖市的教育局（教育委员会）是教育行政最重要的主体。国务院除教育部以外的其他部委和省一级的其他业务厅、局中的一些部门，也直接主管着一些相应的教育工作。例如，发展和改革委员会要将教育纳入国家或者地方经济社会发展的总体规划；财政部门要将教育的预算纳入总体财务预算之中；城乡建设与规划部门要审批学校基本建设项目的规划和建设；卫生健康部门要监管学校的卫生、健康和计划生育工作；市场监督管理部门要监管学校的食堂食品和校办医院药品；等等。除此之外，省、市人民政府和其他行业部门也是教育的行政主体。同时，有些组织本身不属于行政机关，或者不具有独立的行政法人资格，但经过教育法律法规授权，依法能够以自己的名义实施教育行政行为，也是教育行政的主体，如全国高等教育自学考试指导委员会等。由于教育法律、法规未能配合教育治理与教育改革发展的进展及时订立或修改，致使教育行政管理主体之间的权利、义务、责任不清晰，越位、缺位、错位等权责不清现象时有发生。教育行政管理主体之间协同不足，相互沟通不够。例如，世界职业技能大赛基本上是技工学校参加，大量的职业院校连信息都不知道，这表明人社部门与教育部门通气不够，信息沟通不畅。

2.校政关系不明确，学校“等”“靠”“要”思想严重。

长期以来，在政府与学校的关系中，因为受制于“以政府为单一管理主体，以封闭性与单向度为基本特征”的国家管理模式，政府对学校干预过度，存在体制上惯性的制约、法制上的不健全、利益上的诱惑、缺乏监督、个人素质等阻碍或干扰“政校关系”变革的因素。在教育的治理过程中，表现最为突出的，是教育行政部门对学校的事务管得太多，管了许多不该管、管不了、管不好的事，也就是教育行政部门管了基层学校该管的事情；管得太细，有的省级教育行政部门领导甚至对于高校新建厕所外墙砖的颜色都要核准；管得太死，有的管理者遇事就翻本本、查文件，根本不考虑形势变化、客观情况、不同学校的办学定位和特色，“一刀切”“一锅煮”，搞成“千校一面”，死气沉沉，缺乏生机与活力。长期的惯性使然，导致基层学校“等”“靠”“要”的依赖思想特别严重，遇事就请示汇报，等待上级拍板做决定，缺乏办学的积极性、主动性和创造性，难以培养出创新型人才,高分低能,从而就有了“钱学森之问”。中国的大学在剥夺学生身上的灵气,一些学生读书读成了“书呆子”,不能适应市场经济发展的需要。教育行政部门担心权力下放后,学校是否“接得住”,管得好,不出事。学校与政府之间相互猜疑、相互埋怨。从根本上看,是缺少了一部学校法。在当代教育治理语境中,我国缺少对教育公共治理主体的权利、职责和义务进行明确规定的相关立法,以致教育治理各主体的权利、责任意识模糊不清,治理主体之间对愿景目标难以达成真正共识、互动合作困难重重。因此,管办评分离不是简单的“权力下放”,而是要通过制度创新,探索在市场经济体制和利益多元的社会环境中,建立有效的教育治理结构和机制,这条路任重而道远。

3.社会组织“缺位”,公众参与缺失。

近年来,我国社会组织发展迅速,然而教育类社会组织的发展,无论在数量上还是专业资质上,都远不能满足当前教育治理改革的需要,社会组织参与教育的市场短缺,客观上使得社会组织通过公平竞争参与教育事务的竞争者较少,在有的地方,政府和学校只能凭借经验定向购买教育服务,难以通过市场投标竞争等自由、公平、开放的方式,选择能够提供最优教育服务的社会组织,难以确保吸纳最专业的社会组织参与治理。在政府与社会的关系中,非政府组织往往扮演着政府助理或政府延伸机构的角色,而非政府的合作伙伴或者民间维权力量,具有行政化、依赖政府资金、受到双重管理的特征。基于此,我国的教育中介组织亦是由国家与政府积极推动而成。教育社会组织建设的滞后,会延误教育行政职能的转变进度。这种现象极易造成社会组织在参与教育评估、教育质量认证和教育专业服务中的独立性、专业性与权威性出现偏离,本应具备的公正性、客观性也受到一定质疑。与此同时,教育公共治理需要公众的积极参与,政府要授权于民,使公众成为教育治理的主体力量之一。但是,当前我国公众参与教育治理面临一定的困境:公众的参与意识淡薄,与国家推进教育事务的意识相比,公民参与教育事业发展的意识不强;公众的教育专业知识、对教育政策的把握程度以及对学校事务的熟悉程度,都在客观上限制了公众参与教育科学评价的能力;公众参与的组织化水平偏低,难以整合相关公共教育利益诉求,形成参与教育评价的团体力量;公众参与教育评价的路径与渠道不畅，相关意见和舆论难以有效表达。

六、深入推进教育管办评分离改革的对策建议

教育管办评分离改革是一项系统工程。深化教育管办评分离改革，必须推动教育协同治理，从激励治理主体、创新治理工具和健全治理机制入手，积极构建政府、学校和社会既相对分离，又相互促进的多元共治新格局。

（一）进一步加强对教育行政权、学校办学权和社会评价权的理论研究与实践探索

理论是行动的先导，没有理论指导的实践只能是盲目的实践。只有理论的清醒，才会有行动的自觉。管办评分离改革推进的迟缓和不尽如人意，首要的问题是对教育行政权、学校办学权和社会评价权缺乏全面、深入、系统的理论研究。什么是教育行政权、学校办学权和社会评价权？三者的内涵、外延是什么？三者的特点是什么？三者的作用是什么？三者之间的关系是什么？教育管办评的理论基础、国内外的发展沿革和趋势、目前存在的主要问题及原因分析、新的对策举措等，迫切需要从理论上搞清楚、搞透彻。同时，需要制订切实可行的教育管办评分离试点实施方案，整体设计、明确任务、试点实施、统筹推进，突出系统性、操作性和实效性。通过遴选试点单位，指定试点任务，鼓励探索改革新路径与新举措，争取在试点领域取得突破性进展，形成示范、带动和辐射效应。深入试点地区和单位，开展调查研究，不断梳理和总结可复制、可推广、可借鉴的改革成效和经验，以鲜活的先进的理论为指导，把改革向纵深推进。

（二）充分发挥教育行政部门的主导作用

2019 年 10 月 31 日，中共十九届四中全会通过的《中共中央关于坚持和完善中国特色社会主义制度推进国家治理体系和治理能力现代化若干重大问题的决定》，开启了新时代国家治理现代化的新篇章。教育治理是国家治理体系

的组成部分。国家治理体系的主导是政府，教育治理的主导也是政府。在协同治理格局中，政府与其他主体并不是平等的，政府仍处于“元治理”的地位，对整个治理格局发挥着导向和建构作用。但是，政府在治理体系中的积极作用并未消解其他的治理形式或力量，相反，“元治理”有利于为多元治理提供稳定的制度环境。例如，2014 年 7 月 8 日，重庆市人民政府针对非学历教育培训机构乱招生、乱收费、乱办班等现象引发社会不稳定等突出问题，出台了《重庆市民办非学历教育培训机构管理暂行办法》，明确教育培训机构设置标准和经费管理办法以及相关部门的职能职责，规范民办非学历教育培训市场，取得了明显成效。在教育管办评分离“元治理”中，政府的作用表现为负责制度设计和提出远景，通过良好的行动协调，保证教育自组织的完整和治理主体的发展运行，为管办评分离改革提供稳定的制度环境。具体而言，政府应做好“掌舵”与“主导”、“平衡”与“协调”、“赋权”与“约束”、“统筹”与“规制”工作，从而在政府“元治理”过程中推进管办评分离。为此，要推进依法行政，深化教育管理体制改革。

1.依法明晰教育管理职责。

深入贯彻党的十九大精神，落实全国教育大会部署，健全党委统一领导、党政齐抓共管、部门各负其责的领导体制，全面加强党对教育的领导，全面贯彻党的教育方针，坚持社会主义办学方向，坚持立德树人，牢牢把握党对学校意识形态工作的主导权。要用法律清晰界定负有教育管理任务的各个政府部门的职责，加大教育行政主管部门管理教育事业的统筹力度，解决“九龙治水”水难治的老大难问题。落实教育行政权力清单和责任清单制度，向社会全面公开教育及相关政府部门的职能，公开教育行政管理的法律依据、职责权限、管理流程、监督方式等事项，制定教育政务服务工作标准和工作细则。探索实施负面清单管理试点，尽量缩减负面清单事项的范围，更多采取事中、事后监管方式。按照“政事分开”原则，充分发挥教育科学研究院、教育考试院和教育评估院在教育决策咨询、教育教学研究、教育考试招生和教育评估等方面的作用。

2.转变教育管理方式。

教育管办评分离改革不是不要政府管理，而是原有的管理方式不管用了，不能适应新时代教育发展的要求，政府必须转变管理方式。要健全教育地方性法规、政府规章和规范性文件的制定、发布机制，定期清理教育规范性文件，综合运用法律、政策、规划、财政拨款、标准、信息服务和必要的行政措施，对学校进行宏观管理。严格控制针对各级各类学校的项目评审、教育评估、人才评价和检查事项，并在年初编制计划目录，进行公示。完善包括各学段人才培养质量标准、学校办学条件标准、教育行政许可和政务服务标准等在内的教育标准体系，健全教育标准制定、审查和实施机制。推进教育行政审批制度改革，按照国家规定进一步取消和下放教育行政审批事项，没有国家法律或行政法规依据，不得设置减损学校、教育评价机构的权利或增加义务的规定。

3.优化教育管理流程。

健全重大教育决策机制，建立教育重大决策合法性审查机制、重大决策终身责任追究制度，把公众参与、专家论证、风险评估、合法性审查、集体讨论决定作为重大教育决策的法定程序。支持建立形式多样的教育智库组织，为教育决策提供智力支持。深化教育行政执法体制机制改革，出台加强教育行政执法工作的实施意见。建立权责统一、权威高效的教育行政执法体制，规范教育行政执法程序，充实基层执法力量，推行教育行政部门综合执法和部门间联合执法，健全各级各类依法治校评价指标体系，深入开展依法治校示范校创建活动。完善行政监督和问责制度，加强政府内部的层级监督及教育监察、审计、巡视等专门监督，主动接受党内监督、人大监督、民主监督、司法监督、社会监督、舆论监督，对不履行法定职责、滥用行政职权、违反法定程序造成不良后果的，依法追究责任。

4.完善政府教育服务机制。

现代政府是服务型政府。政府要科学编制教育总体规划、专项规划，健全规划实施机制，增强规划的权威性和约束力。建立各级财政性教育经费投入稳定增长机制，完善生均公用经费拨款制度，并逐步提高生均拨款标准。健全政府购买教育服务机制，在政策宣传、人员培训、特殊人群服务和第三方评估等领域，推广政府购买服务。完善教育系统法律顾问制度，指导学校充分发挥法律顾问在法律咨询服务、师生权利救济和化解校园纠纷等方面的作用。建立健全教育系统人民调解委员会制度，设立由教育行政部门牵头，公安、司法、专业人员、家长代表等组成的人民调解委员会，及时化解校园矛盾纠纷。

（三）真正发挥学校的办学主体作用

教育管办评分离改革的最终目的是政府不再直接参与学校的微观管理，通过引入社会机构进行独立评价，增强学校自主办学和主动适应社会需求的活力，更好地培养德、智、体、美、劳全面发展的新时代中国特色社会主义事业的合格建设者和可靠接班人，实现建设世界教育强国的奋斗目标。

1.依法落实学校的办学自主权。

学校是事业法人，独立承担法律责任。在全面推进依法治国的新时代，政府要减少对学校的行政干预，而主要运用法规、规划、政策、标准、公共财政等手段引导和支持学校依法自主办学。经机构编制管理部门、人力资源和社会保障部门以及教育部门批准，公立中小学校（包括中职学校、幼儿园）可以在核准的编制内，按照规定自主招聘人员。公立高校要取消编制，打破“铁饭碗”。要进一步扩大高校在考试招生、教育教学、科学研究、教职工队伍管理、经费资产使用管理、国际交流合作等方面的自主权。扩大职业院校在招生、专业设置和调整、教师评聘、资源配置、收入分配、校企合作等方面的办学自主权。进一步保障中小学在育人方式、资源配置、人事管理等方面的自主权，探索学校在内部机构设置、干部管理、经费使用等方面的自主权，支持学校建设符合自身发展定位的教师队伍和教育管理队伍。建立专业化、职业化的校长任用、管理和考核制度，高校领导任职期间要全身心投入学校管理工作，党委书记和校长一般不担任科研项目主要负责人。深化高校教师考核评价制度改革，从师德师风、教育教学、科学研究、社会服务、专业发展等方面综合考核评价教师，并将考核评价结果作为职称（职务）评定、岗位竞聘、绩效分配、评优评先、继续培养的重要依据。探索中小学校长职级制改革试点，提升校长队伍的专业化水平。

2.增强学校依法自主办学的意识和能力。

首先,要提高学校办学的主体意识。学校依法自主办学是学校走向自主发展的条件,而依法自主办学的意识则是学校依法自主办学的基础条件。如果没有学校自身的改变,没有学校自主发展的意识与能力的提高,即使有权力、物质、政策等外部条件的支持与保障,学校也不可能走向自主发展。不仅需要通过国家政策、宣传媒介、社会监督等,进一步提高学校依法自主办学的意识,更重要的是要加强对校长、教师和学生自主意识的培养,形成学校依法自主办学的文化氛围、管理氛围和社会氛围。坚决摒弃"等""靠""要"的思想,主动思考,创新工作,奋发有为。其次,要不断增强学校依法自主办学的能力。学校依法自主办学,不是政府简政放权就可以实现的。对于学校办学自主权落实来说,不仅需要政府真正将办学权力下放给学校,更重要的是学校是否有依法自主办学的能力。伴随政府对教育管制的减少和学校办学自主权的扩大,出现了部分学校办学自主权的误用和滥用,甚至出现教育腐败问题。导致这些问题的根本原因,既有政府监督不力,或者监督机制不健全的问题,更有学校依法自主办学能力不足的问题。因此,学校要真正实现依法自主办学,必须提高自身依法自主办学的能力,提高学校领导者的组织力和执行力。要完善学校内部治理结构。在学校内部管理体制方面,明确各主体的责任和权力,形成相互支持、制衡和促进的内部治理结构,建立以制度为基础的完备的运行机制,形成决策者、执行者、监督者和评价者各司其职的局面。

3.全面建立以学校章程为统领的制度体系。

推进依法办学,必须健全现代学校制度。加快推进各级各类学校章程实施,让教育行政部门已经核准、各具特色的学校章程落实落地。建立健全法律法规规定的各项办学自主权的实施机制,依据学校章程依法自主办学。建立健全章程执行机制,把学校章程执行情况纳入校长履职述职的内容、纳入依法治校的评价指标、纳入教育执法检查的内容,督促学校按章程要求规范办学。学校要以章程为统领,理顺和完善规章制度,明晰内部组织运行机制,形成健全、规范、统一的制度体系。完善学校内部治理结构,坚持党对学校工作的全面领导。坚持和完善普通高校党委领导下的校长负责制,梳理权力清单、责任清单,推动高校学术委员会建设,逐步把管理重心向二级机构下移,进一步完善党委领导、校长负责、教授治学、民主管理、依法治校的管理体制。健全中小学校长负责制，强化党组织的政治核心和监督保证作用，建立由学校负责人、教师、学生及家长代表、社区代表等组成的校务委员会，积极探索校务委员会的组织形式和运行规则。中小学校要加强家长委员会建设，吸纳并引导家长、社区或行业企业参与学校教育管理和课程建设等工作。全面加强民办学校党组织的建设，切实发挥党组织的政治核心作用，推动民办学校建立完善理事会、董事会等形式的法人治理结构。进一步完善和落实各级各类学校教职工代表大会制度和学生代表大会制度，依法保障广大教职工和学生参与学校民主管理和监督。

4.构建开放协同办学的新机制。

健全高校协同创新和协同育人机制，鼓励高校面向区域主要行业、产业集群、企业发展需要，跨校、跨区域建设优势学科群，调整优化专业设置和人才培养结构，加快推进本科高校“一流大学、一流学科、一流专业”建设，推动高职院校的“双高计划建设”。推行校企联合招生、联合培养，引导研究生培养单位与企业、科研机构联合开展“双导师制”和“多导师制”的研究生培养，职业院校要与企业共同培养满足经济社会需求的技术技能型人才。建立“双师”流动兼职制度，支持企业工程师到职业院校任教、职业院校教师到企业参与实践。积极开展校园文化进社区活动，推动符合条件的学校向社会有序开放实验室资源、图书资源及体育文化设施。健全校务公开制度，及时、准确地公开办学信息，保证教职工、学生、社会公众对学校重大事项、重要制度的知情权。中国正在走近世界舞台的中心，教育国际浪潮方兴未艾。扩大教育对外开放，主动落实、对接国家“一带一路”倡议，加强与沿线国家的教育交流与合作，鼓励支持高校与境外高水平院校、科研机构开展多种形式的合作，构建国际化人才培养体系。高校要采取“跟随战略”，在海外建立“鲁班工坊”，为合作企业实施海外发展培训当地员工，支持中国企业走出国门。

(四)充分发挥社会的教育评价作用

科学合理的教育评价和人才评价，是我国建设人力资源强国的重要保障。教育改革正在全面推进，破除“五唯”（唯论文、唯帽子、唯职称、唯学历、唯奖项)各项行动正在陆续开展。建立健全科学多样的教育评价体系,有利于促进教育事业的健康发展。教育涉及千家万户,关乎每个人的生存与发展、社会的兴衰成败和国家的前途命运,社会各界广泛关注。教育问题,一直是全社会关心的热点问题和焦点话题。无论是学前教育、基础教育还是高等教育,都与不同时段的学生和家庭息息相关,相关当事人愿意建言献策,推动教育不断改革发展,一路向好。以高等教育为例,高等教育进入大众化阶段后,教育质量一直饱受诟病,高等教育评估是促进高校教育质量提升的重要手段。教育部通过建立"五位一体"(自我评估、院校评估、专业认证与评估、国际评估、教学状态常态监测)的本科教学评估制度体系,改革完善各类教育评估制度,逐步搭建起了一套全新的高等教育评估制度体系。管办评分离改革应当尤其强调社会的科学评价,鼓励社会各界广泛参与教育评价。对于社会组织的依附性,要以管办评分离改革为契机,逐步培养和支持一批专业评价机构,为其发展提供良好的制度环境。对于评价的科学性,要制定社会组织参与教育评价的资质认证标准,以此督促社会组织提升评价的科学性。

1.构建多元评价体系。

要推进依法评价,建立新型教育评价体系。一是加强自我评价。把自我评价、自我诊断与改进作为学校评价体系的重要组成部分,引导学校依据教育基本标准,定期开展课程建设、教学科研、人才培养质量、师资建设、管理制度、校园文化等监测评估,形成自主发展、特色发展、可持续发展的良性机制。比如,现在全国各高等职业院校正在开展的"诊断与改进"评价,就是学校自我评价。二是加强教育督导评估。认真落实国家和地方制定出台的教育督导条例,加大机构和职能整合力度,实行教育督导归口管理,落实督导评估、检查验收、质量监测的法定职责。完善督学管理制度,优化督学队伍,提高督学履职水平。三是支持和规范第三方教育评估。要培育社会性教育评价服务机构,鼓励和支持高校、科研机构成立第三方教育评估机构,建立健全第三方开展教育评估的资质认证标准,构建行政监督与科学评价相结合、外部监督与自我评价相结合的教育评价机制。比如,中国首家高等教育管理数据与咨询专业公司——麦可思公司。

2.健全和规范教育评价机构。

加强对教育评价机构的监督和管理。评价机构要将评价的实施方案、指标体系、对象和样本选择、数据来源及计算、结果分析等，向评价委托方（包括政府、学校）和评价对象反馈，逐步做到向全社会公开，接受广泛的监督和质询。建立“黑名单”制度，对操作不规范、弄虚作假甚至违规违法的评价机构，予以曝光。将教育评价纳入政府购买服务范围，健全招投标制度和绩效管理制度。落实对公益性、非营利性专业机构和社会组织的认证准入、税收减免、公共信息提供等优惠政策。

3.分类建立科学的质量监测指标。

首先，要有科学的评价指标。建立标准健全、目标分层、学段完整的教育质量监测指标体系，为改进教育教学提供科学依据。学前教育，重点监测科学保教、规范办园、幼儿身心健康水平。义务教育，重点监测语文、数学、科学、体育、艺术、道德与法治等学科，客观反映义务教育阶段学生学业水平和身心健康状况。普通高中教育，重点监测学生学业水平和综合素质发展情况。职业教育，重点监测办学条件、专业建设、服务经济社会发展能力、毕业生技能水平和就业情况。高等教育，重点评估办学条件、人才培养质量、学科水平和毕业生就业创业情况。其次，要建立质量监测服务平台。加快省级统一的、翔实的各类教育的基础信息数据库建设，为专业机构和社会公众参与教育质量监测评估提供全面、翔实、权威的数据支撑，并定时、及时更新。

4.充分发挥评价结果的奖惩作用。

要高度重视评价结果的运用。一是建立评价报告发布制度，对评价中暴露出的问题，切实加强整改。二是探索建立评价结果综合运用机制，搭建互联互通的信息共享平台，推送评价结果信息，将评价结果作为教育政策制定、资源配置、表彰奖励、干部考核任用等方面的重要依据。三是对履行教育职责不到位、整改不力、有弄虚作假行为的单位和责任人，上一级教育督导委员会按照有关规定，采取适当形式，对相关单位和责任人进行通报批评，并提出给予处理的建议。

(五)健全治理主体联动高效的治理机制

教育管办评分离改革,会让越来越多的公众和社会组织加入公共教育事务中来。强化教育行政的公共服务职能,意味着政府需要坚持以服务为导向,由直接管控学校转变为主动服务学校办学,满足公众和社会需要,改善公共教育服务的品质。教育行政部门要在教育行政管理中发挥牵头抓总的核心作用,防止“九龙治水”的乱象发生。治理机制,是具体把治理主体联系起来的方式。在教育特别是高等教育治理中,必须建立协商机制、信息沟通机制和责任追究机制,以实现教育公共事务的良好治理。

1.构建多元高效的协商机制。

协商机制,是协同治理的主要运行机制。在教育治理过程中,协商机制缺失导致政府、学校和社会的互动只具有形式意义,即形式完备但实质缺乏,难以形成有效的沟通协商链条。当前,教育治理的协商机制建设需要两大平台:一是政府、学校和社会的协商平台;二是学校与广大教职员工、学生的协商平台。对于前者,可以采取校务委员会或理事会的形式,允许各方派代表参与,发挥其在决策咨询、社会合作等方面的重要作用;对于后者,应当发挥好教职工代表大会的作用,把事关教职工利益的重大事项提交会议审议作为必要条件,做好教职工代表大会闭会期间的利益表达、利益协调工作,同时做好学生的利益维护工作,为学生参与学校事务管理疏通渠道。

2.构建基于大数据流转的信息沟通机制。

教育治理应推动供给侧改革,有效回应相关主体的需求。适应大数据时代的要求,教育治理主体要定期收集相关信息,在综合研判的基础上,作出教育决策,深化人才供给侧改革,完善信息收集机制和公开机制,为第三方机构介入以教育评价为主的教育治理提供可行性。与此同时,应建立健全信息的内部监管和外部监管机制,确保信息的真实性和安全性。

3.构建权责一致的责任追究机制。

法治政府最核心的价值,在于在宪法和其他法律的范围内行使行政权力和承担责任。协同治理的目的,是达到良好的治理,而责任是这种良好的治理的基本要素之一。根据权责一致的原则，当教育的管理权、办学权和评价权相对分离的时候，相应的责任也要随之分离。教育协同治理的健康运行，要求建立协同治理的绩效改进机制，深入推行绩效评估、绩效诊断和绩效问责。

参考文献：

[1]范国睿.教育管办评分离改革：理论假设与实践路径[J].教育科学研究，2017(5).

[2]俞可平.治理与善治[M].北京：社会科学文献出版社，2000.

[3]宋官东.教育公共治理及其机制研究[D].沈阳：东北大学，2012.

[4]李涛.教育公共治理若干问题探析[J].教育发展研究，2009(8).

[5]陈玉云.政府与学校关系的现状与变革——上海市若干行政区教育局与公立中小学职权问题的实证调查[D].上海：华东师范大学，2005.

[6]崔开云.近年来我国非政府组织研究述评[J].东南学术，2003(3).

[7]张志勇.管办评分离是建立现代教育治理体系的关键[J].人民教育，2014(3).

[8]褚宏启，贾继娥.教育治理与教育善治[J].中国教育学刊，2014(12).

[9] 蒲蕊.当代学校自主发展：理论与策略[M].广州：广东高等教育出版社，2005.

[10] 李国强."管办评分离"进程中的高校外部质量保障体系建设[J].中国高教研究，2016(1).

（作者：徐兴旺　陈友力　陈瑞生　刘诗雨　徐文韬）

后 记

2019年隆冬至2020年的春天，对于每一个中国人、每一个“地球村”的居民来说，都是刻骨铭心、难以忘怀的。

新型冠状病毒肺炎（2020年2月11日，世界卫生组织将其英文名称简称确定为COVID-19），以迅雷不及掩耳之势，在华夏大地蔓延。同时，世界其他国家也开始爆发（3月11日，世界卫生组织宣布新冠肺炎疫情为全球大流行）。中国政府采取史上最严格的防控举措，各地纷纷启动突发公共卫生事件一级响应，从而打响了疫情防控的人民战争总体战、阻击战。

在那些惊恐、无奈、等待复工开学的煎熬日子里，我决定做一件事情：就是利用这难得的冷清时光，完成拟订的科研计划，把近些年（主要是近5年）来自己独立完成、与战友们合作完成的文章和研究报告，进行认真的整理，以期对我国高等教育的改革与发展贡献一份微薄的力量，为我国的教育行政法治建设添一块砖加一片瓦。

当代中国，高等教育改革和教育法治建设方兴未艾，其中的问题层出不穷，值得我们勇敢面对、深入研究。限于水平和精力，笔者研究不深、成果不多，深以为憾。今后，笔者将继续以习近平新时代教育论述为指导，密切关注高等教育改革和教育行政法治建设，勇于直面问题，积极建言献策。

需要说明的是，在文章和研究报告的写作、修改过程中，笔者参考了大量的文献资料。在这里，向相关作者表示衷心的感谢！感谢重庆大学曾文革教授的鼓励和指导！感谢重庆工业职业技术学院王官成教授、郭天平教授，西南师范大学出版社米加德同志、杨景罡同志的大力支持！感谢本书责任编辑周明琼同志的辛苦付出！

徐兴旺

2020年8月18日于重庆